Pflanzenführer der Türkei

PFLANZENFÜHRER der Türkei

Wildblumen, Sträucher, Bäume und Nutzpflanzen

Herausgeber und Projektleiter
Hikmet UĞURLUAY
Fremdenführer

Autoren:

Prof. Dr. Hüseyin SÜMBÜL

Asst. Prof. Dr. R. Süleyman GÖKTÜRK

Dr. Olcay D. DÜŞEN

Res. Asst. İ. Gökhan DENİZ

Hikmet UĞURLUAY

Übersetzer:

Fremdenführer İsmail Göçen

Speziell Dank für einege Fotos an;
Asst.Prof.Dr. O. ÜNAL (Akdeniz Üniversitesi)
Prof.Dr. M. GÖKÇEOĞLU (Akdeniz Üniversitesi)
Doc.Dr. M. AVCI (Süleyman Demirel Üniversitesi)
Dr. M. Ali BAŞARAN (Batı Akdeniz Orman Araştırma Müd.)
AKBIYOM und Fam. GÖKNUR
Süleyman DİNGİL

ISBN   975-00557-0-5

Lektorat und Projektleiter: Hikmet UĞURLUAY
Umschlaggestaltung: Selda UĞURLUAY-Mehmet UĞURLUAY
Herstellung bei: Punto Grafik-İstanbul Tel: 0212 211 23 79 (pbx)
Druck: Mart Matbaası-Istanbul, 2006

1. Auflage 2006

PFLANZENFÜHRER der TÜRKEI
Wildblumen, Sträucher, Bäume und Nutzpflanzen

Anschrift des Autors:
Hikmet UĞURLUAY Fremdenführer

hikmetugurluay@hotmail.com
hikmetugurluay@ttnet.net.tr
hikmetugurluay@gmail.com
Euro Bazaar, Cebesoy cad. no.22 Antalya Tel: 0242 3113370 Fax: 0242 3113371
Isabel`s Cafe, Cebesoy cad. no.24 Antalya Tel: 0242 3129829

INHALTSVERZEICHNIS

EINLEITUNG

Die Türkei ist ein Land, das sich in den letzten Jahren touristisch bemerkenswert entwickelt hat. Viele Besucher, ob Botaniker oder botanisch interessierte Touristen, spüren daher sehr bald das Bedürfnis, sich in dieser Pflanzenwelt besser auskennen zu können und gleichsam als Reaktion auf eine zunehmende Gefährdung und Bedrohung unserer Pflanzen und Lebensräume. Um eine Sache schützen und vor Zerstörung bewahren zu können, muss man sie erst kennen. Dieses Bedürfnis soll dieses Buch entgegenkommen.

Der biologische Reichtum eines Landes wächst parallel mit der Sortenfielfalt eines Landes an. Die vielen genetischen Unterschiede der einzelnen Mitglieder einer Gattung, die Vielseitigkeit der Gattungen und des ökologischen Systems und das Ausmaß der Beziegungen und Reaktionen dieser untereinander, bilden den biologischen Reichtum eines Landes. Solche Ökosysteme sind wiederstandsfähiger und produktiefer.

Die kontinentale Eigenschafte der Bio-Geographie und die Vielfalt der verschiedensten Klimate von Anatolien, das auch oftmals Kleinasien genannt wird, bilden bedingt auch dadurch, daß es schon immer eine Brücke zwischen Asien, Europa und Afrika und der Kreuzpunkt mehrerer antiker Handels-und Karawanenwege war, die sichere Grundlage für das Bestehen der verschiedensten Lebensformen. Wahl aus all diesen Gründen ist unser Land ein Paradies der Flora und Fauna. Letzte Erforschungen ergaben folgendes;

Die Türkei weist eine äußerst interessante und reichhaltige Flora auf. Schon der Vergleich in dieser Hinsicht mit den Nachbarländern und dem gesamten europaischen Kontinent zeigt dies deutlich. Nach der letzten Ausgabe der 11-bändigen ,,Türkischen Flora" wird die Zahl der Pflanzen der Türkei mit 9.222 angegeben. Dies ist in Iran 7.500, in Irak 3000, in Syrien und Libanon 3.000, in Bulgarien 3.650, in Griechenland 5.500 und in Gesamteuropa ca. 11.000.

Wichtige Erforschengen und Entwicklungen werden eine weitere Steigerung dieser Zahl schon in kurzer Zeit, herbeirufen. Im Übrigen sind eindrittel der Pflanzen als endemisch zu bezeichnen, das heißt, sie sind spezifisch nur hier vorhanden. Die Zahl der endemischen Pflanzen der Türkei ist 3.708, während dies, in Iran 1.500, in Irak 200, in Syrien und Libanon 330, in Bulgarien 53, in Griechenland 1.100, und in Gesamteuropa ca. 2.750 ist. Daraus geht deutlich hervor, dass in dieser Hinsicht unser Land sowohl den Nachbarländern, als auch Gesamteuropa weitaus überlegen ist.

Hikmet UĞURLUAY
29.1.2006 Antalya

Herausgeber und Projektleiter
Hikmet UĞURLUAY
Fremdenführer

Autoren:

Prof. Dr. Hüseyin SÜMBÜL

Asst. Prof. Dr. R. Süleyman GÖKTÜRK

Dr. Olcay D. DÜŞEN

Res. Asst. İ. Gökhan DENİZ

Hikmet UĞURLUAY

Übersetzer:

Fremdenführer İsmail Göçen

GRUNDBAUPLAN DER BLÜTENPFLANZE

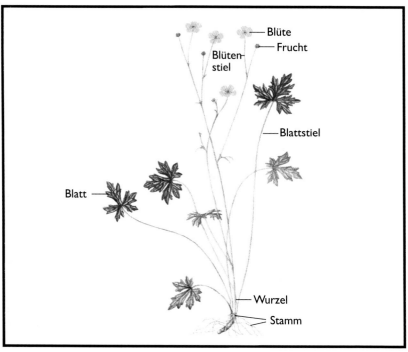

Zeichnung 1. Blütenpflanze (Heywood 1985)

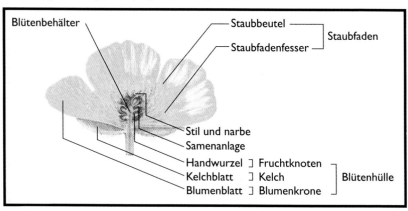

Zeichnung 2. Die Blüte (Heywood 1985)

GRUNDBAUPLAN DER BLÜTENPFLANZE

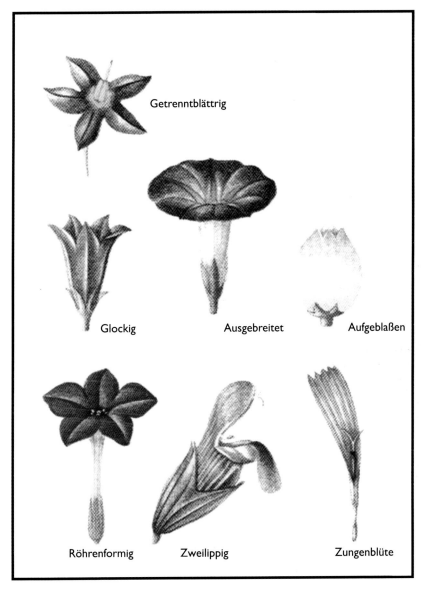

Getrenntblättrig

Glockig   Ausgebreitet   Aufgeblaßen

Röhrenformig   Zweilippig   Zungenblüte

Zeichnung 3. Blütenkrone (Heywood 1985)

GRUNDBAUPLAN DER BLÜTENPFLANZE

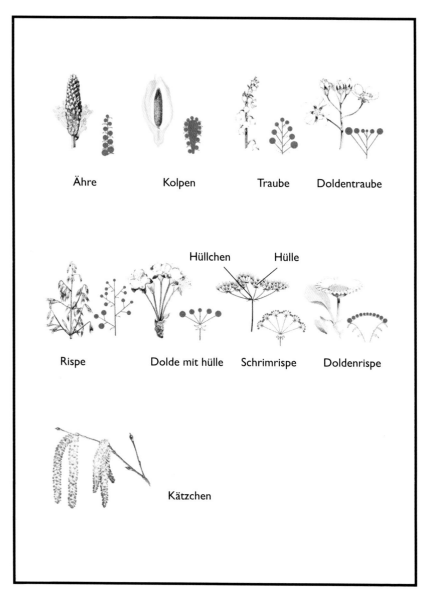

Zeichnung 4. Die Blütenstände (Heywood 1985)

GRUNDBAUPLAN DER BLÜTENPFLANZE

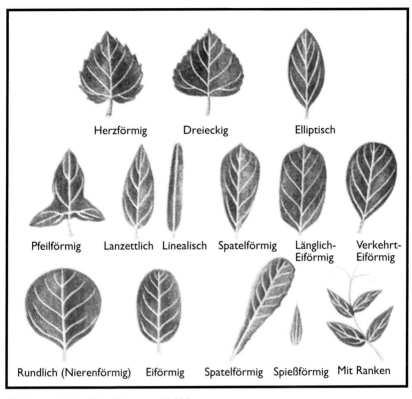

Herzförmig   Dreieckig   Elliptisch

Pfeilförmig   Lanzettlich   Linealisch   Spatelförmig   Länglich-Eiförmig   Verkehrt-Eiförmig

Rundlich (Nierenförmig)   Eiförmig   Spatelförmig   Spießförmig   Mit Ranken

Zeichnung 5. Das Blatt (Heywood 1985)

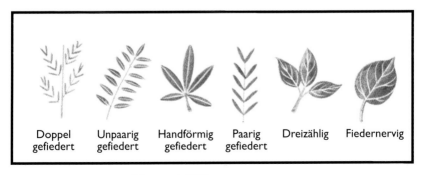

Doppel gefiedert   Unpaarig gefiedert   Handförmig gefiedert   Paarig gefiedert   Dreizählig   Fiedernervig

Zeichnung 6. Blattspreite (Heywood 1985)

GRUNDBAUPLAN DER BLÜTENPFLANZE

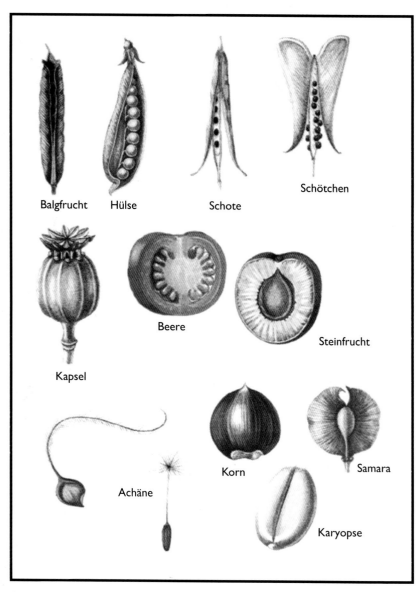

Zeichnung 7. Früchte (Heywood 1985)

ACANTHACEAE Akanthusgewächse
Acanthus spinosus L.

■ Akanthusdistel, Dorniger Akanthus, Stachelähre
☾ Dikensiz kenger otu, Ayı pençesi

Die Pflanze ist rund 25cm hoch niederliegend aufsteigend. Die Blätter unterseits sind kurz gestielt. Die Blattspreite 8-30cm in der Breite tief 2-3 zähnig, weißdornig, oberseits der Blätter bewimpert. Die Brakteen sind elliptisch-verkehrt eiförmig oder eiförmig lang und zugespitzt am Rand zurückgekrümmt und 3-5 nervig. Die Vorblätter sind lineal stechbohrerartig. Die Krone ist weiß außerseits mit kurzen Haaren behaart, innerseits kahl. Der Fruchtknoten ist endständig weich und spärlich behaart. Die Kapselfrucht ist mit Wärzchen.

Diese Gattung zeigt eine Ausbreitung im Südwesten und im Süden der Türkei. Außer der Türkei in Italien, in Sizilien und in den Balkanländern. Blütezeit ist Mai-Juni und bevorzugt 50-610m hoch liegende Nadelbaumwälder, Buschwälder, Macchien, Steppen und kulturvierte Standorte.

AMARYLLIDACEAE Amaryllisgewächse
Galanthus elwesii Hooker fil.

▬ Schneeglöckchen
☪ Kardelen, Soğancık, Ak bardak

Mehrjährige Zwiebelgewächse. Die Blätter sind schmal, verkehrt lanzettlich; mit Blüten (7,5)12-20(-32)x(0,6)1,3-2,5(-3)cm und in der Reife bis zu 36x3,2cm lang, manchmal spiral gekrümmt, Blattspitze stumpf. Der Blütenschaftsstengel ist 12-28cm lang. Die Außen Blütenhüll-Abschnitte sind konvergenz elliptisch schmal bis zu verkehrt; eiförmige Formationen, 20x27x(9)12-19mm; die inneren Abschnitte sind nicht deformiert. Sie sind schmal rechteckig bis eiförmig 10-15x5-8 mm und sind am Grund und an der Spitze grün gitterförmig. Die Staubfäden sind 1mm und die Staubbeutel 5-6mm. Die Kapselfrucht ist breit und kann von ellipsenähnlichem bis zu sphärischen wechselnd sein, 10-20x10x20mm.

Diese Gattung zeigt in der Türkei eine Ausbreitung in der Marmararegion, Ägäis, Zentralanatolien und Mittelmeerregion zwischen 900-1800m Höhe über dem Meeresspiegel. Die Schneeglöckchen bevorzugen Felsblöcken übersäte Gebiete sowie unterhalb am Fuße der Buschwälder, Nadelbaumwälder, Wacholderwälder. Diese Gattungen werden wegen ihre herrlich auffallende Blüten auch als Zierpflanzen kultuviert.

AMARYLLIDACEAE Amaryllisgewächse
Galanthus peshmenii A.P. Davis&C.D. Brickell

▬ Schneeglöckchen
C• Kardelen, Soğancık, Ak bardak

Mehrjährige Zwiebelgewächs, Die Zwiebel ist vom sphärischen bis zu elliptischen Formen, 2-2,5(-4,7)x1,7-2,3cm. Die Blütenscheide ist 1,5-3x0,3-0,5cm. Die Blätter sind lineal, die Spitzen stumpf ohne Krümmungen glatt. Der Blütenschafts-Stengel ist 9-12,5cm lang und grün, der Blattstiel ist 2-3cm lang. Die äußeren Blütenhüll-Abschnitte sind elliptisch bis zu keilförmig aussehende Formationen 0,7-0,8x 0,4-0,5cm. Die Kapselfrucht ist vom sphärischen bis zu elliptisch aussehende Formationen und hat ca. 1cm Durchmesser. Die Samen sind hellbraun und ca. 0,5cm lang.

Diese Gattung ist ausschließlich gültig im Regierungsbezirk Antalya sowie zwischen Kesmeboğazı und Gedelma Köyü Landkreis (Kemer). Auch in Geyikbayırı kann man sie finden. Diese Gattung, die in einem sehr begrenztem Gebiet wächst, trägt von Oktober bis November und Dezember Blüten. Sie bevorzugt Kalkstein-Felsblöcke übersäte Gebiete. Man findet sie auch unterhalb der Rot.-Pech-Tannenwälder und Maccchien Buschwälder.

AMARYLLIDACEAE Narzissengewächses
Pancratium maritimum L.

▬ Meernarzisse, Dünen Trichternarzisse, Strandnarzisse, Pankrazlilie
☪ Kum zambağı

Mehrjährige Zwiebelgewächse. Die Zwiebel ist 5-5,5x3,5-4,5(-5)cm breit. Zum Endpunkt hin der Zwiebel hat sie eine Länge von 12-15cm und besitzt einen langen Hals. Die Blätter sind vor dem Blühen vorhanden breit-lineal 28-40(-50)cmx 10-24mm, sie sind grau grünlich und stumpf. Der Blütenschafts-Stengel ist 12,5-35cm lang oder länger und ist robust gebaut. Der Blütenstand ist doldenförmig und hat 3-10 Blüten. Die Blütenstiele sind 5-13mm in der Länge und sind kürzer wie der Fruchtknoten. Die Blüten sind weiß und süsslich riechend. Die Blütenhüll-Abschnitte sind lineal-lanzettlich 55-85x3,5-8,5mm scharf zugespitzt. Die krone ist 25-50(-70)mm die Ränder sind 12 zählig dreieckförmig zähnig. Die Staubblätter 4,5-6mm lang. Die Kapseln sind 23-30x18-28mm.

In der Türkei zeigt sie eine Ausbreitung in den Sand-Düne Küsten so wie im Süd und im Norden. Sie blühen von Juni bis Oktober. Wegen ihrer auffallenden schönen wohlriechenden Blüten findet diese Gattung meistens in den Sand-Düne Gärten eine Verwendung. Die Zwiebeln diese Pflanze haben eine Brechreiz verursachende Eigenschaft.

APIACEAE Doldengewächse
Ammi visnaga (L.) Lam.

■■■ Knorpelmöhre, Bischofskraut
C• Diş otu

Ein oder mehrjährige kräftige Pflanzen. Stengel aufrechtstehend 15-100cm hoch. Die Blätter sind 2 fach fieder teilig, dreieckig 7-18x 5-12cm nicht behaart, grün, die Lappen sind lineal oder linealfadenförmig, 5-25x0,5-1mm lang. Die Doldenstiele sind 30 bis 150 strahlig, mit Ausläufer, 1-9cm hoch, zur Blütezeit sind sie zylinderisch. Sie hat sehr viele Hochblätter. Sie sind 1-2 fach fieder teilig. Die Vorblätter sind pfriemig. Die Frucht ist 2x1mm lang.

Diese Gattung, die in den Mittelmeerländern eine weite Ausbreitung hat, bevorzugt in der Türkei hauptsächlich Küsten und die nah an der Küste liegenden Gebiete sowie bis zu 700m hoch liegende Weide-Landschaften, Flach-und Ebene Geländen. Sie blüht Mai-August.

APIACEAE Doldengewächse/Doldenblütler
Eryngium maritimum L.

■ Stranddistel, Seemannstreu, Blaue Dünendistel
C* Keçisakalı, Çakır dikeni

Kräftige, 20-35cm Hohe mehrjährige Pflanzen. Der Stengel ist kahl durch seine Verzweigung halbkugelförmig. Die Grundblätter sind kräftig und lederig. Die mittleren und oberen Stengelblätter sind generell den Grundblättern ähnlich nur das sie etwas kleiner und kurz gestielt sind. Blütenköpfchen sind 10-15 zählig, eiförmig und hat einen Durchmesser von 10-25mm. Die Hüllblätter sind 5 zählig, eiförmig und sind ca. zwei mal so lang wie die Blütenköpchen. Die Vorblätter sind an der Blattvorspitze 3 zähnig.

Diese Gattung ist in der Türkei weit ausgebreitet, im Süden, im Westen und im Norden; vor allem an den Sandstränden.Blütezeit ist Juni-August. Sie hat auch eine weitere Ausbreitung in Westeuropa, Mittelmeer und in den Schwarzmeerregion.

APIACEAE Doldengewächse/Doldenblütler
Eryngium thorifolium Boiss.

■ Krausdistel
☪ Keçisakalı

Oberseits generell reich verzweigte, mehrjährige Pflanzen können bis zu 150cm Höhe wachsen. Die Grundblätter sind immer grün, lederig, halb späherisch nierenförmig, 5-9x6-13 cm stumpf, stachelig-gezähnt. Die mittleren und die oberen Stengelblätter sind kurzgestielt fast sitzend, handförmig oder 3 teilig. Der Blütenstand ist grünlich leicht niederliegend Aufsteigend, mit ca.20 Köpfchen und hat 12-20 mm Durchmesser. Die Tragblätter sind 6-8 blätterig, lineal-lanzettlich, 2-6 zähnig.

Diese Gattung, die in der Türkei hauptsächlich in Südwestanatolien endemisch ist, bevorzugt generell zwischen 50-1950m hoch liegende felsige-Gefälle und die Nadelbaumwälder. Im Juli ist die Blütezeit.

APIACEAE Doldengewächse/Doldenblütler
Tordylium apulum L.

Apulischer Zirmet, Echter Zirmet
Küçük geyik otu

Die bis zu 50cm hoch, weich behaarte, verzweigte, einjährige Pflanzen. Die Basisblätter und die unteren Stengelblätter sind mit 1-2 Paar Blättchen fiederteilig, kurz gestielt. Die fiederblättchenränder sind stumpf zähnig, die oberen Stengelblätter-lappen sind dagegen ganz randig. Dolden 2-8(-20) gestielt, die Stiele sind zylindrisch und ungleich lang. Die Hüllblätter und die Hüllchenblätter sind schmal-lineal zurückgebogen, viel kürzer als die Blütenstiele. Die Blüten sind weiß, an jede Dolde 10-15 zählig, die Frucht ist breit- elliptisch, 5-10x5-8mm lang.

Diese Gattung, die in den Mittelmeerländern eine Ausbreitung zeigt, bevorzugt speziell in der Türkei im Westen und in Südanatolien die bis zu 550m hoch liegende felsige Gefälle, offen Standorte und Wegränder. April bis Mai ist die Blütezeit.

ASTERACEAE Korbblütler
Anthemis ammophila Boiss.&Heldr.

■ Hundskamille
☪ Plaj papatyası, Antalya papatyası

Niedriger Halbstrauch, niederliegend-aufsteigend oder manchmal auch aufrechtstehend einjährige Pflanzen. Stengel generell am Grund verzweigt, 4-10cm hoch. Die Blätter sind rechteckförmig 2 fach fiederschnittig. Die Abschnitte sind verkehrt lanzettlich stumpf oder halb scharf zugespitzt. Die Köpfchen sind radiär. Blütenschaftstiele sind verdickt. Der Hüllkelch ist 0,75-1cm breit. Die Hüllblätter sind rechteckförmig, stumpf. Die Zungenblüten sind 12 zählig weiß, die Röhrenblüten sind gelb. Die Schließfrüchte sind ca. 1,5mm lang, leicht gerillt und in violetten Farben.

Diese Gattung, die an der Meeresküste in den Sanddüne Standorte wächst, und endemisch für die Türkei ist, zeigt uns nur in den Grenzen der Region Antalya eine Ausbreitung. Die herrliche Hundskamillle, die von April bis Mai blüht, kann in den Sand-düne Zier Gärten als dekoratieve Pflanzen einen Gebrauch finden.

ASTERACEAE Korbblütler
Bellis perennis L.

█ Maßliebchen, Gänseblümchen
☾ Margarit, Çayır kasımpatı, Koyungözü

Meistens stängellose, mehrjährige Pflanzen. Die Blätter sind generell rosettig, spatelförmig, stumpf oder scharf zugespitzt, unterseits und oberseits spärlich behaart. Köpfchen sitzt auf einem 1,5-2,5cm langen Blütenschafts Stengel. Der Hüllkelch ist 0,5-1cm breit; die Hüllblätter sind eiförmig-lanzettlich, stumpf oder scharf zugespitzt. Zungenblüten sind weiß und rosa, die Röhrenblüten sind gelb. Die Schließfrüchte sind verkehrt eiförmig und spärlich behaart.

Diese Bellis Gattung, die in Europa und am Mittelmeerbecken eine Ausbreitung zeigt, wird auf der Welt mit 10 Gattungen vertreten. Von dieser 10 Gattungen wächst in der Türkei ganz frei in der Natur 3 Gattungen. Außer der Türkei zeigt uns diese Gattung in Europa, auf Zypern, in Westsyrien und in Aserbeidschan eine Ausbreitung. In der Türkei sehen wir diese Gattung fast in allen geographischen Regionen. Diese Gattung, die von März bis August blüht, bevorzugt als Wachstumsgebiet feuchte Standorte unterhalb der Wälder, die bis 2000m über dem Meeresspiegel liegen. Der oberirdische Teil der Pflanze wird heute noch in der Stadt Antakya als Gemüse verzehrt.

ASTERACEAE Korbblütler
Centaurea bourgaei Boiss.

■ Flockenblume
C· Peygamber çiçeği

Stengel niederliegend aufsteigend, mehrjährige Pflanzen. Pfahlwurzeln sind zum Teil verdickt, der Sprossteil endet mit einem Rosettenblatt, am Grund der Rosetten befindet sich ein paar blütige Stengel. Stengel einfach, 3-10cm lang. Die Blätter sind flach-filzig behaart, fiederspaltig; die Endabschnitte sind lanzettlich; Hüllkelch ist eiförmig. Hüllblatt Anhängsel ist schmal schwärzlich braun randig und zahlreich silberfarbig bewimpert. Die Blüten sind violet, dunkel viollet oder gelblich weiß. Der Pappus ist 1-1,5mm lang.

Diese Gattung, ist eine von den endemisten der Türkei und zeigt uns nur in Elmalı/Antalya eine Ausbreitung. Diese Flockenblume, die in dem Jahr 1875 von dem berühmten Botaniker Boissier der Wissenschaftswelt bekannt gegeben wurde, bevorzugt als Wachstumsgebiet zwischen 1100m-2200m hoch liegende felsige Gefälle, sträuchige Gebiete und die offenen Gebiete der Zedernholzwälder.

ASTERACEAE Korbblütler
Tanacetum praeteritum (Horwood) Heywood
subsp. praeteritum

■ Wucherblume
C* Pire otu, Solucan otu

Verholzte krautige Pflanzen. Stengel aufrechtstehend oder niederliegend-aufsteigend, 15-30cm hoch gräulich-filzig behaart. Die sterilen Langtrieb-Blätter und die blütigen Langtrieb-Blätter sind 2 fach fiederschnittig, elliptisch oder verkehrt lanzettlich; Die primär Abschnitte sind 10-25 teilig, dicht grau oder weiß filzig behaart. Die Stengelblätter sind gegenüber den anderen Blätter kleiner, generell ohne Stiel. Die obersten Blätter sind pinnatisekt teilig. Jeder Stengel hat 1 oder 2, 4 Köpfchen. Der Hüllkelch ist 7-9mm in der Breite, die äußeren Hüllblätter sind eiförmig die inneren sind lineal-rechteckförmig. Die Zungenblüten sind weiß 12-20 paar. Die Röhrenblüten sind gelb, 2,5-3mm lang. Die Früchte sind blaß braun farbig.

Diese Untergattung, die endemisch in den Regionen Antalya und Muğla ist, blüht in Juli und bevorzugt als Wachstumsort die zwischen 1200-2200m hoch liegende Felsen und Kalkstein-Gefälle.

Xeranthemum cylindraceum Sm.

▬ Spreublume, Papierblume
☪ Ölmez otu, Herdem taze

Weiß filzig behaart, einjährige Kräuter. Der Stengel wächst 6-100cm hoch. Die Blätter sind nicht gestielt lineal-elliptisch. Köpfchen sind in der jungen Wachstumsperiode spindel-förmig, in der Reife sind sie eiförmig. Die Hüllblätter sind Vielreihig, trockenhäutig, dachziegelförmig aneinander gereiht; die äußeren Hüllblätter sind eiförmig, die Spitzen sind stumpf, in strohfarben; die inneren dagegen sind lanzettlich scharf zugespitzt vom blaßrot bis dunkel-violet und bis grau wechselhaft. Die Früchte sind rechteckförmig. Der Pappus hat 10-15 Schuppen und sind kürzer als die Früchte.

Diese Gattung ist in der Türkei am Schwarzenmeer, Marmara, Ägäis, Inneranatolien und am Mittelmeergebiet ausgebreitet. Ausser der Türkei zeigt diese Gattung eine Ausbreitung in Süd-Europa, West-Syrien, Krim und Kaukasien. Als Wachstumsgebiet bevorzugt diese Gattung ab Meeresspiegel bis 1150m hoch liegende Steppen und trockene Standorte. Juni-Juli ist die Blütezeit.

BORAGINACEAE Rauhblattgewächse
Alkanna orientalis (L.) Boiss. var. leucantha
(Bornm.) Hub.-Mor.

- ▬ Alkannawurzel, Schminkwurz
- ☪ Havaciva otu, Tosbağa otu

Bis zu 80cm hoch, behaarte 2 oder mehrjährige Kräuter. Die Grundblätter sind von lanzettlichem bis zu rechteckigem wechselständig, 10-20cm in der Länge und mit gewelltem Rand. Die Stengelblätter sind von rechteckigem bis zu eiförmigem variabel 1-4cm lang. Blütenstand zur Fruchtzeit ist 10-20cm in der Länge. Die Hüllblätter sind eiförmig oder breit lanzettlich 1-4cm lang, zwei mal so lang wie der Kelch. Der Kelch ist zur Blütezeit 6-8mm und zur Fruchtzeit 10-15mm lang. Die Lappen der Krone sind weiß, im äußeren Teil kahl 8-13cm lang. Die nüsschenartige Früchte sind 3-3,5mm im Durchmesser, dicht warzig; Schnabel nach hinten gekrümmt.

Diese Variete, die endemisch in Anatolien ist, bevorzugt als Wachstumsgebiet, die zwischen 300-1000m hoch liegenden felsigen Standorte, Steppen und vulkanische Gefälle. Diese Kräuter,die von April bis Mai blühen, sind ein wichtiges Produkt in der Färberei-İndustrie, so wird aus den Wurzeln dieses Kräuters ein rot färbendes Farbstoff gewonnen.

29

Heliotropium europaeum L.

■ Europäische Sonnenwende, Heliotrop, Vanilleblume

☪ Akrep otu, Bambul otu, Günçiçeği, Güneş çiçeği, Siğil otu

Einjährige krautige Pflanzen. Stengel weich angedrückt behaart, mit verzweigtem Stengel. Die Blätter sind eiförmig, zwischen stumpf oder halbzugespitzt bis zu 35mm lang, sie sind grau oder grünlich. Der Blattstiel ist halb so lang wie die Blattspreite. Der Blütenstand ist reichblütig, manchmal auch zur Fruchtzeit spärlich. Der Kelch ist kurz gestielt 2,5mm lang, im äußeren Bereich behaart. Die Krone ist 3-3,5mm in der Länge, Röhren-bereich ist zylinderisch, der Lippenbereich ist radförmig der äußere Bereich ist behaart. Die nüßchenartige Früchte sind großwarzig,

Diese Gattung wächst die in der Türkei im Norden im Süden und im Inneranatolien, außer der Türkei zeigt diese Gattung eine Ausbreitung in den Mittelmeerländern, in Großenbereich der Europa, in Rusland, in Iran und in Kaukasien. Als Wachstumsgebiet bevorzugt diese Gattung 1400m über dem Meerespiegel hoch liegende Wegränder.

BORAGINACEAE Rauhblattgewächse
Symphytum brachycalyx Boiss.

Beinwell
Karakafes otu

Mehrjährige behaarte Kräuter die bis zu 60cm hoch wachsen. Die Blätter sind linel-rechteckförmig eiförmig oder lineal-lanzettlich, die unteren Blätter sind gestielt die oberen sind nicht gestielt. Blütenstand ist endständig Cymöse. Der Kelch ist glockig, zur Blütezeit 7-9mm, zur Fruchtzeit 15mm in der Länge. Die nüsschenartige Früchte sind 2,5-3mm lang und sie sind eiförmig.

Diese Gattung, die weiße Blüten besitzt, zeigt uns in der Türkei eine Ausbreitung in der Mittelmeerregion und in Kayseri, außer der Türkei in Westsyrien. Die Beinwellpflanze, die von April bis Juli Blüten trägt, wächst zwischen 800 bis 2200m hoch liegenden Tannenwälder und in den schattigen Standorten.

BRASSICACEAE Kreuzblütler
Arabis davisii H.Duman&A.Duran

■ Gänsekresse
☪ Davis kazteresi

Mehrjährige Kräuter, Stengel aufrechtstehend, 5-15cm hoch, flach sternförmig behaart. Die Grundblätter sind gestielt, verkehrt lanzettlich-spatelig oder verkehrt eiförmig, 6-20x3-10mm, dicht angedrükt sternförmig behaart; die Stängelblätter sind rechteckförmig-lanzettlich, flach sternförmig behaart. Die Kelchblätter sind annähernd 4mm in der Länge, grünlich-weiß, die Ränder sind trockenhäutig sternförmig behaart. Die Kronblätter sind weiß, ca.10mm in der Länge, verkehrt lanzettlich-spatelig. Die Schotenfrucht ist 20-35x1mm dicht angedrückt sternförmig behaart.

Diese Gattung, die in dem Jahr 2001 der Wissenschaftswelt bekaant gegeben wurde, ist endemisch in Antalya. Als Wachstumsgebiet bevorzugt diese Gattung, die zwischen 475-1600m hoch liegende Kalkstein felsigen Standorte, und sie trägt Blüten März-April.

BRASSICACEAE Kreuzblütler
Erophila verna (L.) Chevall subsp. verna

Gemeines Lenzblümchen, Frühligs Hunger Blümchen

Bahar çiçeği

Einjährige Kräuter. Es hat ein oder mehrere Stengel vom niederliegend aufsteigendem bis zu aufrechtstehend wechselständig und ist 2-22cm hoch. Die Blätter sind von spatelförmigem bis zu lanzettlich oder sie sind bis zu verkehrt eiförmige Formen wechselständig, sie sind ganzrandig oder gezähnt, einfach oder gabelartig behaart. Die Kronblätter sind weiß am Rand tief gekerbt 2-4(-5)mm in der Länge. Die Schottenfrucht ist flach, verkehrt lanzettlich oder elliptisch, viel samig. Die Samen sind 0,3-0,5mm im Durchmesser.

Diese Untergattung, die das erstemal von Europa aus definiert wurde, zeigt in der Türkei fast in allen Gebieten eine Ausbreitung. Außer der Türkei in Eurasien, in Nordafrika und in Nordamerika. Diese Pflanze, die März-Juni blüht, bevorzugt als Wachstumsgebiet ab Meeresspiegel bis zu 2300m hoch liegende Gefälle.

BRASSICACEAE Kreuzblütler
Ricotia carnosula Boiss.&Heldr.

▬ Ricotie
C· Rikotia

Kahle einjährige Kräuter. Die Blätter sind fiederteilig. Die Segmente sind 3 zähnig oder sie sind spaltig behaart, lineal, lineal-rechteckförmig oder eiförmig. Die Kronblätter sind vom weiß bis hellviolett wechselhaft, (10-)11-12mm in der Länge lineal-rechteckförmig, Blattvorspitzen sind tief gekerbt. Die Frucht ist lineal-rechteckförmig und hat bis zu 12 Samen.

Diese Gattung, die in der Türkei und nur in der Mittelmeerregion endemisch ist, zeigt uns eine Ausbreitung ab Meeresspiegel bis 700m hoch liegende felsige-Standorte und blüht März-April.

CAMPANULACEAE Glockenblumengewächse
Michauxia campanuloides L'Hérit. ex Aiton

■ Michauxie

C* Keçibiciği

Zweijährige Pflanzen bis 150cm hoch, Stengel kräftig aufrechtstehend. Die Blätter sind auf beiden Seiten behaart. Die Grundstengelblätter und die unteren Stengelblätter sind lirat oder fiederteilig mit lang-geflügeltem Blattstielen; die mittleren und die oberen Stengelblätter sind von rechteckförmigem bis zu breit eiförmig wechselständig und sind nicht gestielt. Die Blüten sind so gut wie einzeln 2-4cm in der Länge, lang gestielt und hängend. Die Kelchlappen sind 8-10mm lang. Die Krone ist weiß farbig; die Lappen sind zungenförmig. Die Frucht ist Kapselfrucht.

Diese Gattung zeigt in der Türkei eine Ausbreitung im Süden und selten im Inneranatolien, außer der Türkei in Westsyrien. Als Wachstumsgebiet bevorzugt diese Gattung, die zwischen 10-1700m hoch liegenden felsigen oder offene steinige Standorte und blüht von Mai bis August.

CAPPARACEAE Kapperngewächse
Capparis spinosa L. var. inermis Turra

▬ Kaper, Echter Kapernstrauch

☪ Kebere, Gebre otu, Kapari, Dikenli kebere

Unregelmäßig Gestalltigt, dornige Sträucher. Die Blätter sind kreisförmig oder bis fast breit eiförmig, generell ausgerandet, zweiteilig, nicht behaart. Die Blüten sind auffallend, mit 4 Kelchblätter, die Kronblätter sind weiß; die Staubblätter sind vielzählig. Die Frucht ist fleischig und vielsamig.

Diese Variete zeigt uns eine Ausbreitung an der Südägäis und am Mittelmeerregion. Als Wachstumsort bevorzugt diese Gattung, Macchien Standorte, dem Meer nah liegende Felsen, die Wegränder und Äckerränder. Die Blütenknospen diese Pflanze werden ins Ausland exportiert. Die Blütenknospen werden in Salzbrühe gelegt und sind eßbar. Blütezeit dieser Pflanze ist Mai-Juli.

CARYOPHYLLACEAE Nelkengewächse

Cerastium machranthum Boiss.

▬ Hornkraut

☪ Boynuz otu

Diese Gattung besitzt ein reichverzweigtes horizontales Rhizom und sind mehrjährige Pflanzen. Stengel aufrecht, 6-20cm hoch, mit langen weichen, dichten Haaren behaart. Es befinden sich fast alle Blätter am Grund, lanzettlich oder schmal elliptische Gebilden, vielnervig, dicht behaart. Blütenstand ist wenigblütig. Die Hüllblätter sind mit schuppigem Rand. Die Kelchblätter sind lanzettlich 7-10mm, mit schuppigem Rand lang weich dicht behart. Die Kronblätter sind 12-27mm lang und weißfarbig. Die Kapselfrucht ist lederig, in der Reife länger als der Kelch.

Diese Gattung, die endemisch ist in der Türkei, zeigt eine Ausbreitung in den Regionen Isparta und Antalya bis hoch auf den Höhen von 3000m über dem Meeresspiegel. Diese Gattung ist unter den anderen Gattungen morphologisch sehr unterschiedlich. Sie blüht von Mai bis Juni.

CISTACEAE Zistrosengewächse
Cistus salviifolius L.

▬ Kretische Zistrose, Salbeiblättrige Zistrose
☪ Laden çiçeği, Keçisakalı

Bis zu 1m hoch ragende Sträucher. Die Blätter sind von eiförmigem bis zu elliptisch wechselständig, unter-und oberseits der Blätter sind sternförmig behaart. Der Blütenstand ist Cymöse 1-3 blütig; die Blüten sind lang gestielt. Die Kelchblätter sind am Grund herzförmig. Die Kronblätter sind weiß farbig und 2-4cm im Durchmesser. Die Kapselfrucht ist angedrückt behaart.

Diese Gattung zeigt eine Ausbreitung in der Türkei in Nord-, in West-und in Südregionen und außer der Türkei in den Mittelmeerländern, Westeuropa und in Nordirak. Als Wachstumsgebiet bevorzugt diese Gattung die 500m hochliegende kalkhaltige Macchien Standorte und blüht von März bis Mai.

CONVOLVULACEAE Windengewächse
Convolvulus compactus Boiss.

■ Winde
◐ Mahmude otu, Sürüngen sarmaşık

Zwergsträuchige Pflanzen, der unterirdischer Teil ist verholzt. Der Stengel ragt hoch bis zu 8cm. Die Blätter sind verschmälert lineal oder lineal spatelig, scharf zu gespitzt, fächerförmig umgerollt, seidig angedrückt behaart, 5-10(-20)x 1-4mm. Die Blüten sind endständig, und generell einzeln. Die äußeren Kelchblätter sind 8-10x3mm. Die Krone ist weiß, selten rosig-rot oder gelbfarbig, 15-18mm lang. Die Frucht ist Kapselfrucht.

Diese Gattung zeigt in der Türkei eine Ausbreitung an der Ägäis, am Mittelmeer, im inner- und ostanatolischen Regionen, außer der Türkei auf dem Balkan. Als Wachstumsgebiet bevorzugt diese Windepflanze, die zwischen 200-2135m hochliegende Eichen-Macchienwäldchen, Steppen, die Bergfüsse, Kalkstein und Serpentin-felsige Abhänge. Aus den Wurzeln dieser Pflanze wird Milchsaft als Abführmittel gewonnen.

CONVOLVULACEAE Windengewächse
Convolvulus lanatus Vahl

▬ Winde

C• Mahmude otu, Sürüngen sarmaşık

Graufarbig wollig-filzig behaarte Sträucher. Stengel niederliegend aufsteigend oder aufrechtstehend, höchstens 30cm hohe Pflanzen. Die Blätter sind spatelförmig-verkehrt lanzettlich elliptisch oder verkehrt lanzettlich-eliptisch, ohne Stiele. Blüten 2-5 zählig. Blütenstand mit Cymöse. Die äußere Kelchblätter sind ca.10mm lang, eiförmig-elliptisch scharf zugespitzt, dicht filzig behaart. Die Krone ist weiß,18-20mm lang. Frucht ist Kapselfrucht.

Diese Gattung zeigt eine Ausbreitung außer der Türkei, in Ägypten, in Palestina, in Sinai und in Arabien. In der Türkei wächst diese Gattung nur in den Sand-düne Gebieten der Regierungsbezirke von Antalya bis Mersin.

DIPSACACEAE Kardengewächse
Dipsacus laciniatus L.

Schlitzblättigekarde, Weberkarde, Gelapptekarde
Fesçitarağı, Çobantarağı

Kräftig gestaltigt bis zu 2m hoch wachsende zweijährige Pflanzen mit dornigem Stengel. Die Stengelblätter sind am Grund zusammen gewachsen, vom tief lappigem bis fiederteilig wechselständig. Blattränder steif dornig. Die Krone ist eiförmig und zylindrisch, 4-6cm lang. Die Hüllblätter sind lanzettlich, selten länger als wie das Köpfchen. Die Blütenbodenblätter sind steif und an der Spitze dornig. Der Kelch ist in einem Mocca-Tässchenform. Die Blüten sind weiß oder blaß rosafarbig. Döldchenhülle ist zur Fruchtzeit 4 winkelig.

Diese Gattung bevorzugt als Wachstumsort die zwischen 50-1808m hoch liegende Wegränder, die Äcker und wasserreichen Gebiete. Sie blüht von Juli bis August. In der Türkei sehen wir die Weberkarde fast in allen Regionen. Außer der Türkei in Frankreich, in Deutschland, in Nordukraine, auf der Krim, in Mittelasien und in Nordirak. Den getrockneten Blütenstand kann man als Haarkamm gebrauchen.

FABACEAE Akaziengewächse/Mimosengewächse

Acacia angustissima (P. Mill.) O.Kuntze

▬ Akazie
☪ Beyaz top şekilli akasya, Eğrelti akasya

Sträucher oder Halb Sträucher. Die Blätter sind spiralförmig aneinander gereiht, hinfällig, zweifach fiederteilig, 5-12cm in der Länge, je ein Fiederblatt ist mit 10-35 fieder Blättchen. Blütenstand ist seitenständig, gestielt, mit zahlreichen weißen Blüten zusammengefaßt auf sphärischen Köpfchen sitzend ca. mit 1cm Durchmesser. Die Frucht ist eine Hülsenfrucht, flach, 4-20cm lang, rostbraun farbig, 20-30 samig.

Diese Pflanze zeigt eine Ausbreitung in Nord-und im Mittelamerika. Die Samen dieser Pflanze werden gerne von Vögel gefressen. In der Türkei wird sie in den Parks und in den Gärten als Zierpflanze angebaut.

FABACEAE Schmetterlingsblütengewächse
Robinia pseudoacacia L.

█ Robinie, Falsche Akazie
C＊ Yalancı akasya

Die 20-25m hoch, laubwerfender Bäume. Die Blätter sind unpaarig fiederteilig, die Blättchen sind elliptisch, 25-45x12-25mm, spärlich behaart. Der Blütenstand ist spärlich hängende Traube. Der Kelch ist glockenförmig. Die Blüten sind weißfarbig, 15-20mm lang. Die bohnenartige Frucht ist rechteckförmig, 3-10 samig.

Diese Gattung ist in Nordamerika heimisch. In der Türkei wird sie in den Parks und in den Gärten als Zierpflanze angebaut. Ihr hartes, festes Holz ist sehr leicht zerbrechlich daher hat sie in der Holzindustrie eine geringe Verwendung.

43

IRIDACEAE Schwertliliengewächse
Crocus baytopiorum Mathew

■ Krokus
C⋆ Mavi çiğdem

Mehrjährige Knollenpflanzen. Die Knollenhüllschuppen sind grob mit netzartigen Fasern. Die Bläter sind 4-5 zählig, sind zur Blütezeit vorhanden und sind 0,5-1,5mm in der Breite. Blütenhüll-Schlund ist weiß, behaart; die Abschnitte sind 2-3x0,8-1,2cm die Spitzen sind stumpf, hellblau oder weiss. Die Staubfäden sind gelb, kahl, 3-5mm lang; Staubbeutel sind 1,1cm in der Länge, gelbfarbig. Der Griffel ist gelb, an der vorderen Ende dreizählig gelb oder orangengelb mit keulenförmigen Zweigen.

Die Krokus Gattung, die endemisch in der Türkei ist, finden wir nur in Denizli, auf dem Honaz Berg und in Antalya in Çamkuyusu in Zedernwälder. Diese Gattung ist von Februar bis April unterhalb des Waldes der Kalkstein enthaltende Gefälle zu sehen. Ihre schönen Blüten zuliebe kann diese Pflanze für dekorative Zwecke verwendet werden. Unter dem Volk werden die Krokus Auswüchse roh oder gekocht als Nahrungsmittel gegessen.

IRIDACEAE Schwertliliengewächse
Crocus fleischeri Gay

■ Krokus
☪ Çiğdem

Mehrjährige Zwiebelpflanzen. Zwiebelhüllschuppen sind faserig, die Fasern sind geflechtförmig, 1,2-2cm in der Länge. Die Blätter 5-8 zählig, zur Blütezeit vorhanden; 0,5-1mm in der Breite. Blütenhüll-Schlund ist kahl, gelbfarbig, die Abschnitte sind zueinander fast gleich oder halb sogleich, 1,7-3,1x0,4-0,6cm, scharf zugespitzt, von weiß bis creme wechselhaft, zum Grund herab führend in gelbfarben; am Grund und am Röhrenbereich ist es generell dunkelviolett farbig. Die Staubfäden sind 5-6mm in der Länge, gelbfarbig, am Grund klein papillös; Die Staubbeutel sind 5-8mm lang und gelb. Der Griffel ist 6 zählig und generell dünn, pomeranzen-rot verzweigt.

Die Crocus Fleischeri ist eine von den endemisten der Türkei. Sie zeigt eine Ausbreitung am Mittelmeerregion und an den ägäischen Inseln. Als Wachstumsort bevorzugt diese Gattung, die 720-1325m hoch liegende steinige Gefälle, die Macchien und die Nadelbaumwald Lichtungen und blüht von Januar bis März(April).

IRIDACEAE Schwertliliengewächse
Crocus mathewii Kerndorff&Pasche

■ Krokus
☪ Çiğdem

Mehrjährige Zwiebelpflanzen. Die Zwiebelhüllschuppen sind völlig netzig-faserig und es endet in die Richtung nach oben mit einem Schlund von 1-3,2cm Länge. Die Blätter sind in 4-10 Paaren, zur Blütezeit zeigen sie sehr langsames Wachstum oder sie sind nicht vorhanden, 1-2mm in der breite, gräulichgrün. Der Blütenhüll-Schlund ist viola-oder weiß-farbig, behaart; die Abschnitte 1,9x0-1,5cm die inneren sind kleiner als die äußeren und schmäler, von eiförmigem bis zu verkehrt eiförmig wechselständig, und von stumpfigem bis schwach länglichem zugespitzt wechselständig, weiß oder sehr hell fliederblau farbig. Die Staubfäden sind weiß, 3-4mm lang; die Staubbeutel sind gelb farbig, 10-12mm in der Länge. Der Giffel ist an der Spitze orangerotfarbig in 3 Äste gespalten, jedes Ästchen ist 7-10mm in der Länge.

Diese Gattung kennt man in der Türkei nur aus der Region Antalya. Diese Gattung zeigt eine sehr lokale Ausbreitung und blüht von Oktober bis November. Als Wachstumsgebiet bevorzugt diese Pflanze die zwischen 400-1110m hoch liegende steinige Gefälle.

IRIDACEAE Schwertliliengewächse
Iris albicans Lange

■ Iris, Schwertlilie
C* Ak süsen, Zambak

30 bis 60cm hohe mehrjährige Pflanzen mit Rhizom. Die Blätter sind 2,5-4,5cm breit die Enden sind deutlich gekrümmt. Stengel einfach, generell mit 2 Blüten am Ende, falls verzweigung vorhanden ist sind die Nebenblätter ohne Stiele. Die Hüllblätter und Hüllchenblätter sind schiffchenartig. Die Blüten sind weiß, oberseits der äußeren Blütenhüll-Abschnitte sind sie gelb haarkranzförmig. Die Kapselfrucht ist elliptisch.

Diese Gattung ist endemisch in Jemen und wurde in der Türkei auf den Friedhöfen gepflanzt und so hat diese Gattung sich in Anatolien ausgebreitet. Wegen ihren auffallenden Blüten wird diese Pflanze weiterhin auf den Friedhöfen und auf den kultuvierten Böden angebaut die zwischen 30-70m Höhen liegen. Die Blütezeit ist von Februar bis Mai.

LAMIACEAE Lippenblütler
Dorystoechas hastata Boiss.&Heldr. ex Bentham

■ Salbei

[C•] Dağ çayı

Die 40-100cm hohe drüsig und dicht behaarte Sträucher. Die Blätter sind lanzettlich-harpuneförmig, 2,8-7,5x1,5-3cm, mit leicht stumpf zähnige Ränder; Blattstiel ist 1-3,6cm lang. Blütenstand 6-17cm in der Länge; je ein Blüten quirlen ist ca. 10-25 blütig; der Kelch ist 3-4,5mm lang, ohne Drüsen dicht lang weich behaart, die Zähne sind 1,5mm in der Länge. Die Krone ist weißfarbig, 4-6mm in der Länge. Die obere Lippe ist deutlich gespalten, und die untere Lippe dagegen ist 3 lappig, die Lappen sind drüsig. Die Frucht ist nüßchenartig.

Diese Gattung, die endemisch in Antalya ist, zeigt eine Ausbreitung bis auf 650-2000m Höhen und bevorzugt die Nadelbaum Wälder, Zypressenwälder und die Macchienwäldchen Standorte. Die Blütezeit ist von Mai bis Juli.

LAMIACEAE Lippenblütler
Origanum onites L.

▬ Oregano, Französischer Majoran
☾* Yabani mercanköşk, Güvey otu, Kekik otu

Bis zu 65cm.hohe Halbträucher. Der Stengel ist steif haarig und ist verzweigt. Die Blätter sind herzförmig, eiförmig oder elliptisch, 3-22x2-19mm. lang und von gestieltem bis kurz gestielt wechselständig. (Die Blattstiele sind bis zu 6mm. in der Länge), scharf zugespitzt oder lang zugespitzt. Die Tragblätter sind verkehrt eiförmig oder elliptisch, 2-5x1,5-4mm, stumpf sowohl auch lang zugespitzt, glatt oder dir Ränder gezähnt. Der Kelch ist 2-3mm. lang. Die Krone ist weiß und ist 3-7mm. in der Länge. Die nüßchenartige Frucht ist kaffeebohnen farbig.

Diese Gattung, die in West und in Südanatolien bis auf 1400m. höhen wächst, trägt von April bis August ihre Blüten und hat in vielen verschiedenen Bereichen eine Verwendung. Außer der Türkei hat diese Gattung eine Ausbreitung in Sizilien, in Griechenland und auf den ägäischen Inseln.

49

LAMIACEAE Lippenblütler
Salvia argentea L.

■■■ Salbei, Silberblattsalbei
C* Yabani adaçayı

Am Grund verholzt mehrjährige Pflanzen. Stengel aufrecht-stehend. 20-100cm hoch unterseits wollig behaart. Die Blätter sind am meisten am Grund, eiförmig sowohl auch rechteckförmig, 7-17x3-8cm sie sind mit unregelmäßig genagte Ränder. Blütenstände 4-6 blütig generell mit Abständen aneinander gereiht. Die Tragblätter sind glockenförmig, 9-17x8-14m lang. Der Kelch ist glockenförmig, 9-12mm lang. Die Krone ist 17-30mm lang, weiß, die Oberlippe ist leicht violafarbig. Die Frucht ist nüßchenartig.

Diese Gattung zeigt in der Türkei generell in den Ost und Süd Regionen zwischen 970-3350m höhen eine Ausbreitung. Als Wachstumsgebiet bevorzugt diese Gattung die Äckerränder, Nadelbaumwälder, felsige-Gefälle und blüht von Juni bis August. Außer der Türkei in Südeuropa und Nordwesteuropa.

LAMIACEAE Lippenblütler
Stachys buttleri R.Mill

Ziest, Wald-Ziest
Dağ çayı

Bis zu 70cm hoch wachsende mehrjährige Kräuter. Der Stengel ist drüsig und aufrecht, wollig behaart. Die Blätter unterseits sind breit herzförmig-eiförmig, 45-90x40-80mm, Blattvorspitzen sind stumpf, die Blütenblätter sind eiförmig 10-12x6-6,5mm, zugespitzt und ganzrandig. Vorblätter sind nicht vorhanden. Blütenstände 2 blütig. Der Kelch ist glockig, 7-7,5mm in der länge, aufrecht und wollig behaart. Die Krone ist weißfarbig und 14-15mm in der Länge. Die Frucht ist nüßchenartig.

Diese Gattung die in Antalya endemisch ist, hat einen sehr geringen Ausbreitungsraum. Als Wachstumsort bevorzugt dieses Kräuter die 5-90m hoch liegende felsige Standorte und blüht von Juni bis Juli.

LAMIACEAE Lippenblütler
Teucrium lamiifolium d'Urv. subsp. lamiifolium

■ Gamander
C· Kurtluca, Acı yavşan

Mehrjährige oder zweijährige Kräuterpflanzen. Der Stengel aufrecht 20-75cm hoch und ist locker behaart. Die Blätter sind gestielt, breit dreieckförmig-eiförmig, am Grund sind sie keilförmig oder halb herzförmig. Blütenstand ist dicht 3-12cm in der Länge. Die Tragblätter sind dem Kelch gleich lang. Der Kelch ist 7-9mm in der Länge, die oberen Zähne sind breit eiförmig. Die Krone ist deutlich länger als der Kelch und ist weiß oder grünlichweißfarbig. Die Frucht ist nüßchenartig.

In der Türkei wird diese Pflanze im Nordwesten und im Süden des Landes mit 2 Untergattungen vertreten. Außer der Türkei zeigt diese Untergattung eine Ausbreitung in Bulgarien und im Libanon. Als Wachstumsgebiet bevorzugt diese Pflanze ab Meeresspiegel bis 1600m hoch liegende Nadelbaumwälder, die Macchien und sträuchige Standorte. Von Juni bis August trägt sie Blüten.

LILIACEAE Liliengewächse
Allium cyrilli Ten.

▬ Lauch, Wildlauch
☪ Yabani soğan

Mehrjährige Zwiebelpflanzen. Die Zwiebel ist eiförmig, 1-3cm im Durchmesser; die äußeren Hüllschuppen sind häutig. Der Stengel ist 50-60(-90)cm in der länge. Die Blätter sind 3-5 zählig, breit lineal 10-30mm in der breite. Blütenstand ist Scheindolde 3-7cm im Durchmesser, und vielblütig. Blütenstiele sind 15-25mm lang. Die Blütenhülle ist zur Blütezeit becherförmig, später sind sie umgerolt; die Abschnitte sind weiß oder weißlichgrün, lineal, 6-7mm in der Länge, grünfarbig mit einem mittleren Nerv, scharf zugespitzt. Die Kapselfrucht ist (-5)6-7mm in der Länge.

Diese Gattung zeigt in der Türkei eine Ausbreitung am Marmara, am Mittelmeer und an der Ägäis und außer der Türkei in Süditalien und in Süd- und Ostgriechenland. Von Mai bis Juni ist die Blütezeit und als Wachstumsgebiet bevorzugt diese Gattung kultivierte Felder, Bächeränder, tonerde Böden und die Weinberge. Aufgrund des dekorativen Aussehens kann diese Gattung als Zierpflanze verwendet werden.

LILIACEAE Liliengewächse
Allium elmaliense İ.G.Deniz&Sümbül

■ Elmalı Lauch, Wildlauch
C* Elmalı yabani soğanı

Mehrjährige Zwiebelpflanzen. Die Zwiebel ist sphärisch-eiförmig, 1,3-2,8cm im Durchmesser; die äußeren Hüllschuppen sind papierartig, bräunlich-schwarz. Der Stengel ist 12-25(-30)x0,15-0,25cm und ist länger als die Blätter. Die Blätter sind 2-5 zählig, schmal lineal, 6-10(-13)x0,2-0,6cm, ganzrandig, kahl. Der scheindoldene Blütenstand ist 15-35 blütig. Die Blütenstiele sind 10-15mm in der Länge. Die Blüten sind duftend. Die Blütenhülle ist zur Blütezeit nach hinten gekrümmt; die Abschnittte sind von linealem bis rechteckförmig wechselständig, 3,5-4,5x0,8-1,1mm, stumpf oder scharf zugespitzt, weißfarbig, mit einer grünfarbigen mittleren Ader. Die Kapselfrucht ist 4-5x3,5-4,2mm und kahl. Die Samen sind 2-2,5mm schwarzfarbig.

Diese Gattung wurde im Jahr 2004 in Elmalı(Antalya) im Zedern Forschungswald der Wissenschaftswelt bekannt gegeben und ist auch endemisch in der Türkei in Elmalı/Antalya. Als Wachstumsgebiet bevorzugt diese Pflanze die zwischen 1150-1175m hoch liegende offenen Eichen-und Gemeine Wacholder-Wälder und zeigt eine Ausbreitung nur in bestimmten lokalen Standorten. Von April bis Mai ist die Blütezeit.

LILIACEAE Liliengewächse
Allium orientale Boiss.

■■■ Lauch, Wildlauch
C• Yabani soğan

Mehrjährige Zwiebelpflanzen. Die Zwiebel ist von eiförmigem bis zu halb sphärisch wechselständig, 1,5-3cm im Durchmesser. Stengel ist 10-50cm hoch und ist aufrecht. Die Blätter sind 2-6 zählig, lineal-breit lineal, 10-20(-40)mm in der Breite, ganzrandig, generell mit gewelltem Ränder. Blütenstand ist eine Scheindolde 2,5-5cm im Durchmesser, reich blütig. Die Blütenhüll-Abschnitte sind gelblich-weiß mit einem grünfarbigem mittleren Ader, zur Verwelkungszeit sind sie in rosafarben, flieder-rosa und rötlich und sind rechteckförmig-elliptisch, 6-7(-9) mm die Spitzen stumpf. Die Staubbeutel sind hellgelb. Die Kapselfrucht ist sphärisch, 5-6mm in der Länge.

Diese Gattung zeigt in der Türkei eine Ausbreitung in Mittel- und Südanatolien außer der Türkei auf Zypern, in Westsyrien, in Libyen und in Ägypten. Als Wachstumsgebiet bevorzugt diese Pflanze die 600-1870 m hoch liegende felsige Gefälle, Äcker und Weinberge und April-Mai(-Juni) ist die Blütezeit. Aufgrund seines dekoratives Aussehens kann diese Gattung als Zierpflanze verwendet werden.

LILIACEAE Liliengewächse
Asphodeline taurica (Pallas) Kunth

■ Junkerlilie
☪ Dede değneği

Mehrjährige Pflanzen. Der blütige Stengel ist 25-80(-100)cm hoch, fast aufrechtstehend und ist vollständig beblättert; die Blätter sind grünlich neblig und rauh randig. Blütenstand ist einfach, sehr reich. Die Tragblätter sind 20-30(-35)mm in der Länge, von eiförmigem bis zu rechteckförmig wechselständig. Der Blütenstiel ist zur Fruchtzeit 10-12(-14)mm in der Länge und sind kürzer als die Tragblätter. Die Blütenhüll-Abschnitte sind 12-15(-17)mm in der Länge, und weiß. Die Kapselfrucht ist von eiförmigem bis zu rechteckförmig 8-10(-12)mm in der Länge.

Diese Gattung zeigt in der Türkei eine Ausbreitung an der Ägäis, am Marmarameer, in Inneranatolien und in den Mittelmeer-Regionen. Als Wachstumsort bevorzugt diese Pflanze die zwischen 570-2500m hoch liegende felsige Gefälle und die Offenwälder. Außer der Türkei finden wir diese Gattung in den Balkanländern, auf Krim, in Kaukasien und in Westsyrien. April-Mai ist die Blütezeit.

LILIACEAE Liliengewächse
Asphodelus aestivus Brot.

■ Kleinfrüchtiger Affodil
☪ Zehirli çiriş otu

Mehrjährige Pflanzen mit Rhizom. Der blütige Stengel ist 60-200cm lang. Die Blätter sind 25-40cmx15-30mm, ganzrandig. Der Blütenstand ist reich verzweigt und vielblütig. Die Tragblätter sind 5-15m in der Länge, nebelig oder grünlich. Die Blütenstiele sind in der Mitte gegliedert. Die Blütenhüll-Abschnitte sind weiß, rosa oder mit bräunlichem Mittelnerv, 10-15mm in der Länge. Die Staubblätter sind fast alle zueinander gleich lang. Die Kapselfrucht ist 5-7mm, verkehrt eiförmig.

Diese Gattung die in Nordwest und Südanatolien eine Ausbreitung zeigt, blüht in März-Juni und wächst ab Meeresspiegel bis 900m hoch in den Äcker, Macchien und in den Offenwälder und wird als Landschaftsgemälde verwendet.

LILIACEAE Liliengewächse
Asphodelus fistilosus L.

██ Röhriger Affodill, Affodill

C* Çiriş otu

Einjährige oder kurzlebige oder mehrjährige Pflanzen. Der blütige Stengel wächst bis zu 60cm hoch, und ist hohl. Blätter 10-30cmx2-4mm. Blütenstand ist generell verzweigt. Die Tragblätter sind 4-7mm in der Länge, schuppig. Blütenstiele sind in der Mitte gegliedert. Die Blütenhüll-Abschnitte sind weiß oder hellrosa, rosig oder mit bräunlichem Mittelnerv, 8-10mm in der Länge. Die Staubblätter sind sich nicht gleich. Die Kapselfrucht is ca. 5mm in der Länge, und ist fast sphärisch.

Diese Gattung zeigt eine Ausbreitung in der Türkei am Marmara, an der Ägäis und in den Mittelmeerregionen. Von März bis Mai ist die Blütezeit und als Wachstumsgebiet bevorzugt diese Gattung ab Meeresspiegel bis 500m hoch liegende felsige, steinige Standorte und die nicht bestellten Äcker.

LILIACEAE Liliengewächse
Eremurus spectabilis Bieb.

▬ Steppenkerze

☪ Çiriş, Çireş, Dağ pırasası

Mehrjährige Pflanzen. Der blütige Stengel ist 70-150(-200)cm hoch und nicht behaart. Die Blätter sind breit lineal, kahl, rauh randig. Blütenstand ist traubig, 15-70cm lang. Die Tragblätter sind generell kürzer als die Blütenstiele. Die Blütenhüll-Abschnitte sind weiß oder grünlich-gelb 10-13mm lang, dunkelviolett oder grünlich mit einem Mittelnerv. Die Kapselfrucht ist 6-9mm in der Länge und ist sphärisch.

Die Gattung ist eine von den zwei Arten in der Türkei, die von Mai bis Juli blüht. Sie zeigt eine Ausbreitung auf 1000-2750m hoch liegende Steppen in der sträuchige Gegend auf den felsige und steinige Gefälle. Die jungen frischen Blätter dieser Pflanze werden als Gemüse gegessen und der unterirdische Teil der Pflanze wird getrocknet und zermahlen dieses Pulver wird als Klebstoff in der Buchbinderei und in der Schuhsterei verwendet. Wegen ihrer auffälligen Blüten kann diese Gattung als Landschaftsgemälde ihren Platz finden.

LILIACEAE Liliengewächse
Muscari muscarimi Medikus

■ Traubenhyazinthe
☾ Dağ sümbülü, Arap otu, Arap sümbülü

Mehrjährige Zwiebelpflanzen. Die Zwiebel ist 2-4cm im Durchmesser. Die Blätter sind 3-6 zählig, lineallanzettlich, 10-20(-25)cm×4-15mm, graugrün. Blütenschaftsstengel ist 10-18cm, aufrecht oder niederliegend, und ist kürzer als die Blätter. Der Blütenstand ist in Trauben, am Anfang sehr dicht, später spärlich, zylindrisch, (2-)4-6cm in der Länge und hat 12-30 Blüten. Die Fertileblüten sind moschus duftig, zur Frühzeit sind sie in viola Farben, zur Blütezeit sind sie schmutzig grauweiß oder grünlich, wenn sie getrocknet sind werden sie braun. Die sterilen Blüten (falls welche vorhanden sind) sind klein, viola farbig. Die Kapselfrucht ist breit, an der Spitze deutlich gekerbt.

Diese Gattung zeigt nur in Antalya und in Denizli eine Ausbreitung und ist eine von den endemisten der Türkei. Als Wachstumsgebiet bevorzugt diese Gattung die zwischen 800-1920m hoch liegende steinige Gefälle und in den Steppen die Wiesenfelder. Diese Pflanze, die von Mai bis Juni blüht, kann wegen ihres dekorativen Aussehens und ihres Wohlduftes als Zierpflanze verwendet werden.

LILIACEAE Liliengewächse
Ornithogalum lanceolatum Labill.

■■■ Milchstern
☪ Yoğurt otu, Ak yıldız

Mehrjährige Zwiebelpflanzen. Blütenschaftsstengel ist nicht vorhanden oder höchstens bis zu 3cm hoch. Die Blätter sind (10-)15-20mm in der Breite, oberseits ist der weiße Nerv nicht vorhanden; ganzrandig, kahl. Der Trugdolden Blütenstand ist auf kurzem Schaft fast dem Boden eben, 5-13 blütig, die Blütenhüll-Abschnitte sind 12-16mm in der länge, die Blütenhüllblätter sind im Inneren weiß, außen sind sie weiß oder mit grünen Mittelstreifen. Die Blütenstiele sind zur Fruchtzeit 20-30mm in der Länge. Die Kapselfrucht ist nicht geflügelt.

Diese Gattung zeigt eine Ausbreitung in Südanatolien auf den Alpinischen Steppen, auf den Feuchtwiesen, in den Offen Nadelbaumerwälder und an den Bächerändern. Von März bis April ist die Blütezeit. Als Wachstumsort bevorzugt diese Gattung die zwischen 1000-2500m hoch liegende Standorte. In Ostanatolien werden die Blätter manche Arten diese Gattung als Gemüse gegessen.

LILIACEAE Liliengewächse
Ornithogalum nutans L.

■ Nickender Milchstern
☪ Yoğurt otu, Ak yıldız

Mehrjährige Zwiebelpflanzen. Die Zwiebel ist vielzählig mit Nebenzwiebeln. Der Blütenschaftsstengel ist aufrecht, 20-60cm hoch. Die Blätter sind lineal, und sind vom Blütenschaftsstengel länger oder gleich lang, 6-15mm in der Breite, auf der Oberseite mit einem weißen Nerv; ganzrandig, kahl. Der Traubenblütenstand ist zylindrisch (3-)9-17(-20) blütig. Blütenhüll-Abschnitte sind 20-31mm in der Länge, die Blütenhüllblätter sind innen weiß, außen weiß mit grünem Streifen. Blütenstiele sind zur Fruchtzeit kürzer als die Frucht. Die Kapselfrucht ist eiförmig.

Diese Gattung zeigt eine Ausbreitung am Marmarameer, an der Ägäis Inneranatolien und in den Mittelmeer Regionen. Als Wachstumsgebiet bevorzugt diese Pflanze ab Meeresspiegel bis 1950m hoch liegende feuchte Gefälle, die Äcker, Weideland und die Wegränder. Die Zwiebeln dieser Gattung, die von März bis Mai blühen, werden als Zierpflanzen Zwiebeln exportiert.

LILIACEAE Liliengewächse
Ornithogalum pamhylicum O.D.Düşen&Sümbül

▬ Milchstern
[C*] Yoğurt otu, Ak yıldız

Mehrjährige Zwiebelpflanzen. Die Zwiebel ist eiförmig, mit Nebenzwiebeln. Der Blüten-schaftsstengel ist aufrecht, 3-15cm hoch. Die Blätter sind (3-)4-11(-13) zählig, 9-35cmx1-4mm. Die Blätter sind länger als der Blütenschaftsstengel, sie sind lineal-fadenförmig, kahl, ganzrandig. Der Traubenblütenstand ist zylindrisch, 3-25blütig. Blütenhüll-Abschnitte sind zur Blütezeit 10-20x5-8mm, zur fruchtzeit dagegen sind sie 20-28x 6-9mm, lanzettlich oder rechteckförmig lanzettlich, die innere Fläche ist schneeweiß, die äußere ist weiß farbig mit grünem Streifen. Die Kapselfrucht ist eiförmig oder eiförmig-zylinrisch. Die Samen sind vielzählig, schwarzfarbig, halb sphärisch.

Diese Gattung ist endemisch in Antalya und wurde im Jahre 2002 der Wissenschaftswelt bekannt gegeben. In der Türkei im Regierungsbezirk Antalya ist diese Gattung von zwei Lokalitäten her bekannnt. Als Wachstumsgebiet bevorzugt diese Pflanze die zwischen 1850-1900m hoch liegende Kalkstein enthaltende Gefälle und die Feuchtwiesen.

LILIACEAE Liliengewächse
Urginea maritima (L.) Baker

■■■ Meerzwiebel
☪ Ada soğanı

Mehrjährige Zwiebelpflanzen. Die Zwiebel ist 5-15cm im Durchmesser. Die Blätter sind grundständig, sie sind generell zur Blütezeit nicht vorhanden, 17-50x2-6cm. Der Blütenschaftsstängel ist 100-150cm hoch. Der Blütenstand ist in Trauben, reichblütig. Blütenstiele sind 15-20mm in der Länge. Die Blütenhüll-Abschnitte sind weiß, mit grünem Streifen, 7-8mm in der länge. Die Kapselfrucht ist dreieckig. Die Samen sind vielzählig.

In der Türkei wächst diese Gattung an der Ägäis und in den Mittelmeerregionen. Die Blütezeit ist von Oktober bis November. Die Zwiebel dieser Gattung bewirkt an der Haut eine allergische Wirkung. Unter dem Volk werden die Zwiebeln äußerlich gegen Rheuma angewand.

LILIACEAE Liliengewächse
Yucca gloriosa L.

Yucca, Palmlilie

C* Avize ağacı

Die bis zu 1,5m hoch wachsende mehrjährige Pflanzen. Die Blätter ganzrandig, von lanzettlichem bis zu lineal- lanzettlich wechselständig, 50-65x2,5-5cm kahl, lang zugespitzt. Blütenstand ist die bis zu 1m hoch ragende zusammengesetzte Traube und ist purpurrötlich. Die Tragblätter sind den Blättern ähnlich schwärzlich-dunkelviolett. Blütenstiele sind dünn dicht behaart, aufrecht, später zurückgekrümmt. Die Blütenhüll-Abschnitte sind elliptisch- eiförmig 3-5,5x1-2,2cm, sehr hellgelb oder chremefarben. Die Frucht ist eine Kapselfrucht. Die Samen sind vielzählig.

Diese Gattung, die aus Amerika kommt, wird in der Türkei wegen ihrer dekorativen Ausstrahlung als Kulturpflanze in den Parks und in den Gärten angebaut.

Magnolia grandiflora L.

Immergrüne Magnolie
Manolya ağacı

Immergrüner bis zu 30m hoch wachsende Bäume. Die Blätter sind spiralförmig aneinandergereiht, einfach, eiförmig-rechteckförmig, 13-20cm in der länge, ganzrandig, gestielt. Die Blüten sind an den Ästen endständig oder in den Blattachseln. Blütenhülle ist in Perigonform, in 3 Kreisen aneinander gereiht und ist 9 teilig. Die Blüten sind weiß, groß, 20-30cm im Durchmesser. Die Frucht ist zapfenförmig, rötlichbraun farbig, 5-10cm in der Länge.

Der Magnolienbaum ist in China und in Japan beheimatet. In der Türkei wird sie in den Parks und in Gärten als Zierpflanze gezüchtet.

MALVACEAE Malvengewächse
Alcea pallida Waldst.&Kit.

Stockmalve, Eibisch
Hatmi

Mehrjährige Kräuter, sehr groß. Der Stengel ist filzig und sternförmig behaart. Die Blätter sind 5-7 lappig und leicht verdickt. Der Kelch ist zur Blütezeit nicht rillig, später ist sie rillig. Die Kronblätter sind 40-50mm lang, weiß, rosa oder fliederfarben und generell am Grund gelb befleckt. Die Frucht ist geflügelt, runzelig und nur in den Furchen behaart.

Diese Gattung zeigt in der Türkei eine Ausbreitung in Nordwest, West und im Südwesten des Landes. Als Wachstumsort bevorzugt diese Pflanze die zwischen 300-1500m hoch liegende Standtorte am meisten die Wegränder und die Steppen. Von Juni bis Oktober trägt sie Blüten. Außer der Türkei findet man diese Gattung auf der Balkanhalbinsel und in Ungarn.

Myrtus communis L. subsp. communis

■ Brautmyrte, Echte Myrte, Myrte
☪ Mersin

1-5m hoch wachsende Sträucher. Die Blätter sind eiförmig-lanzettlich 2-5cm lang, lederig, kahl, aromatisch. Die Blüten sind höchstens 3cm im Durchmesser, in weißen Farben; die Blütenstiele sind 1,5-2,5cm lang. Die Kronblätter sind reifenartig, 7-15mm lang. Die Frucht ist halb sphärisch sowohl auch breit ellipsenähnlich 7-10mm in der Länge, in der Reife sind sie generell in bläulichschwarzen Farben.

In der Türkei zeigt diese Gattung im Norden im Westen und im südlichen Gebieten eine Ausbreitung. Außer der Türkei wächst sie in Südeuropa, in Nordeuropa, in Westeuropa, in Westsyrien, auf Zypern, in Ostpakistan und in Mittelasien. Als Wachstumsort bevorzugt diese Untergattung die bis zu 550m hochliegende felsige Gefälle, die Nadelbaumwälder, die Macchien Standorte und blüht von Juni bis September. Die frischen Blätter dieser Pflanze werden in der Parfümerie-Industrie als Rohstoff und die getrockneten Blätter gegen Zuckerkrankheiten verwendet. Die veredelten Myrtenfrüchte werden frisch verbraucht.

NYMPHAEACEAE Seerosengewächse
Nymphaea alba L.

■ Weiße Seerose
☪ Beyaz çiçekli nilüfer

Wasserliebende mit Rhizom, mehrjährige Pflanzen. Die Blätter sind herzförmig, lang gestielt, generell große Schwimmblätter. Die Blüten sind einzählig, lang gestielt, können auf dem Wasser schwimmen und sind wohlduftend. Die Kelchblätter sind lanzettlich, abfallend. Die Blütenkronblätter sind weiß, die Staubblätter sind vielzählig. Die Frucht ist eine Kapselfrucht.

Diese Gattung zeigt in der Türkei eine Ausbreitung in den Seen der geographischen Regionen der Türkei sowie im Westen, im Süden, im Norden und im Inneranatolien und blüht von April bis September.

Ihren prunkvollen Blüten zu Liebe kann diese Gattung in den Wasserbecken-Gärten als Zierpflanze ihren Platz finden.

PITTOSPORACEAE Klebsamengewächse
Pittosporum tobira

Klebsame, Chinesischer Klebsame

Pittosporum

Immergrüner strauch oder 4,5m hohe Bäume. Die Blätter sind 2,5-12,7x2,5cm, lederig, oberseits glänzend und ganzrandig, unterseits dagegen ist matt farbig. Der Blütenstand ist in Trauben. Die Blüten sind klein, 1,3cm im Durchmesser, zur Frühzeit weiß, zur Spätzeit dagegen sind sie cremiggelb.

In der Türkei wird diese Pflanze in den Parks und in den Gärten als Landschaftsgemälde angebaut und ist in Ursprung in Japan und in China beheimatet. Diese Pflanze, die von Mai bis Juni blüht, ist gleichzeitig auch eine wichtige Heckenpflanze.

PLANTAGINACEAE Wegerichgewächse
Plantago cretica L.

■ Wegerich
C· Sinirli otu

Bis zu 8cm Hohe einjährige Kräuter. Die Blätter sind am Grund rosettenförmig, 30-85mm lang, lineal-lanzettlich, behaart. Blütenschaftstengel ist 0,5-1cm lang und ist viel kürzer als die Blätter. Blütenstand ist in Ähre, 5-8mm in der Länge, eiförmigsphärisch. Die unteren Tragblätter sind 6- 6,5mm in der Länge, lanzettlich-eiförmig; die oberen Tragblätter sind ca. 4,5mm lang und sind den Kelchblätter gleich lang. Das vordere Kelchblatt ist ca. 3,5mm lang, elliptisch, häutig und an der Spitze stumpf, der hintere Kelchblatt ist ca.3mm lang breit kreisförmig-elliptisch häutig. Die Kronröhre sind breit, die Lappen sind eiförmig, häutig. Die Kapselfrucht ist sphärisch. Die Samen sind 2 zählig und ca. 1,5-2mm in der Länge.

Diese Gattung zeigt in der Türkei eine Ausbreitung an der Ägäis und in den Mittelmeer Regionen. Außer der Türkei in Griechenland, auf den ägäischen Inseln, auf Zypern, in Westsyrien, in der syrischen Wüste und in Irak. Von April bis Mai trägt sie Blüten und als Wachstumsort bevorzugt diese Pflanze ab Meeresspiegel bis 600m hoch liegende Kalksteinfelsen und Gefälle, Sand-dünen und die Feuchtstandorte.

POACEAE Süßgräser
Alopecurus lanatus Sm.

■ Fuchsschwanzgras
☾ Yüksük otu, Tilki kuyruğu

3,5-30cm hohe horstförmige, mehrjährige Pflanzen. Stengel aufrecht oder manchmal an den Knoten knieförmig, zierlich gebaut, oberseits glatt und kahl, unterseits dagegen filzig behaart, mit einem Knoten. Die Blattscheiden sind dem Stengelboden sehr nah, aufgeblasen, filzig behaart; das Zünglein ist 1,5-2,5mm in der Länge scharf zugespitzt. Der ährenrispen Blütenstand ist 0,8-1,5x0,8-1,3cm, eiförmig-sphärisch. Die Köpfchen sind 4,5-6,2mm in der länge. Die Blütenspelzen sind lanzettlich, die ganze Oberfläche ist steif behaart. Die äußeren Blütenspelze sind 2,4-3,5mm in der Länge mit abgerundete Spitze, börstchen knieförmig 6,5-11mm in der Länge. Die Karyopse Frucht ist an den Seiten breitgedrückt.

Diese Gattung, die in der Türkei endemisch ist, zeigt eine Ausbreitung in Nordwest und in Südanatolien. Als Wachstumsort bevorzugt diese Gattung die 1500-3450m hoch liegenden steinigen und felsigen Berggefälle Standorte und von Mai bis August trägt sie Blüten.

PRIMULACEAE Primelgewächse
Primula vulgaris Huds. subsp. vulgaris

███ Stängellose Schlüsselblume, Kissenprimel, Erdschlüsselbaum

[C*] Çuhaçiçeği

Bis zu 20cm hohe stengellose mehrjährige Pflanzen. Die Blätter sind von nicht ganz breit verkehrt eiförmig bis zu spateligem verkehrt lanzettlich wechselständig 2-30x1-9cm kahl oder spärlich behaart. Blütenstand ist ungestielt, von einpaar bis vielblütig wechselständig. Der Kelch ist zylinderförmig, 9-2mm lang. Die Kronröhre sind 12-21mm, gelbfarbig. Die Blüten sind schmutzigweiß. Die Kapselfrucht ist kleiner als der Kelch selber.

Diese Untergattung hat in der Türkei eine Ausbreitung in den Regionen Marmara, im Inneranatolien und am Mittelmeer. Außer der Türkei in West, Süd und Mitteleuropa sowohl auch auf Krim und Ukraine. Als Wachstumsgebiet bevorzugt diese Pflanze, die zwischen 500-2100m hoch liegenden alpidischen Wiesen, die immergrünen und laubwerfenden Waldstandorte und blüht von März bis Juni.

73

RANUNCULACEAE Hahnenfußgewächse
Clematis cirrhosa L.

■ Klematis, Waldrebe
☪ Yaban asması, Akasma, Filbahar, Meryemana asması

Mehrjährige verholzte Kletterpflanze. Stengel rillig oder glatt, zur Jungzeit behaart. Die Blätter sind gegenständig aneinander gereiht. Die Blätter der Langtriebe sind generell in 3 geteilt, die der Kurztriebe sind einfach oder selten drei teilig, von tief gezähntem bis zu glattrandig wechselständig, halb lederig, weich spärlich behaart. Die Blüten sind einzählig oder in Trugdolden. Die Blütenhüll-Abschnitte sind cremefarbig, 16-25-(30)mm in der länge. Die Staubblätter sind in Vielzahl.

In der Türkei zeigt sie eine Ausbreitung in den Regionen sowie am Marmarameer, an der Ägais und am Mittelmeer, ab Meersspiegel bis 350m hoch liegende Macchien und Sträucher Standorte.

74

RANUNCULACEAE Hahnenfußgewächse
Ranunculus sphaerospermus Boiss.&Blanche

■ Butterblume, Hahnenfuss
[C*] Düğün çiçeği, Körük otu

Ein- oder mehrjährige Hydrophil Pflanzen. Die Blätter sind in vielzählige Abschnitte geteilt. Die Blüten sind einzeln; Die Kronblätter sind 5 zählig, breit verkehrt eiförmig, 9-25(30)mm in der Länge, weiß, am Grund gelb; die Nektarschuppen sind in einer länglichen Form, wenig oder vielzählig birnenartig. Der Blütenboden ist behaart. Die Fruchtblätter sind kürzer als 1mm, fast sphärisch, kahl oder der Umkreis vom Griffel boden ist schwach behaart.

Unter den Ranunculusarten, die als Wachstumsort die Hydrophil Gegende bevorzügen, sind in der Türkei mit 4 Gattungen vertreten. Die Ranunculus Sphaerospermus ist eine von den 4 Gattungen, die in der Türkei eine Ausbreitung im Westen, im Süden und im Inneranatolien haben. Diese Gattung bevorzugt ab Meeresspiegel die zwischen 1730m hoch liegende Hydrophil-Standorte und blüht von Januar bis September.

75

RANUNCULACEAE Hahnenfußgewächse
Thalictrum orientale Boiss.

■ Wiesenräute, Orientalische Wiesenräute
☾ Çayır sedefi, Delialan maydanozu

Mit Ausläufer kahle mehrjährige Pflanzen. Die Blätter lang gestielt; Die Blättchen sind von elliptischem bis zu Radförmig wechselständig, dünn, tief eingeschnitten, dreilappig, die Lappen sind stumpfzähnig. Blütenstand ist eine Dolde oder zusammengesetzte Dolde. Die Blütenhüll-Abschnitte ist einreihig. Die Kelchblätter sind bleibend und viel länger als die Staubblätter in viola oder selten in weißen Farben, 7-12mm in der Länge. Die Staubblätter sind vielzählig. Die Schließfrucht ist glatt, rechteckförmig, lang zugespitzt, hart, 5-6mm in der Länge.

Außer der Türkei zeigt diese Gattung eine Ausbreitung in Griechenland und in Libanon. In der Türkei wächst sie im Mittelmeer Region, als Wachstumsort bevorzugt diese Gattung die zwischen 600-1200m hoch ligende felsige Gefälle und die Felsspalten. Einige unter diesen Gattungen haben manche Heilkraftwirkungen bei Harnausscheidung und sind als Abführmittel bekannt.

ROSACEAE Rosengewächse
Rosa canina L.

■ Hunds-Rosa, Heckenrose, Wilder Rosenstoch, Hagebutte
C• İt gülü, Kuşburnu

Aufrechte Sträucher, die Pflanze ist (0,5)1,5-3,5(-7)m hoch, manchmal ist sie eine kletternde Pflanze. Die Dörner sind locker, fast gekrümmt, einheitlich, manchmal auch nicht vorhanden. Die Blätter sind von mattgrünem bis zu grün wechselhaften Farben; die Blättchen sind 5-7 zählig, von schmal elliptischem bis zu breit eiförmig wechselständige Formen, 1-4,5x0,8-3,5cm. Die Blüten sind einzeln oder in 2-15'er Gruppen. Die Kelchblätter sind eiförmig. Die Kronblätter sind höchstens 3cm in der Länge, von weißem bis zu hellrosa, selten dunkelrosa Farben wechselhaft. Die tiefe Blütenplatte ist von eiförmigem bis zu sphärisch wechselständig, 1-2,5(-3)cm und ist von gelblichrotem bis zu rot in wechselhaften Farben.

Diese Gattung zeigt in der Türkei eine weite Ausbreitung. Die Früchte werden frisch oder getrocknet gegessen. Außerdem werden aus den Früchten Hoşaf kaltschale (aus Dörrobst oder frischem Obst wie Pflaumen, Sauerkirschen usw. mit Zucker und reichlichem Wasser) Konfitüre, Pestil dünne Fladen (aus getrocknete Aprikosen, Pflaumen-oder Maulbeermus) Pekmez dick eingekochter Obst oder Ezme Obst Mus. Die Früchte sind sehr reich an Vitmin C und haben eine kraftverleihende Wirkung. Die Heckenrose kann auch wegen ihrer dekorativen Eigenschaft als Landschaftsgemälde verwendet werden.

SCROPHULARIACEAE Rachenblütler
Veronica lycica Lehm.

■ Ehrenpreis
☪ Yavşan otu

Niederliegend oder niederliegend aufsteigend, generell verzweigte einjährige Pflanzen, Die Triebe sind 10-30cm in der Länge. Die Blätter sind tief eingeschnitten teilig, Blattspreite ist halb dreieckförmig, am Grund keilförmig. Blütenstiele sind 20-30mm in der Länge, aufrecht, an der Spitze gekrümmt oder hakenförmig. Die Kelchlappen sind eiförmig sowohl auch lineal-rechteckig. Die Blütenkrone ist weiß mit gelbem Zentrum 12-16mm im Durchmesser. Die Frucht ist eine Kapselfrucht.

Diese Gattung ist endemisch in der Türkei und bevorzugt als Wachstumsort, die Region Ägäis (Muğla) und die Region Mittelmeer (Antalya) die bis 1800m hoch liegende Zedernwälder, Kalkstein enthaltende Felsen und die steinige Gefälle und blüht von März bis Juli.

SOLANACEAE Nachtschattengewächse
Brugmansia suaveolens
(Humb.&Bonpl. ex Wild) Bercht&Presl

■ Engelstrompete, Stechapfel
C· Boru çiçeği

Bis zu 5m hohe mit starkem Stengel baumähnliche Sträucher. Die Blätter sind eiförmig-rechteckförmig, gestielt, ganzrandig. Die Blüten sind weiß, hängend in einer Trompetenform, groß, bis zu 22cm in der Länge, wohlriechend und sitzen auf dem Blätterachseln einzeln. Der Kelch ist aufgeblasen, eckig. Die Frucht ist groß, eiförmig und unbedornt.

Diese Gattung ist aus Mittelamerika. In der Türkei wird sie in den Parks und Gärten als Landschaftsgemälde angebaut. Von Juni bis Oktober ist die Blütezeit.

79

SOLANACEAE Nachtschattengewächse
Datura stramonium L.

■ Stechapfel
C* Barut çiçeği, Tatula, Şeytan elması

Kurzhaarige oder kahle einjährige Kräuter. Die Stengel sind 40-200cm lang, und sind verzweigt. Die Blätter sind gestielt, eiförmig von zähnig randigem bis zu ganz randig wechselständig und sind bis zu 20-x 15cm. Jede Blüte ist einzeln an den Seitentrieben. Der Kelch ist röhrenförmig, 3-4cm lang. Die Krone ist trichterförmig, 5-9cm lang, weiß und ist lang mit Spitze-lappen. Die Kapselfrucht ist eiförmig 3-5x2,5-3,5cm aufrecht mit kurzen Haaren bis zu 10mm langen Dornen umgeben.

Diese Gattung wurde das erstemal von Amerika aus bekannt gegeben und als Wachstumsgebiet bevorzugt diese Pflanze ab Meeresspiegel bis zu 950m hoch liegende Äcker, feuchte Standorte und die Wegränder. Diese Gattung, die fast in allen Regionen der Türkei eine Ausbreitung zeigt, blüht von Mai bis November.

THYMELAEACEAE Seidelbastgewächse
Daphne oleoides Schreber subsp. **oleoides**

▬ Seidelbast, Ölbaum-Seidelbast
C• Dafne, Develik, Gökçe

Bis zu 60cm hohe aufrecht stehende Sträucher. Die jungen Langtriebe sind in rötlich-braunen Farben, dicht flaumig oder seidig behaart, die älteren Zweige sind nackt, die Rinde ist grau. Die Blätter sind kurzgestielt oder gestielt, lederig, verkehrt eiförmig, verkehrt lanzettlich oder elliptisch, 10-25(-30)x(3-)4-6(-9)mm. breit scharf zugespitzt oder stumpf. Die Blüten sind ohne Stiele, duftend. Die Blütenhüll-lappen sind schmal dreieckförmig, (3-)4-8x0,5-1,5mm weiß oder cremigweiß, breitgedrückt oder seidig-lang weich behaart. Die Frucht ist eiförmig, 4-6mm in orangerötliche Farben.

Diese Untergattung zeigt in der Türkei fast in allen Regionen eine Ausbreitung und außer der Türkei in Südeuropa, in Nordwestafrika und in Libanon. Von Mai bis August trägt sie Blüten. Als Wachstumsgebiet bevorzugt diese Untergattung die zwischen 1050-3200m hoch liegende felsige Gefälle, Eichendorngestrüppe, unterhalb die Gemeine Lärchenwälder Standorte, die Steppen und die Wegränder.

81

Viola kitaibeliana Roem.&Schult.

■■■ Veilchen, Stiefmütterchen
C* Menekşe, Benefşe

3-12cm hohe einjährige Pflanzen. Die Pflanze ist mit dicht kurz gekrümmte Haaren oder sie ist kahl. Die Blätter sind kreisförmig, lappig; die Lappen sind stumpfzähnig. Das kleine Blättchen am Blattboden ist fiederteilig, rechteckförmig-spatelig. Der Blütenstiel ist gleich unter den Blüten mit 2 kleinen Vorblättern. Die Kelchblätter sind lanzettlich. Die Krone ist von cremefarben bis zu gelb wechselhaft, in Zentrum ist sie gelb befleckt, das untere Kronblatt ist 5-8mm in der Länge.

Diese Gattung, die in der Türkei an der Meeresküste oder nahe der Meeresküste eine Ausbreitung zeigt, blüht von März bis August. Außer der Türkei zeigt sie eine Ausbreitung in Mittel-und Südeuropa. Als Wachstumsgebiet bevorzugt diese Gattung die bis 1800m hoch liegende steinige Gefälle und Macchien Standorte.

ZYGOPHYLLACEAE Jochblattgewächse
Peganum harmala L.

Harmelkraut, Syrische Steppenraute f.

C⋆ Üzerlik otu, Nazarlık otu

Mehrjährige Kräuter. Stengel aufrecht, kahl, 30-70cm hoch. Die Blätter sind spiralförmig aneinander gereiht, mit unregelmäßigen Lappen, lineal, lanzettlich oder mit schmal elliptische Abschnitten. Die Blüten sind einzeln vor den Blättern sitzend. Die Kelchblätter sind lineal, grün 4-5 zählig. Die Kronblätter sind weißfarbig, elliptisch. Die Kapselfrucht ist breit eiförmig oder sphärisch in 8x8mm Dimensionen. Die Samen sind dunkelbraun, 3-4mm in der Länge.

In der Türkei ist diese Gattung fast in allen Regionen ausgebreitet. Außer der Türkei wächst diese Pflanze in Südeuropa, in Nordafrika und in Südwestasien. In den Steppen (manchmal in den salzreichen Böden) und in den Feuchtstandorten. Aus den Früchten dieser Gattung werden in Handarbeit Talisman (gegen den bösen Blick) hergestellt und die Samen werden als Räucherstäbchen verwendet. Außerdem werden aus den Samen und aus den Wurzeln ein Heilmittel gegen Bandwurmkrankheit hergestellt, als Menstruationtreibend und verleiht beruhigende Heilsamkeit. In der Region Şanlıurfa werden die Samen geröstet zur Behandlung gegen die Verstopfung gegessen.

AMARYLLIDACEAE Agavengewächse

Agave americana L.

🏴 Amerikanische Agave, Hundertjährige Aleo

🇹🇷 Agave, Amerikan agavesi

Mehr jährige Seitensprosspflanzen trägt nur einmal eine Frucht in seiner ganzen Existenzzeit. Die Blätter sind grundrosettenförmig und fleischig und über den Breiten scheidenförmigen Basis eingeschnürrt, 100-200x7-25 cm und so gut wie nicht behaart am Rand dornig-gezähnt an der Spitze kräftig gebaut, ist schwarz und mit einem 2-3cm langem Dorn endständig. Der Blütenstand ist schmal piramiedenförmig. Die Tragblätter sind blätterartig-dreieckig. Die Kronblätter sind lineal und sind 2-25cm in der länge, grünlich-gelb die Spitzen sind stumpf, lang weiss weich Dicht behaart. Die Staubfäden sind 6-8cm in der länge und sind kahl, die Staubbeuteln sind etwa 2,5-3cm lang. Die Frucht ist eiförmig zylindrisch.

In der Türkei wird diese Pflanze im Westen-und im Süden an den Küstenregionen als Landschaftsgemälde kultiviert. Das Herkunfstland ist Mexiko. Einmal in ihr Leben Juli-August trägt sie Früchte.

85

AMARYLLIDACEAE Narzissengewächse

Sternbergia clusiana (Ker-Gawler)
Ker-Gawler ex Sprengel

■ Gewitterblume, Scheinkrokus, Goldkrokus, Sternbergie

☪ Tavuk çiçeği, Vahvah

Mehrjährige Zwiebelgewächse. Die Zwiebel hat einen Durchmesser von 2,5-4,5cm. In der Blütezeit ohne Blätter. Die Blätter sind breit-lineal 5-12 blätterig glatt 8-16mm breit gräulich-grün. Der Blütenschaft befindet sich zum größten Teil unterirdisch. Die Tragblätter 5-10 cm lang. Die Blüten sind nicht gestielt, dunkelgelb auch grünlich-gelb. Die Blütenhülle ist 3-6,5 cm lang und die Hüllblatt-Abschnitte sind verkehrt eiförmig oder auch verkehrt lanzetlich 3,7-7,5x1,1-1,3cm. Die Staubfäden sind 2-4cm lang. Die Frucht ist kapselförmig.

Diese Gattung zeigt in der Türkei eine Ausbreitung auf den 475-1700m über dem Meeresspiegel hoch liegenden Felder, steinigen Steilhänge und Nadelbaumwälder. Wegen ihrer wunderschön ansehnlichen Blüten werden die Zwiebeln dieser Blumen exportiert.

AMARYLLIDACEAE Narzissengewächse

Sternbergia lutea (L.) Ker-Gawler ex Sprengel

Gewitterblume, Scheinkrokus, Herbst-Goldbecher, Sternbergie
Kurbağa çiçeği

Mehrjährige Zwiebelgewächse. Die Zwiebel hat einen Durchmesser von 2-4(-5)cm. Die Blätter sehr schmal lanzettlich 4-6 blätterig. Die Blätter sind während des Blühen oder wenn die Blüten anfangen zu erblassen vorhanden, Oberseits sind sie leicht gerillt. Die Blätter sind in 7-12mm breit und hauptsächlich in hell leuchtendem Grün. Der sich oberirdisch befindliche Teil des Blütenstandes ist 2,5-20cm hoch. Die Blüten sind goldgelb ohne Blütenstiel. Die Blütenhülle ist 5-20mm. Die Hüllblattabschnitte sind verkehrt lanzettlich oder verkehrt eiförmig, (2,5-)3-5x 1-2,1cm. Die Staubfäden sind 1,5-3,5cm lang. Die Frucht ist eine Kapselfrucht.

Diese Gattung die generell in der Nähe oder in den kultuvierten Landschften, zwischen 20-1000m Höhe sich ausbreitet und von September bis November blüht, kann wegen ihrer schönen auffallenden Blüten auch als Zierpflanze ihren Platz einnehmen.

APIACEAE Doldengewächse

Bupleurum gracile d'Urv

Hasenohr
Tavşan kulağı

Einjährige bis zu 50 cm hoch ragende Pflanzen. Die Blätter sind 2-7x1-2 mm lang, lineal. Blütenstand 3-6 strahlige Dolden. Die Hüllblätter sind 3-4 blätterig und 3-7mm lang. Die Vorblätter sind 5 blätterig elliptisch-eiförmig mit 3 Nerven ganzrandig oder an der Spitze sägezähnig. Die Staubbeutel sind 0,25mm lang. Die Frucht ist 1,3-1,8mm lang und glatt.

Diese Gattung, die in den östlichen Mittelmeerländern eine weite Ausbreitung hat, bevorzugt in der Türkei hauptsächlich west- und südanatolische Weidelandschaften, die dem Meeresspiegel nahe liegen. Die Blütezeit ist Juni-Juli.

APIACEAE Doldengewächse/Doldenblütler

Ferula tingitana L.

Gemeines Rutenkraut, Steckenkraut

Çakşır otu, Şeytanboku, Asa otu

Mehrjährige kahle Pflanzen. Stengel zylindrisch bis zu 2m hoch. Die Grundblätter 4 fach gefiedert, 30-50x20-45cm, kahl, der sich am äußersten Ende befindlicher Blattabschnitt ist eiförmig. Die Lappen sind breit rechteckförmig bis lanzettlich, 1-6x0,5-2mm stumpf oder zugespitzt, am Rand gekrümmt; Die Blattscheiden sind aufgeblasen halb häutig. Der Blütenschaft ist schein-doldenförmig, die Blütenstiele sind 15-40 zählig, und ungefähr alle gleich lang, 2,5-4,5cm; in je eine Dolde 12-25 zählig, die Blütenstiele sind zur Fruchtzeit 4-7mm lang. Die Frucht ist elliptisch-rechteckförmig 9-15x5-7mm dick.

Diese Gattung, die in den Mittelmeerländern speziell in der Türkei im Westen und im Südwestanatolien eine Ausbreitung zeigt, bevorzugt die bis zu 100m hoch liegenden felsigen Gefälle und die offenen Standorte.

89

ASTERACEAE Kolbblütler

Ambrosia maritima L.

▬ Ambrosie
☪ Ambrosiya

Mehrjährige halbsträuchige Pflanzen. Stengel aufrecht stehend 60-100 cm hoch. Die Blätter sind spiralförmig aneinandergereiht 1,5-6cm lang einfach lappig oder fiederschnittig, teilig. Das Köpfchen ist eingeschlechtig. Das männliche Kapitula Köpfchen ist ohne Hüllblätter. Die Dolden an der Spitze sind annährend 3mm breit die Krone ist gelb und röhrenförmig, bei den weiblichen dagegen sind die Dolden an dem Rand der oberen Blätter ca. 4mm breit, und sind grünlich Krone ist nicht vorhanden. Schließfrucht ist sphärisch und kahl.

Diese Gattung zeigt in der Türkei eine Ausbreitung in Antalya, in Konya, Adana und in Hatay, außer der Türkei finden wir diese Gattung an den Meeres-Küsten sowie im Norden, im Osten und im Südosten des Mittelmeerbeckens. Diese Gattung, die von August bis Dezember Blüten trägt, bevorzugt als Wachstumsgebiete, die bis zu 500m hoch liegende Hochebenen und die Sand-düne Standorte. Die Gattung, deren Population im Zentrum der Region Antalya eine Ausbreitung zeigt, ist wegen der unordentlichen Baustruktur unter Gefahr.

ASTERACEAE Korbblütler

Centaurea isaurica Hub.-Mor.

■■■ Flockenblume
C★ Peygamber çiçeği

Mehrjährige Pflanzen. Stengel aufrechtstehend und wächst bis zu 50cm hoch. Die Blätter sind flach auf beide Seiten filzig behaart. Die sterile Rosettenblätter sind lanzettlich, ganzrandig, die unteren Stengelblätter sind fiederspaltig, die mittleren und die oberen Stengelblätter sind lanzettlich, dornig. Hüllkelch ist 15mm in der breite. Der Anhängsel ist dreieckig, strohfarbig, die Spitze 5-6mm lang dornig. Die Blüten sind gelb. Die Frucht ist eine Schließfrucht.

Diese Gattung wurde 1967 mit einer anderen Vorgattung ohne Blüten der Wissenschaftswelt bekannt gegeben. Sie blüht Juni-Juli. Diese Flockenblume Gattung wächst zwischen 1400-1500m Höhe in den offenen Tannenwäldern und ist endemisch im mittleren Taurusgebirge.

ASTERACEAE Korbblütler

Doronicum orientale Hoffm.

C* Kaplan otu, Sarı orman papatyası

Mehrjährige krautige Rhizom Pflanzen, Stengel spärlich behaart und bis zu 30-60cm hoch. Die Basisblätter sind wenig, eiförmig elliptisch, auf der unteren und oberen Blattfläche dünn behaart, mit Stielen. Die Stengelblätter sind nicht gestielt, sie sind stängelumfassend. Die Köpfchen sind Heterogam und Radiär. Der Hüllkelch und Hüllblätter sind 2-3 reihig. Die Röhrenblüten und zungenblütenartige Blüten sind gelb. Die Schließfrucht ist rechteckig-pummelig.

Diese Gattung bevorzugt als Wachstumsgebiet, die zwischen 50-1900m hoch, unterhalb der schattigen Waldgebiete liegenden Plätze und sträuchige Macchien Standorte. Von März bis Juli trägt sie Blüten. Die östliche Gemzwurz zeigt uns in den westlichen Gebieten der Türkei eine Ausbreitung und außer der Türkei in Südosteuropa, Libanon und in Kaukasien.

ASTERACEAE Korbblütler

Gundelia tournefortii L. var. tournefortii

■ Gundelie

☪ Kenger otu, Kanak, Çakır dikeni, Enger, Kanger

Mehrjährige krautige Pflanzen mit Milchsaft, Stengel 20-100cm hoch verzweigt, leuchtend, nicht behaart, kahl oder schwach spinnwebartig-behaart. Die Blätter sind gefiedert und steif-dornig, lanzettlicht, kahl oder schwach spinnwebartig behaart. Die Köpfchen sind gering blütig, homogam oder sacheibenförmig, 7-17mm in der Länge. Die Hüllkelchblätter sind Vielreihig ineinander gewachsen, die Ränder sind dornig. Die Blüten sind grün, gelb, weiß, rötlich oder maronenfarbig 4-8 blütig und nur die Blüten in der Mitte sind die Fertilen Blüten. Der Pappus ist Kronenförmig. Köpfchen verwandelt sich nachträglich zu einem verholzten Zustand und ist einsamig.

Diese Gundelia Pflanze, die von Mai bis Juni Blüten trägt wächst in der Türkei im Inneren und in Ostanatollien auf dem Kalkstein-Felsen, Steppen und nahe vom Salzsee zwischen 100-2500m Höhen. Die jungen Sprossen werden gekocht gegessen. Diesen Eintopf nennt man Borani. Aus den Wurzeln wird ein Milchsaft gewonnen, speziell in der Gegend von der Stadt Tunceli werden in großen Mengen Kaugummi hergestellt. Außerdem werden die Samen geröstet, zermahlen und als Kaffee-Ersatz getrunken.

ASTERACEAE Korbblütengewächse

Helianthus annuus L.

Sonnenblume

Ayçiçeği, Gündönümü, Günebakan

1-3m hoch ragende nicht verzweigte einjährige Pflanzen. Die Blätter sind von eiförmigem bis zu herzförmig wechselständig, 10-40x5-35cm. Die Köpfchen sind radiär, generell einzeln. Der Hüllkelch ist fast sphärisch, die Hüllblätter sind vielreihig und dachziegelig aneinenader gereiht. Die Zungenblüten sind Sterile Blüten und sind gelb farbig, die Röhrenblüten sind am Grund dicht weiß weich behaart und sind gelb. Die Schließfrucht ist verkehrt eiförmig, generell 10-15x5-9mm und in verschiedene Farben.

Diese Gattung zeigt eine natürliche Ausbreitung von Nordamerika bis Kanada und Mexiko. Aus ihrem Samen wird Öl gewonnen, daher wird diese Pflanze in der Türkei stark kultiviert.

ASTERACEAE Korbblütler

Helichrysum chasmolycicum P.H.Davis

■ Strohblume

☪ Ölmez otu, Altın otu

Grau-filzig dicht behaarte Pflanzen. Stämmchen ist am Grund verholzt und wächst bis zu 50cm hoch. Die Blätter sind verkehrt eiförmig-spatelig sehr dicht zueinander gereiht, grau-filzig behaart. Die Köpfchen sind zahlreich, verkehrt pyramidenförmig. Die Hüllblätter sind spärlich dachziegelig, leuchtend gelb. Die Randblüten sind weiblich. Die Frucht ist eine Schließfrucht.

Diese Gattung wächst in den Kalkstein-Spalten zwischen 1300-1800 m Höhe. Diese Gattung, die in Antalya endemisch ist,wurde 1956 von P.H. Davis der auch der Verleger für die Türkei Flora ist, der Wissentschaftswelt bekannt gegeben.

ASTERACEAE Korbblütler

Helichrysum orbicularifolium

Sümbül, R.S.Göktürk&O.D.Düşen

■■■ Strohblume

☾• Ölmez otu, Altın otu

Robuste, verholzt-krautige mehrjährige Pflanzen. Stengel aufrechtstehend 15-70cm hoch, dicht filzig behaart. Die Blätter sind spiralförmig aneinander-gereiht, dicht filzig behaart; die sterilen Triebblätter sind kreisförmig, ganzrandig oder die Blattränder sind wellig. Die Grundblätter sind verkehrt eiförmig-spatelig, die mittleren und die oberen Stengelblätter sind rechteck förmig. Die Hüllchenblätter sind lanzettlich. Blütenstand kann bis 10cm. Durchmesser haben. Köpfchen ist homogam und Diskoid und ist zahlreich 5-250 blütig. Hüllkelch ist zylinderisch; die Hüllblätter sind gelb bis Strohfarben, trockenhäutig, die inneren Hüllblätter sind spatelig die äußeren sind schmal eiförmig. Die Krone ist stroh-gelb, 2,5-3mm in der Länge. Die Früchte sind schmal elliptisch.

Diese Strohblume, die in dem Jahr 2003 in Altınbeşik Nationalpark (Antalya) der Wissenschaftswelt präsentiert wurde, ist eine von den endemisten der Türkei. Es gibt von dieser Gattung sehr geringe einzelne Exemplare. Juni-August trägt sie Blüten. Als Wachstumsgebiet bevorzugt diese Pflanze die 400-600m hoch liegende felsigen-Kalkstein Spalten.

ASTERACEAE Korbblütler

Inula heterolepis Boiss.

Alant, Echter Alant, Helenenkraut

Kaya andız otu

Dicht weiß behaart und besitzt ein verholztes Wurzelstock, mehrjährige krautige Pflanzen, Stengel zahlreich 15-40cm hoch, oberseits verzweigt. Die Grundblätter sind eiförmig oder elliptisch-eiförmig. Die Stengelblätter sehen den Grundblättern ähnlich nur das sie kleiner sind. Köpfchen ist kreisförmig. Hüllkelch hat 0,75-1cm Durchmesser. Die Hüllblätter 4-5 reihig, dachziegelig die äußersten sind rechteckförmig, Blattspitzen stumpf; die inneren sind lineal, lang zugespitzt. Die Früchte sind 1,5-2mm in der Länge, oberseits behaart, Pappus ist weiß, 4,5-5,5mm in der länge.

Diese Gattung zeigt uns in der Türkei am Mittelmeer und an der ägäischen Regionen eine Ausbreitung. Außer der Türkei dagegen in Südlibanon, ostägäische Inseln, und auf Rhodos. Diese kräutige Alant Pflanze, die ab Meeresspiegel bis 1500m Höhe auf dem felsigen-Kalkstein und Kalksteinspalten wächst, blüht Juni-August. Die gekochten blättrigen Stengel werden als Appetit Anregend und auch als Hämorrhoiden-Arzneimittel eingenommen.

ASTERACEAE Korbblütler

Scolymus hispanicus L.

■ Spanische Golddistel
C★ Şevketibostan, Altın dikeni, Çetni dikeni, Sarıkız

Ein oder mehrjährige krautige Pflanzen. Der Stengel ist dornig-zähnig geflügelt dicht verzweigt und wächst bis zu 70cm hoch. Die Blätter sind von eiförmigem bis zu rechteckförmig-lanzettlich leicht fiederschnittig bis tief gezähnt wechselständig, dornig-gezähnt randig. Der Hüllkelch ist vom dornigen Blätter umhüllt. Die Hüllblätter sind viel-reihig, dachziegelig aneinander gereiht, die Blüten sind gelb, im äußeren Bereich nicht behaart. Die Früchte sind 3-5mm lang.

In der Türkei zeigt diese Gattung überall eine Ausbreitung außer einigen Gebieten in Ostanatolien, und außer der Türkei am Mittelmeer Becken, in Südrussland, und in Krim. Diese Gattung, die von Juni bis August blüht, bevorzugt als Wachstumsgebiet ab Meeresspiegel bis 1600 m hoch liegende Wegränder und offene Felder und Waldlichtungen. Der oberirdische frische Teil der Pflanze wird als Gemüse und die Wurzeln als harntreibend verbraucht.

ASTERACEAE Korbblütler

Scorzonera cinerea Boiss.

■ Schwarwurzel
☪ Tekesakalı, Yemlik

Mehrjährige 20-50 cm hoch wachsende krautige Pflanzen mit dickem zylindrischem Wurzelstock. Die Blätter sind schmal, von lanzettlichem bis zu lineal wechselständig, grau-lang weich behaart ganzrandig; die unteren Blätter umhüllen den Stengel. Es hat 1-5 Köpfchen pro stengel und ist 15-25mm hoch. Die äußeren Hüllblätter sind eiförmig-lanzettlich, die inneren sind lanzettlich spärlich oder dicht lang weich haarig. Die Blüten sind gelb. Die Früchte sind glatt. Der Pappus ist am unteren Teil spärlich federartig und am oberen Teil haarkranzförmig.

Diese Gattung, die in der Türkei in Zentral-und in Ostanatolische Regionen eine Ausbreitung zeigt, sehen wir außer der Türkei auch in Iran. Aus den Wurzeln diese Gattung wird in der Stadt Van und Umgebung Kaugummi hergestellt. Außerdem werden die Wurzeln dieser Pflanze roh gegessen. Diese Schwarzwurzel-Gattung, die von Juli bis August blüht, wächst zwischen 1200-2800m Höhe auf Kalkstein-Felsen oder auf dem Serpentin Boden Gefälle.

ASTERACEAE Korbblütler

Scorzonera gokcheoglui O.Ünal&R.S.Göktürk

■ Schwarwurzel
☪ Tekesakalı, Yemlik

Mehrjährige krautige niederliegend aufsteigende Pflanzen. Die ganze Pflanze ist dicht wollig-filzig behaart und 7-15mm hoch mit dickem, zylindrischem Wurzelstock. Die Blätter sind verkehrt lanzettlich oder spatelig, dicht wollig behaart, ganzrandig, stumpf oder scharf zugespitzt. Diese Pflanze hat generell nur ein Köpfchen sehr selten bis zu drei. Die Hüllblätter sind dicht wollig-filzig behaart; die äußeren Hüllblätter sind lineal oder lineal-lanzetlich; die inneren Hüllblätter sind lineal-lanzettlich. Die Blüten sind gelb,an jedem köpfchen 8-11zählig. Die Früchte sind zylindrisch, lineal-lanzettlich, und ist gelblich grün; der Pappus ist am unteren Teil dicht Plumoz,und am oberen Teil haarkranzförmig.

Diese Gattung, die zwischen Alanya-Hadim geflückt wurde, ist seit dem Jahre 2003 der Wissenschaftswelt bekannt. Diese Schwarzwurzel Gattung ist endemisch in Antalya. Als Wachstumsort bevorzugt diese Gattung die bis 1400m hoch liegende Kalkstein-Gebiete und in den offenen Gebiete der Gemeine-Lärchen Wälder. Sie blüht Juni-August.

ASTERACEAE Korbblütler

Xanthium strumarium L. subsp. *strumarium*

▬ Gewöhnliche Spitzklette, Gemeine Spitzklette
C* Dulavrat otu, Kazık otu, Pıtrak

Kann bis zu 80cm hoch wachsen, kräftige und aufrechtstehende einjährige Pflanzen. Stengel ohne Dornen. Die Blätter sind lang gestielt, 4-12cm in der länge keilförmig-eiförmig, 3-5 lappig; die Lappen sind grob stumpf gezähnt. Köpfchen sind in den Blattachseln oder endständig in Bündeln. Die Fruchtköpfchen sind mit den Dornen zusammen 12-17x8-15mm, stumpf rauh-filzig behaart, vom grün bis braun in wechselhafte Farben.

Diese Untergattung, die als Wachstumsgebiet ab Meeresspiegel bis auf 1750m Höhen liegende offene Flächen, Lichtungen und Wegränder bevorzugt, blüht von Juni bis Oktober. Diese Pflanze hat in der Türkei im Nordwesten, im Norden, im Westen, im mittleren und in den südlichen Gebieten der Türkei eine weite Ausbreitung. Außer der Türkei in Europa und in Amerika.

101

BERBERIDACEAE Sauerdorngewähse

Berberis crataegina DC.

▬▬ Berberitze
[C*] Kadıntuzluğu

Die bis 2m hoch ragende dornige Sträucher. Die Dornen sind kürzer als die Blätter. Die jungen blütigen Langtriebe sind dunkelrot-braun. Die Blätter sind schmal verkehrt eiförmig, und sind generell 3 mal länger als breit, sie sind gesägt bis ganzrandig. Blütenstand ist 1-3cm, mit 6-15 Blüten. Blütenkelch und die Krone sind in zwei Kreisen und sind je 3 teilig; der Staubblatt ist der 6. beerenartige Frucht, in der jungen Periode sind die Staubblätter rot und später schwarz.

In der Türkei, außer Westanatolien zeigt uns diese Gattung auf den Höhen zwischen 800-1500m eine weite Ausbreitung und blüht Juni-Juli. Als Wachstumsgebiet bevorzugt diese Gattung Felshänge und findet auch als Hecken-pflanze eine Verwendung. Außerhalb der Türkei zeigt sich diese Gattung auch im Iran und in Afganistan.

BERBERIDACEAE Sauerdorngewähse

Leontice leontopetalum L.
subsp. leontopetalum

🏳️ Löwentrapp
🇹🇷 Kırkbaş otu

Ziemlich tief unter dem Boden liegender Wurzelstock mit dicken Auswüchsen. Eine mehrjährige Pflanze, Stengel aufrechtstehend 10-80cm hoch. Die Blätter sind fleischig, generell nicht behaart, in zweier ternat Gestalt, und spiralförmig aneinander gereiht,die Blättchen sind in einer ungeordneten Zahl. Sie sind verkehrt eiförmig-halb kreisförmig. Der Blütenstand ist endständig und reich blütig in Dolden. Es hat 6 Kelchblätter, diese sind hinfällig. Die Kronblätter sind gelb, schuppenförmig mit Nektarium 6 Paar. Das beerenartige Fruchtgewebe ist nervig.

Diese Untergattung, die ab Meeresspiegel bis auf 1000m höhen eine Ausbreitung zeigt, blüht von Februar bis Mai. Als Wachstumsgebiet bevorzugt diese Untergattung kultivierte Gebiete, sie ist in West-und Südanatolien ausgebreitet.

BORAGINACEAE Rauhblattgewächse

Arnebia densiflora (Nordm.) Ledeb.

Arnebie, Syrische Alkanna
Eğnik

Mehrjährige Kräuter mit stark verholztem Wurzeln. Stengel einfach, 25-40cm in der Länge, behaart. Die Blätter sind 10-15cm lang, von lineal- lanzettlichem bis zu lineal-elliptisch wechselständig, angedrückt-behaart. Blütenstand ist endständig, kopfförmig, 6-12cm im Durchmesser. Der Kelch ist fast bis zum Grund geteilt, zur Blütezeit 15-20mm und zur Fruchtzeit bis zu 30mm hoch. Die Krone ist gelb 33-45mm: der röhrige Teil am äußeren Bereich ist behaart und ist 30-40mm lang; die Lippen sind 12-16mm im Durchmesser. Die Früchte sind nüsschenartig 4-5mm, flach-eiförmig, gräulich-braun.

Diese Gattung wächst in der Türkei im Mittelanatolien und in der Mittelmeer Region und außer der Türkei in Griechenland. Diese Gattung, die von Mai bis August blüht, bevorzugt die zwischen 750-2600m hochliegende steile Felsen und vulkanische Gefälle. Im Landkreis von der Stadt Sivas in Gürün gewinnt man heute noch aus den Wurzeln dieser Kräuter ein Farbstoff mit diesem Naturwurzelfarben werden in der Türkei weiterhin die türkischen Teppiche Natur gefärbt.

104

BORAGINACEAE Rauhblattgewächse

Cerinthe minor L. subsp. auriculata (Ten.) Domac

Kleine Wachsblume, Wachsblume
Mum çiçeği

Zwei oder mehrjährige Kräuter. Stengel aufrecht 25-75cm hoch, einfach oder am oberen Bereich verzweigt. Die Grundblätter sind von spateligem bis zu lanzettlichem wechselständig. Die Stengelblätter sind lineal-rechteckförmig, lanzettlich-elliptisch oder verkehrt eiförmig, 8cm lang Blattvorspitze ist stumpf. Blütenstand ist endständig verzweigt und reich blütig. Die Hüllblätter sind grünlich. Der Kelch ist fast bis zum Grund geteilt, die Lappen sind lanzettlich, die Ränder bewimpert. Die Krone ist gelb, kastanien braun, dunkelviolett oder viola farbig und ist 10-11mm lang die Lappen sind lanzetlich. Nüßchenartige Früchte sind annähernd 3,5mm in der Länge, eiförmig sphärisch, dunkelbraun oder schwarz.

Diese Untergattung zeigt in der Türkei fast in allen Regionen eine Ausbreitung. Außer der Türkei dagegen in Mittel und Südeuropa auf dem Balkan, Kaukasien, Nordirak und Iran. Von Mai bis August trägt sie Blüten. Als Wachstumsgebiet bevorzugt diese Gattung, die zwischen 150-2400m hoch liegende Gefälle, die Steinhaufen am Fuße des Berges, Sandgruben, Sandbänke, Feld und Wegränder. Der oberirdische Teil dieser Pflanze wird in den Regionen Ostanatolien als Gemüse verzehrt.

BORAGINACEAE Rauhblattgewächse

Moltkia aurea Boiss.

■ Moltkei
☪ Altuni taşkesen otu

Steif grau behaarte, mehrjährige Pflanzen. Stengel 10-20cm hoch einfach, aufsteigend oder aufrechtstehend. Blätter vielzählig und dicht aneinander stehend; die Grundblätter sind 5-8cm in der Länge und ist verkehrt lanzettlich, die Spitzen stumpf; Stengelblätter sind 2-3,5cm in der Länge, rechteckförmig, ungestielt, scharf zugespitzt. Blütenstand ist Cymöse, kurz, am Endstand dicht mit Hüllblätter. Die Hüllblätter sind eiförmig-lanzettlich, scharf zugespitzt. Der Kelch ist bis zum Boden geteilt und ist 3-4mm in der Länge. Die Krone ist leuchtend gelb, trichterförmig, 10-12mm in der Länge. Die nüßchenartige Früchte sind annähernd 4mm in der Länge, ohne Schnabel.

Diese Gattung, die endemisch in der Türkei ist, zeigt eine Ausbreitung im Inneranatolien, in der inneren Ägäis und in West-Mittelmeer Regionen. Diese Gattung, die in dem Jahr 1884 von dem berühmten Botaniker Boissier der Wissenschaftswelt präsentiert wurde, blüht April-Mai. Als Wachstumsgebiet bevorzugt diese Pflanze die kalkigen Steppen und die Kalkstein-Hügel.

BORAGINACEAE Rauhblattgewächse

Onosma albo-roseum Fisch.&Mey.
subsp. **albo-roseum** var. **albo-roseum**

■■■ Lotwurz, Goldtropfen
C* Emzik otu

Aufrecht oder aufsteigende mehrjährige Kräuter. Stengel meistens einfach, 10-25cm hoch steif und mit stechenden Haaren. Die Blätter sind 25-60mm in der Länge, von verkehrt eiförmigem bis zu rechteckförmig oder von lanzettlichem bis spatelförmig wechselständig, mit stumpfe Spitzen oder scharf zugespitzt. Blütenstand ist ein oder mehr zählig Cymöse. Die Hüllblätter sind lanzettlich-herzförmig, lanzettlich. Der Kelch ist 14-16mm lang; die Lappen sind lineal- lanzettlich. Die Krone ist in der Anfangsperiode weißlich und später ist sie bläulich-viola farbig, keulenförmig-glockig, 18-30mm in der Länge. Die nüßchenartige Früchte sind glatt, 6-7mm in der Länge.

Diese Lotwurz Pflanze, die pompöse Blüten besitzt, zeigt in der Türkei eine Ausbreitung im Inneranatolien im Osten im Südostanatolien und am Mittelmeer Regionen. Außer der Türkei in Nordirak und in Nordsyrien. Die von April bis Juli Blüten trägt, wächst auf dem felsigen Gefälle und in den Steppen. Wegen ihrer schönen Blüten kann diese Pflanze als Zierpflanze in den Parks und in den Gärten eine Verwendung finden.

BORAGINACEAE Rauhblattgewächse

Onosma frutescens Lam.

▬ Lotwurz, Strauclige Lotwurz
☪ Emzik otu

Mehrjährige, Polsterpflanze oder stark verzweigte Rhizom Pflanzen. Stengel vielzählig 10-40cm hoch, niederliegend aufsteigend, behaart. Die Grundblätter sind reichhaltig, 8-70mm in der Länge, lineal-spatelförmig, scharf zugespitzt, ungestielt oder mit sehr kurzen Stielen und dicht steif borstig behaart. Blütenstand ist spärlich Cymöse. Die Hüllblätter sind sehr klein, rechteckförmig-lanzettlich. Der Kelch ist zur Blütezeit 10-15mm und zur Fruchtzeit 20-25mm. Die Krone ist am Anfang leuchtend gelb, später gold-gelblich, pomerranzen farbig, rötlich oder es geht ins bräunliche über, 18-20mm in der Länge, zylindrisch- glockig. Die nüßchenartigen Früchte sind eiförmig, braun, 4mm in der Länge, behaart und kleinschnabelig.

Diese Gattung zeigt in der Türkei eine Ausbreitung in der Mittelmeerregion. Auser der Türkei in Westsyrien. Als Wachstumsgebiet bevorzugt diese Pflanze ab Meeresspiegel bis 1600m hoıch liegende Spalten des Kalksteinfelsens und sie trägt Blüten von März bis Juni.

BORAGINACEAE Rauhblattgewächse

Onosma isauricum Boiss.&Heldr.

███ Lotwurz, Goldtropfen

C⋆ Emzik otu

Mehrjährige Pflanzen, die bis 45cm hoch ragen. Stengel aufrecht, einfach oder verzweigt sternförmig behaart. Die Blätter sind vom lanzettlichen bis rechteckförmig wechselständig, die Grundblätter sind spatelförmig, 3-8mm lang, scharf zugespitzt oder stumpf. Blütenstand ist vielblütig, endständig oder seitenständig Cymöse. Die Hüllblätter sind klein, schmal lineal. Der Kelch ist zur Blütezeit 13-15mm und zur Fruchtzeit 24-25mm in der Länge. Die Krone ist am Anfang leuchtend oder blaß gelb, später in cremefarben oder weiß farbig. Die nüßchenartigen Früchte sind braun und klein schnabelig.

Diese Gattung, die am Mittelmeer, im Osten, im Südosten und im Zentralanatolien eine Ausbreitung zeigt, ist endemisch in der Türkei. Diese Gattung wächst zwischen 300 bis 3000m hoch liegenden felsigen- Gefälle, Steppen, Tannen und Eichenwälder. Sie blüht von Mai bis September.

BORAGINACEAE Rauhblattgewächse

Onosma strigosissimum Boiss.

| Lotwurz |
| Emzik otu |

Halb polsterförmige mehrjährige Pflanzen. Stengel einfach, 10-20cm hoch, dicht rasenbildend borstig behaart. Die Blätter sind 18-50mm in der Länge von lanzettlichem bis zu lineal-verkehrt lanzettlich wechselständig, am Rand umgerollt, scharf spitz oder stumpf. Blütenstand ist endständig 1-2 und 4-6 blütige Cymöse. Die Hüllblätter sind herzförmig ungestielt und scharf zugespitzt. Der Kelch ist zur Blütezeit 10-12mm und zur Fruchtzeit bis zu 15mm lang. Die Krone ist gelb, 18-20mm in der Länge. Die nüßchenartige Früchte sind 4mm lang, breit eiförmig, dunkel braun farbig.

Diese Gattung, die endemisch in der Region Antalya ist, wächst in der Nähe der Küste auf dem Kalksteinfelsen, von April bis Mai trägt diese Gattung Blüten. Wegen ihrer prunkvollen schönen Blüten kann diese Pflanze in den Parks und in den Felsgärten als Zierpflanze ihren Platz einnehmen.

BRASSICACEAE Kreuzblütler

Conringia grandiflora Boiss.&Heldr.

■■■ Ackerkohl
C• İri çiçekli dağ lahanası

Die bis 20cm hoch wachsende einjährige Kräuter. Stengel einfach, manchmal an der Basis verzweigt. Die Blätter sind rechteckförmig-eiförmig, fast verdickt. Die Kelchblätter sind grünlich-braun; die inneren sind rechteckförmig, annähernd bis zu 1mm und sind ausgesackt, die äußeren sind noch schmäler nicht ausgesackt und sind lineal. Die Kronblätter sind 22x8mm, mit (13mm) lange Faden-förmige Spornen. Der Blütenstiel zur Fruchtzeit ist 3,5mm in der Länge. Schottenfrucht ist aufrechtstehend 8-11cmx2mm mit Schnabel 1-1,5cm in der Länge leicht flach. Die Samen sind rötlich-braun.

Diese Gattung zeigt uns nur im Regierungsbezirk Antalya die zwischen 300-1000m hoch liegende Kalkstein enthaltende felsige Gefälle eine Ausbreitung und blüht März-Mai.

BRASSICACEAE Kreuzblütler

Erysimum kotschyanum Gay

■ Schöterich, Goldlack, Schottendotter
☾ Kaplan pençesi

Mehrjährige polsterförmige Pflanzen. Stengel bis zu 7(-10)cm hoch; spitz zylindrisch, schwach 2 spaltig behaart. Die Blätter sind vom lineal-haarförmigem bis zu lineal-nadelförmig wechselständig, bis zu 2mm in der breite, 2 spaltig behaart. Die Kelchblätter ausgesackt, 6-8mm in der Länge. Die Kronblätter sind gold gelb, 10-12mm lang. Die Silikuva Frucht ist flach ungefähr 3 mm in der Breite oder noch breiter und ist 2 spaltig behaart.

Diese Gattung, die als Wachstumsort felsige-Gefälle bevorzugt, ist endemisch in der Türkei. Blütezeit ist Mai-Juni und sie zeigt eine Ausbreitung in den Höhen von 1200-2900m.

CAPRIFOLIACEAE Geißblattgewächs

Lonicera etrusca Santi var. *etrusca*

Echtes Geißblatt, Etruskisches Geißblatt
Hanımeli

Verholzte windende Pflanzen. Stengel bis zu 3-4m hoch, die jungen Zweige sind hohl und kahl. Die Blätter sind von verkehrt eiförmigem bis eiförmig wechselständig, 3-7x1,5-4cm, stumpf, kahl, nicht gestielt; obere Blätter sind paarweise miteinander verwachsen. Blütenstand ist endständig und ist 4-10 blütig; Blütenstandsstiele sind 20-40mm in der Länge. Die Krone ist gelblich, 30-50mm lang, nicht behaart. Die Früchte sind rot, ca. 6mm im Durchmesser, polsterförmig und einfach.

Diese Variete, die in der Türkei eine weite Ausbreitung hat, blüht von Mai bis Juni. Wegen ihres dekorativen Aussehens und die wohlriechenden Düfte wird sie als Landschaftsgemälde angebaut.

CRASSULACEAE Dickblattgewächse

Sedum sediforme (Jacq.) Pau

▬ Fetthenne, Nizza Fetthenne
☾ Kaya koruğu, Dam koruğu

Niederliegend aufsteigende mehrjährige Pflanzen. Stengel am Grund verholzt; der blütige Stengel ist 25-60cm hoch. Die Blätter sind von rechteckigem bis zu verschmälert elliptisch wechselständig. 15-20x3-4mm, kahl, dicht auf den sterilen Trieben und ist spiralförmig aneinander gereiht. Blütenstand ist reich blütig mit Cymöse, in der Knospenzeit halb sphärisch in die Höhe stehend. Blüten sind 5(-6) zählig teilig, fast ohne Stiele oder kurz gestielt. Die Kelchblätter sind 3-4mm lang. Die Kronblätter sind 6-7mm lang grünlich weiß oder hellgelb. Die Balgfrucht ist behaart und aufrechtstehend.

Diese Gattung, die außer der Türkei, in Südeuropa, in Libanon und auf Zypern eine Ausbreitung zeigt, treffen wir in der Türkei in West- und Südanatolien. Sie blüht von Mai bis Juni. Als Wachstumsort bevorzugt diese Gattung ab Meeresspiegel bis 635m hochliegende Kalkstein enthaltende felsige Gefälle. Die Blätter mancher Sedum Gattung-Arten werden in Anatolien frisch gegessen.

CUCURBITACEAE Kürbisgewächse
Ecballium elaterium (L.) A.Rich.

Spitzgurke, Eselsgurke, Balsamapfel
Eşek hıyarı, Acı dülek, Ebücehil karpuzu, Cırlatan

Mehrjährige Kräuter, Stengel niederliegend, kräftig, steifborstig, hellgrün und wächst bis zu 25cm hoch. Die Blätter sind ziemlich dick, steif, oberseits dunkel grün und rauhhaarig, eiförmig-dreieckförmig, herzförmig, gerillt, mit gewelltem Rand, 4-14,5x3,5-17cm. Blütenstandstiele sind aufrecht rauh, 2-10cm lang. Die männlichen Blüten sind in Trauben Blütenstand; die Kronblätter sind 8-16x4-7mm. Die weiblichen Blüten sind einzeln; Blütenstiel ist 1-8cm lang; die Kronblätter sind 6-12x3-6mm. Die beerenartige Frucht ist hängend, 3-5x1,5cm. Die Samen sind annähernd 4mm in der Länge.

Diese Gattung ist die einzige Ecballium-art, die in der Türkei ausgebreitet ist. Die Ecballium elaterium Gattung ist ab Meeresspiegel bis 600m Höhen in den trockenen Gegenden an den Wegränder, in den Bachbetten sehr ausgebreitet. Aus den Früchten gewinnt man eine sehr giftige Flüsigkeit, welche vom Volk zur Heilung manche Krankheiten eingenommen wird, zum Beispiel in minimale Dozierungen gegen Sinusitis, als Abführmittel und gegen Hämorrhoiden.

DIPSACACEAE Kardengewächse

Cephalaria procera Boiss.&Balansa

■ Schuppenkopf, Kopfblume
C☾ Pelemir

Kräftig gestaltigt, 2m hoch ragende mehrjährigePflanzen. Stengel aufrecht gerillt, nicht behaart oder spärlich behaart. Die Blätter sind spärlich behaart, rechteckförmig, lirat-pinnatisekt fiederschnittig geteilt; die Abschnitte sind elliptisch, mit gezähnte Ränder. Die Köpfchen sind lang gestielt, rundlich, zur Blütezeit 2-4cm im Durchmesser. Die Hüllkelchblätter sind dreieckförmig- eiförmig oder rechteckförmig.Die Blütenbodenblätter sind lanzettlich,der Kelch ist scheibenförmig. Die Krone ist gelb, schwefelgelb oder cremefarbig, 13-15mm lang. Die Döldchenhülle ist zur Fruchtzeit 4 eckig und hat 8 ungleiche Zähne.

Diese Schuppenkopf Pflanze zeigt uns in der Türkei eine Ausbreitung am Schwarzen Meer, in Inneranatolien, in Ostanatolien und im Nordosten vom Mittelmeerregion. Außer der Türkei in Nordiran, in Armenien, und in Kaukasien. Diese Gattung, die von Juni bis September blüht, bevorzugt als Wachstumsgebiet die zwischen 900-2600m hoch liegende felsige Gefälle, Wegränder, Steppen und Weideland.

EUPHORBIACEAE Wolfsmilchgewächse

Euphorbia characacias L. subsp. wulfenii (Hoppe ex W. Koch) A.R.Smith

▬ Palisaden-Wolfsmilch

☪ Sütleğen

Pflanze mehrjährig, kräftig, mit Milchsaft, filzig behaart. Der blütige Stengel ist zweijährig. Die Stengelblätter sind von linealem bis schmal elliptisch-verkehrt lanzettlich wechselständig, kurz gestielt, 2-11cm lang, glatt randig stumpf oder scharf zugespitzt. Die Doldenstrahlen-Blätter sind verkehrt eiförmig-verkehrt lanzettlich 10-45 strahlig. Die Blütenstände sind in Scheindolden. Die Nektardrüsen sind kurz oder lang hörnig, gelblich. Die Frucht ist eine Kapselfrucht, 3 lappig. 5-7mm im Durchmesser. Die Samen sind eiförmig, 2,5-3mm lang, glatt und blaß grau farbig.

In der Türkei zeigt diese Pflanze eine Ausbreitung am Marmara, an der Ägäis und in den Mittelmeer Regionen. Außer der Türkei auf dem Balkanen. Blütezeit ist von Januar bis Mai. Diese Gattung bevorzugt als Wachstumsgebiet, ab Meeresspiegel bis 1000m Höhen die offenen Bereiche der gemeine Fichtenwälder, die Eichenwälder,die felsigen Kalkstein Gefälle und Wegränder.

EUPHORBIACEAE Wolfsmilchgewächse
Euphorbia paralias L.

▬▬ Strand-Wolfsmilch
☪ Sütleğen

Mit Milchsaft, kahle fleischige, polsterförmige mehrjährige Kräuter. Stengel einfach bis zu 70cm, dicht beblättert. Die Stengelblätter sind dachziegelig angeordnet, lineal-rechteckförmig, rechteckförmig oder rechteckförmig-lanzettlich; die obersten Blätter sind eiförmig. 3- 6 strahlig. Blütenstände sind Scheindolden mit Honigdrüsen kurz gehörnt, pomeranzenfarbig. Kapselfrucht, 3 lappig. 5-6mm im Durchmesser. Die Samen sind breit eiförmig, 3mm, glatt, blaß grau oder weißlich.

Diese Strand-Wolfsmilch Gattung wächst an der Meeresküste in den sanddüne Standorte und blüht im April-September. In der Türkei zeigt sie eine Ausbreitung am Schwarzen Meer, Marmara, Ägäis und am Mittelmeer und außer der Türkei hat sie eine Ausbreitung in den Ländern, die am Mittelmeer und am Schwarzen Meer ihre Meeresküste haben und an den westeuropäischen sanddüne Küsten.

FABACEAE Akaziengewächse/Mimosengewächse

Acacia cyanophylla Lindley

Zyprische Akazie
Kıbrıs akasyası

Annähernd bis zu 6m hoch, mit hängenden Zweigen, sträuchig aussehende Bäume oder Bäumchen. Diese ungewöhnlich aussehende Blätter sind lineal-lanzettlich, kahl, lederig und blau-grün farbig. Die Blüten sind zu gelben, kleinen runden Köpfchen zusammengefaßt. Der Kelch und die Krone sind 4-5 teilig. Die Hülsenfrucht ist 10-12cm lang in der Reife rostbraun farbig, die Einschnürung zwischen den Samen ist deutlich. Samen sehr reichhaltig und schwarz.

Diese Akazie, die aus Südwestaustralien ist, kam erst nach Zypern und von dortaus, wurde diese Pflanze speziell nach Antalya und nach Manavgat zu den sanddüne Küstenstreifen gebracht um die Erosion zu stoppen. Wegen den tief in den Boden sich ausbreitende Wurzeln her wird nach diesem System der Boden fest zusammengehalten. Außer dem die sich an den Wurzelnenden befindliche Nodülle fiskieren den in der freien Luft vorhandene Stickstoff unter dem Boden und bereichern den Boden mit Stickstoff. Blütezeit ist das Frühjahr.

FABACEAE Akaziengewächse/Mimosengewächse
Acacia karroo Hayne

▬ Schreckliche Akazie
☪ Dikenli akasya

Baumkrone rundlich, bis zu 12m hoch, dick und steif dornige Bäume. Die Dornen bis zu 10cm lang. Die Blätter sind spiralförmig aneinandergereiht, 12cm lang, fiederteilig; die Blättchen sind rechteckförmig, zahlreiche gelbe Blüten sind auf dem sphärischen Köpfchen mit einem Durchmesser von 10-15mm zusammengefaßt. Die Hülsenfrucht ist bis zu 16cm lang.

Diese Gattung, die in Südafrika und Australien in der freien Natur wächst, findet in der Türkei als Zierpflanze in den Parks und in den Gärten eine Verwendung. Aus der Rinde dieses Baumes enthält man ein süßes Kaugummi; dies wird von Tieren sowohl auch von Menschen gegessen gleichzeitig ein Exportprodukt.

FABACEAE Akaziengewächse/Mimosengewächse
Anagyris foetida L.

■ Stinkstrauch
☪ Domuz dikeni, Zivircik, Kokarçalı

Bis zu 3m hoch ragende Sträucher, mit unangenehmem Geruch. Die Blätter sind 3 zählig, die Blattfiedern sind elliptisch, behaart; die Nebenblätter sind klein und lanzettlich. Die Blüten in kurzen, büscheligen Trauben. Der Kelch ist glockig, in 5 gleiche Lappen. Die Krone ist 10-25mm lang, gelbfarbig, schwarz befleckt. Die Hülsenfrucht ist 7-20cm in der länge, zusammengedrückt.

In der Türkei in West, Süd und Südostanatolien und außer der Türkei zeigt diese Gattung eine Ausbreitung in Südeuropa, auf Zypern, in Westsyrien, in Nordirak, in Nordafrika und in Arabien. Die Samen dieser Gattung ist giftig. Der Stinkstrauch blüht von März bis Mai und wächst auf den felsigen Gefälle und in den Laub werfenden Wäldern.

FABACEAE Schmetterlingsblütler

Astragalus inanae R.S.Göktürk, O.D.Düşen&Sümbül

■ Tragant

☪ Geven

Mehrjährige Kräuter. Die Blätter sind unpaarig fiederteilig, 10-25cm lang rechteckförmig, Blattstiel und der mittlere Nerv ist länglich, einfach, weiß behaart; Fiederblättchen sind rechteckförmig oder eiförmig-rechteckförmig, 10-25mm in der Länge, in 10-16 Paaren. Der Kelch ist röhrig, lang und einfach weiß behaart. Die Krone ist grünlich-gelbfarbig und zur Trockenzeit geht sie ins Braune über. Die Hülsenfrucht ist rechteckförmig-elliptisch, aufgeblasen, die frische Frucht ist fleischig rötlich grünfarbig, später wenn sie austrocknet ist sie verholzt strohfarbig, lang einfach weiß behaart. Die Samen sind nierenförmig, glatt, kahl und hellbraun farbig.

Diese Gattung wurde das erstemal im Jahre 2001 zwischen Korkuteli-Fethiye gepflückt und wurde im Jahre 2003 der Wissenschaftswelt präsentiert. Diese Tragant Gattung ist endemisch in der Türkei in Antalya und wächst ca. auf 1300m Höhen unterhalb der Nadel-Baumwälder und in den Lichtungen der Nadel-Baumwälder, wegen ihrer auffallenden Früchte kann diese Pflanze in den Parks und in den Gärten als Zierpflanze ihren Platzt finden.

FABACEAE Schmetterlingsblütler

Astragalus ponticus Pall.

▬▬ Tragant
☪ Geven

Stengel aufrecht, bis zu 150cm hoch ragende mehrjährige Kräuter. Die Blätter sind unpaarig fiederteilig, 7-35cm in der Länge; die Fiederblättchen sind von rechteckförmigem bis zu schmal eiförmig wechselständig, die Spitzen. Stumpf, 15-50mm in der länge, unterseits spärlich angedrückt behaart, in 11-23 Paaren. Blütenstand ist gestielt oder kurz gestielt, sphärisch oder eiförmig; Blüten 20-40 zählig und nicht gestielt. Der Kelch ist röhrig, 10-13mm lang. Die Krone ist gelbfarbig. Die Hülsenfrucht ist eiförmig und Piloz behaart.

Diese Gattung zeigt eine Ausbreitung in der Türkei am Schwarzen Meer, Inneranatolien, am Mittelmeer und selten in Ostanatolien und außer der Türkei in Südrussland und auf Krim. Als Wachstumsgebiet bevorzugt die Tragant die 900-2800m hoch liegende ausgetrocknete Flußbetten, Wegränder und Äcker, wegen ihrer prunkvollen Blüten die sie besitzt kann sie als Zierpflanze in den Parks und in den Gärten weiterhin angebaut werden.

123

FABACEAE Schmetterlingsblütler

Astragalus vulnerariae DC.

- Tragant
- Geven

Mehrstengelige polsterförmige, vieljährige Pflanzen. Die Blätter sind unpaarig fiederteilig, 3-5cm lang; die Fiederblättchen sind verkehrt eiförmig; unterseits und oberseits zwei gabelig behaart, in 5-6 Paaren; Die Nebenblätter sind 3-5mm in der Länge, eiförmig. Blüten sind auf 3-8'er Ähren zusammengefaßt. Die Hüllblätter sind 3-6mm lang, eiförmig, trockenhäutig und weiß behart. Der Kelch ist 7-15mm lang, röhrig, aufgeblasen. Die Krone ist gelbfarbig.Die Hülsenfrucht befindet sich im Kelch und ist rechteckförmig dicht behaart.

Diese Tragant Gattung ist eine von den endemisten derTürkei und blüht von Mai bis Juni. Diese Gattung bevorzugt dieWälder, die zwischen 750-2150m hoch liegen, die Steppen und die am Fuße der Berge befindenden Steinhaufen Spalten. Diese Tragant Gattung ist für die Bodenstabilisierung sehr gut geeignet. Sie kann dort gepflanzt werden, wo durch Bodenerosion Erdrutschgefahr besteht.

FABACEAE Schmetterlingsblütler, Akaziengewächse

Caesalpinia gilliesii (Hook.) Wallich ex D. Dietr.

■ Paradiesvogelbusch, Paradiesvogelstrauch

☪ Cennet çiçeği, Cennet kuşu, Aslan bıyığı

Laubwerfende, dornige 2-3m hohe Sträucher oder kleine Bäume. Die Blätter sind spiralförmig aneinander gereiht, zweifach fieder teilig; die Fiederblättchen sind elliptisch, ganzrandig und 6-16mm lang. Blütenstand gebüschelt 20-30 blütig. Die Blüten sind einem Schmetterling ähnlich, gelbfarbig. Die Hüllblätter sind rot, 5-8cm lang, fadenartig. Die Hülse ist ca. 10cm in der Länge. Die Samen sind flach und braun farbig.

Ursprung dieser Pflanze kommt aus Madagaskar, Argentinien und Uruguay. In der Türkei wird sie als Zierpflanze an der Ägäis und am Mittelmeer Region an den Wegränder und in den Parks angebaut. Von Juli bis August trägt diese Gattung ihre prunkvolle Blüten.

125

FABACEAE Schmetterlingsblütler
Calicotome villosa (Poiret) Link

▬ Behaarter Dornginster
C★ Keçi öldüren, Keçi boğan

Dornige Sträucher. Stengel aufrecht, bis 3m hoch. Die Blätter sind gestielt, mit 3 Blättchen; die Blättchen sind 5-15mm in der Länge, verkehrt eiförmig, unterseits behaart, oberseits nicht behaart. Blütenstand ist in Trauben, die Blüten erscheinen vor den Blättern. Der Kelch ist röhrig und mit 5 kurzen Zähnen. Die Krone ist gelb, und nicht behaart, 8-18mm lang. Die Hülsenfrucht ist ziemlich lang weich dicht behaart, 30-50mm in der länge. Die Hülsenfrucht ist vielzählig und hat schwarze Samen.

Diese Gattung die speziell in der strauchigen Heide und in der Macchien Gürtelzone wächst, blüht von März bis Juni. Diese Gattung, die sich ab Meeresspiegel bis auf 900m Höhe befindet, zeigt in der Türkei eine Ausbreitung in West und Südanatolien. Außer der Türkei in den Ländern am Mittelmeerbecken. Diese Pflanze wird auch um die Erosion unter Kontrolle zu halten und bei Hecken-Herstellung verwendet.

FABACEAE Schmetterlingsblütler

Ebenus boissieri Barbey

■ Purpurfarbige Milcherbse
☾ Antalya geveni

Stengel aufrecht, bis zu 60cm hoch, seidig weißlich-grau zerstreuthaarige mehrjährige Pflanzen. Die Blätter mit 3-5 Fiederpaaren; die Fiederblättchen sind elliptisch, 10-20mm lang, zugespitzt. Blütenstand ist sphärisch eiförmig. Blütenschaftsstiel ist 15-35cm in der länge. Die Hüllblätter sind halbkreisförmig. Der Kelch ist 10-21mm lang, manchmal länger als die Krone. Die Krone ist gelb, kahl und 13-18mm in der länge. Die Frucht befindet sich im Kelch selbst. Die Samen sind rechteckförmig-sphärisch rauh und gelb farbig.

Die Ebenus Gattung wird auf der Welt mit 20 Arten vertreten. 14 Arten davon befinden sich in der Türkei und auch die anderen Arten all die 14 Arten sind endemisch in der Türkei. Die Ebenus Boissieri zeigt in der Türkei eine Ausbreitung im Regierungsbezirk Antalya, Elmalı und in Korkuteli. Als Wachstumsgebiet bevorzugt diese Gattung die auf 1200-2000m Höhen die steinige Gefälle, die Steppen und die Äckerränder.

127

FABACEAE Schmetterlingsblütler

Glycyrrhiza asymmetrica Hub.-Mor.

■■ Süssholz, Lakritze
☪ Eğri meyan

Mehrjährige, drüsige Kräuter. Stengel verzweigt, bis zu 70cm hoch. Die Blätter sind unpaarig fiederteilig; Die Fiederblättchen sind von verkehrt eiförmigem bis kreisförmig-keilförmig wechselständig. In 2-4 Paaren, drüsig punktiert, 30-40mm in der Länge. Blütenstand ist gebüschelt; Die Büschel sind in den Blattachseln ca.3cm. Die Hüllblätter sind klein, abfallend. Der Kelch glockenförmig. Die Krone ist gelbfarbig, 15-16mm in der Länge. Die Hülsenfrucht ist rechteckförmig, dornig, braun 2 samig.

Die ersten Beispiele zu dieser Gattung wurde von Huber-Morath in der Türkei zwischen Antalya und Serik im Jahr 1956 gepflückt und wurde im Jahre 1965 der Wissenschaftswelt bekannt gegeben. Von Mai bis Juli trägt sie Blüten und wächst generell in den Macchien und in den Rotpech-Tannenwälder. Von den Wurzeln mancher Arten dieser Gattung gewinnt man das Antibaktrielle Mittel für die Brustinhalation und für Magengeschwür-beschwerden. Es wird auch als Süßstoff verbraucht. Noch gibt es keine medizinisch konkrete Gaben über diese Gattung.

FABACEAE Schmetterlingsblütler

Lathyrus aureus (Stev.) Brandza

■ Platterbse
C* Mürdümük, Burçak

Kräftige, mehrjährige Kräuter. Stengel aufrecht nicht geflügelt, 50-80cm lang, spärlich behaart. Die Blätter sind paarig fiederteilig, mit Spelzen; die Fiederblättchen in 3-5 Paaren, eiförmig 5-10cm in der länge. Blütenstand ist in Trauben, 12-25 blütig. Der Kelch ist 8-12mm in der Länge, mit Höcker, spärlich behaart. Die Krone ist zingiber gelb, 16-20mm in der Länge. Die Hülsenfrucht ist lineal, 50-70mm in der Länge. Die Samen 6-12 zählig und glatt.

Diese Platterbse wächst in der Türkei zwischen 15-2000m Höhen in den Wäder und in den sträuchigen Gegenden. In der Türkei befindet sich diese Gattung selten im Norden und im Inneranatolien. In der Türkischen Flora Registrierung nach wurde diese Gattung in der Mittelmeer Region das erste Mal in dem Jahr 2004 gepflückt. Außer der Türkei zeigt sie eine Ausbreitung in Bulgarien, in Rumenien, auf Krim und in Kaukasien Die schönen pompösen Blüten zuliebe wird diese Gattung in der Türkei in den Parks und in den Gärten als Zierpflanze angebaut.

FABACEAE Schmetterlingsblütler

Ononis natrix L. subsp. *hispanica* (L. fil.) Coutinho

■ Gelbe Hauhechel
☪ Kayış kıran, Öküzgözü

Kleine Sträucher, Stengel in Vielzahl, aufrechtstehend, niederliegend-aufsteigend oder niederliegend, 15-100cm hoch drüsig-locker behaart, kleberig. Die Blätter sind mit 3 Blättchen; die Blättchen sind halbkreisförmig, eiförmig oder rechteckförmig, Ränder gezähnt. Blütenschaftstiele sind 5-20mm lang mit Grannen. Der Kelch ist glockig 5-10mm lang. Die Krone ist gelbfarbig, 6-11mm lang. Die Hülsenfrucht ist lineal, lang weich spärlich behaart. Die Samen sind rundlich.

In der Türkei zeigt sie eine Ausbreitung in den Regionen in Antalya in Adana und in Mersin, außer der Türkei im westlichen Bereich des Mittelmeergebiets und auf den ägäischen Inseln. Von Mai bis August trägt sie Blüten. Sie bevorzugt speziell die Meeresküste Sanddünen-Standorte.

FABACEAE Schmetterlingsblütler Akaziengewächse

Parkinsonia aculeata L.

Staclicher Ginsterbaum, Parkinsonia, Jerusalemsdorn
Parkinsoniya

Bis zu 8m hohe dornige kleine Bäume. Die Dornen sind ca. 2,5cm in der Länge. Die Blätter sind zusammengesetzt, 15-35cm lang; die Blättchen sind eiförmig. Die Blüten sind sehr auffallend, gelbfarbig. Die Hülsenfrucht ist kaffeebraun farbig, 8-15mm in der Länge. Die Samen 3-10 zählig, 4-6mm in der Länge und kaffeebraun farbig.

Diese Gattung zeigt eine natürliche Ausbreitung in Uruguay und in Mexiko, und hat sich in der Wüste eingelebt. In der Türkei wird sie als Zierpflanze in den Parks in den Gärten und an den Wegränder angebaut.

FABACEAE Schmetterlingsblütler

Spartium junceum L.

■ Pfriemenginster, Spanischer Ginster, Binsenginster

☪ Katır tırnağı, Borcak

Aufrechtstehend, reich verzweigter, bis 4m hohe Sträucher. Die Blätter sind einfach, klein, hinfällig, schmal elliptisch und 15-25mm in der Länge; ohne Nebenblätter. Der Traubenblütenstand ist spärlich 5-20 blütig, spiralförmig. Die Blüten sind gelbfarbig, wohlriechend. Die Hülsenfrucht ist schmal-länglich, kahl, 12-20 samig.

Diese Gattung, die in Mai-Juli blüht, wächst speziell in den Macchien und auf dem der Meeresküste nah liegende Felsen. Die Samen sind giftig. Die blütigen Triebe werden für Besen Herstellung und Gewebe verwendet. Sie wurde das erste mal in Spanien gepflückt und dem nach benannt. Außer der Türkei finden wir diese Gattung in Südeuropa, auf Krim, in Westsyrien und in Nordafrika. In der Türkei ist diese Gattung im West Schwarzes Meer, am Marmara, an der Ägäis und in den Mittelmeerküsten Regionen verbreitet.

HYPERICACEAE Johanniskrautgewächse

Hypericum olympicum L.
subsp. auriculatum Robson&Hub.-Mor.

Johanniskraut, Olympische Johanniskraut
Binbirdelik otu, Kantaron

Bis zu 55cm hoch aufrechtstehend, niederliegend austeigend, selten kriechende, kahle Kräuter. Die Blätter sind 5-31mm lang elliptisch oder vom lanzettlichen bis zu lineal wechselständig, trägt schwarze Drüsen oder auch nicht. Die Kelchblätter sind in verschiedene Größen, dachziegelförmig aneinandergereiht, breit eiförmig, oder vom elliptischen bis zu lanzettlich wechselständig. Die Kronblätter sind 15-30mm in der Länge, gelbfarbig, und tragen keine schwarzen Drüsen. Die Kapselfrucht ist 5-10mm in der Länge und ist vom eiförmigen bis zu sphärisch wechselständig.

Diese Untergattung, die endemisch in Antalya ist, wächst in den Macchien und in den Rot-Pechtannen Wäldern. Juni-Juli ist die Blütezeit. Der Johanniskraut zeigt eine Ausbreitung zwischen 20-260m Höhen. Die blütigen Zweige dieser Pflanze legt man ins Olivenöl. Daraus enthält man ein Stoff; diesen nennt man Kantaron Öl. Dieses Öl wird zur Heilung von Wunden gebraucht.

133

IRIDACEAE Schwertliliengewächse
Crocus chrysanthus (Herbert) Herbert

■ Krokus
C* Sarı çiğdem

Mehrjährige Zwiebelpflanzen. Die Zwiebelhüllschuppen sind häutig oder lederig, am Grund sind sie in Quirlen die Quirlen sind glatt und zähnig, 1-(1,8-2)cm. Die Blätter sind in 3-5(-6) Paaren, zur Blütezeit erscheinend, 0,5-2,5mm in der Breite. Der Blütenhüll-Schlund ist gelb, und nicht behaart. Die Abschnitte sind 1,2-3,5x 0,5-1,1cm von gelb bis zu orangegelb wechselhaft, manchmal sind sie im äußeren Teil bronze oder dunkelviolett streifig, selten cremigweiß. Staubbeutel sind 6-12mm in der Länge, gelbfarbig. Der Griffel ist am äußersten Ende gelb oder bis orangegelb wechselhaft und ist in 3 Ästen geteilt.

Diese Gattung ist außer der Türkei auf dem Balkan und in Ostrumenien und in der Türkei ist sie im Norden, im Westen, in Inner und Südanatolien weit ausgebreitet. Von Februar bis April(-Juli) ist die Blütezeit und ab Meeresspiegel bis auf 2200m Höhen in den Wälder und Macchien Wäldchen und waldoffene Gegende sind die bevorzugten Wachstums-Gebiete dieser Gattung. Wegen ihrer prunkvollen Blüten wird diese Pflanze für dekorative Zwecke verwendet.

IRIDACEAE Schwertliliengewächse

Iris schachtii Markgraf

■ Iris, Schwertlilie
C* Süsen, Cehennem zambağı, Mezarlık zambağı

7-25(-28)cm hoch ragende mehrjährige Pflanzen mit Rhizom. Die Blätter sind 1-2mm in der Breite, sichelartig oder ganzrandig, scharf zugespitzt, gräulichgrün farbig. Stengel einfach oder ein ästig. Die Hüllblätter und die Hüllchenblätter sind schiffchenartig 2,5-5cm, häutig, hellgrün oder dunkelviolett. Die Blüten sind zwei- bis einpaarig, die Abschnitte sind unterseits grün oder braun geadert, gelb oder dunkelviolett oder zweifarbig; Die Blütenhüllröhre sind 1,5-2cm lang; die äußere Blütenhüll-Abschnitte sind verkehrt lanzettlich am Grund keilförmig 5-6,5x1,8-3cm; die inneren Blütenhüll-Abschnitte sind breit verkehrt lanzettlich oder elliptisch 3,7-6,5x2-4,2cm. Die Griffel Äste sind 3-4x0,8-1,1cm. Die Kapselfrucht ist elliptisch, 2,5-4,5x2-2,5cm.

Die Iris Schachtii ist endemisch in der Türkei und zeigt im Inneranatolien eine Ausbreitung. Als Ausbreitungsgebiet bevorzugt diese Gattung, die zwischen 1200-1700m hoch liegenden Wälder und sträuchige Felder sowohl auch steinige Gefälle. Mai-Juni trägt diese schöne Gattung ihre Blüten.

LAMIACEAE Lippenblütler

Ajuga chamaepitys (L.) Schreber
subsp. palaestina (Boiss.) Bornm.

Ackergamander, Gelber Günsel, Silverhagignes

Meşecik, Yer çamı, Kurtluca

Mehrjährige, zweijährige oder einjährige sehr verschiedenartige Pflanzen. Stengel niederliegend und völlig behaart. Die Grundblätter sind lineal-verkehrt lanzettlich die Ränder stumpfzähnig, verkehrt lanzettlich. Die Stengelblätter sind kurz dreilappig, der mittlere Lappen ist breit eiförmig bis lineal-rechteckförmig. Der Kelch ist 4-6mm lang, die Zähne sind halb so lang wie die Röhren oder fast gleich lang. Die Krone ist gelbfarbig, 15-20mm in der Länge. Die Frucht ist nüßchenartig.

Diese Gattung die ziemlich viel Verschiedenartigkeiten zeigt, wird in der Türkei mit 9 Unterarten vertreten. Diese Untergattung bevorzugt speziell die West und Südregionen der Türkei und die bis auf 1220m hoch liegende Kalkstein Standorte.

LAMIACEAE Lippenblütler

Phlomis bourgaei Boiss.

■ Brandkraut, Strachnessel
☾ Çalba, Ayı kulağı, Alev otu

Bis zu 1,5m hohe Sträucher. Die Blätter sind grünlich, drüsenhaarig, oberseits spärlich unterseits dagegen ist dicht sternförmig behaart; die unteren Blätter sind von dreieckförmig-eiförmigem bis zu rechteckförmig-lanzettlich wechselständig, 3-16x15-6cm, Blattstiel bis zu 5cm; die Blütenblätter sind dreieckförmig eiförmig oder lanzettlich. Die Blütenstände 1-2 zählig und je eins ca. 12-20 blütig. Die Vorblätter sind stechbohrerartig. Der Kelch ist nicht gestielt, 17-20mm. Die Krone ist gelb 20-30mm lang. Die nüßchenartige Frucht ist kahl.

Diese Gattung, die ein Türkei endemist ist, wächst generell in den Südwest regionale Umgebungen bis auf 1000m Höhe, in den Macchien, in den Eichensträucher, in den Nadelbaumwälder, auf dem kalkigen und serpentin felsige Standorte und von April bis August ist die Blütezeit.

LAMIACEAE Lippenblütler

Phlomis leucophracta P.H.Davis&Hub.-Mor.

■■■ Brandkraut
☪ Çalba, Ayı kulağı

Bis zu 1,5m hohe Sträucher. Die Blätter sind drüsenhaarig, oberseits spärlich und unterseits dagegen dicht sternförmig behaart, mit gekrümmten Rändern, die Blätter sind unterseits dreieckförmig-eiförmig-lanzettlich am Grund herzförmig, 5-12x2-5cm, Blattstiel bis zu 4cm, die Blütenblätter sind rechteckförmig-lanzettlich, kurz gestielt. Blütenstände 1-3 zählig und je einer ca. 6-12 blütig. Die Vorblätter sind stechbohrerartig. Der Kelch ist 22-27mm lang. Die Oberlippe der Krone ist braun und die untere gelb-farbig, 30-35mm lang. Die nüßchenartige Frucht ist kahl.

Diese Gattung ist eine von den zahlreichen endemisten der Türkei. Sie zeigt generell in Südanatolien eine Ausbreitung und wächst auf 1100m hoch liegende Kalkstein Felsen, in den Macchien und in den Offen Gefälle Standorte. Von Juni bis August ist die Blütezeit.

138

LAMIACEAE Lippenblütler

Scutellaria orientalis L.
subsp. *pinnatifida* Edmondson

■ Helmkraut
☪ Kaside

Am Grund mit verholztem Stengel, mehjährige Pflanzen. Der Stengel ist 5-45cm hoch. Die Blätter sind deutlich gestielt, 5-30mm in der Länge. Blattspreite ist von eiförmig-elliptischem bis zu lineal wechselständig, lappig, die Lappen sind zurückgekrümmt, generell sind die Spitzen stumpf. Blütenstand ist endständig, meistens mit aufeinander sitzende Tragblätter, die unteren Tragblätter sind ganzrandig. Der Kelch ist zweilippig. Die Krone ist sichelförmig, 20-32mm lang, generell gelbfarbig, manchmal ist sie rötlich punktiert. Die nüßchenartige Frucht, ist rechteckförmig und filzig behaart.

Diese Gattung, die eine große Verschiedenartigkeit zeigt, wird in der Türkei mit 17 Untergattungen vertreten. Diese Untergattung zeigt in der Türkei außer Nordwest Regionen eine weite Ausbreitung. Die Helmkraut Pflanze bevorzugt die Steppen die trockenen Gefälle und wächst zwischen 400-2200m Höhen. Von April bis August ist die Blütezeit.

LILIACEAE Liliengewächse

Asparagus acutifolius L.

■ Strauchiger Spargel
C* Kuşkonmaz

Besitzt einen kletternden oder einen kriechenden Stengel und sind mehrjährige verholtzte Pflanzen. Die Stengelblätter sind in jedem Büschel 5-10(12), grün kahl an der Spitze gedornd. Die Blüten sind generell in jedem Büschel einzeln. Die Blütenstiele sind von einer Vorblätter (Hüllchenblätter) Gruppe umgeben. Die männliche Blütenhülle ist 3-4(5)mm lang gelblich oder grünlich. Die beerenartige Frucht ist zur Unreifezeit grün und zur Reifezeit schwarz, 4,5-7(10) mm; die Samen sind 1-2 zählig.

In der Türkei zeigt diese Gattung am Maramara, Ägäis und am Mittelmeer Regionen eine Ausbreitung und außer der Türkei am Mittelmeerbecken. Als Wachstumsort bevorzugt diese Gattung die bis 1525m hoch ligende Nadelbaumwälder, Macchien, Wegränder Flußbetten und die verwüsteten, zerstörten Standorte. In den Monaten August-Oktober ist die Blütezeit.

LILIACEAE Liliengewächse

Asphodeline lutea (L.) Reichb.

🇩🇪 Goldwurz, Jakobsstab, Gelbe Asphodeline, Junkerlilie
☪ Sarı çiriş otu, Deli çiriş otu

Mehrjährige Pflanzen. Der blütige Stengel ist 60-100cm (-150) hoch und ist kräftig. Die Blattränder sind glatt zur Spitze hin rauh. Blütenstand ist einfach, 15-30(-45)cm, und ist von spärlichem bis zu dicht-blütig wechselständig. Die Blütenstiele sind zur Fruchtzeit 17-22(-25)mm in der Länge, fast aufrecht stehend und sind kürzer als die Tragblätter. Die Blütenhüll-Abschnitte sind 20-25(-30)mm gelbfarbig. Die Kapselfrucht ist eiförmig oder von rechteckförmigem bis zu sphärisch wechselständig, (10-)12-13(-15)mm in der Länge.

Diese Gattung zeigt eine Ausbreitung in der Türkei im Süden, in westanatolien und in inneranatolien. Als Wachstumsgebiet bevorzugt diese Gattung die bis 1650m hoch liegenden felsigen oder steinigen Gefälle, die Offenwälder, die Macchien und Dornbuschwäldchen Von ihrem dekorativen Aussehen her kann diese Pflanze als Landschaftsgemälde verwendet werden. Von März bis Juni ist die Blütezeit.

LILIACEAE Liliengewächse
Fritillaria elwesii Boiss.

Schachblume, Kaiserkrone, Fritillarie

Ağlayan gelin

Mehrjährige Zwiebelpflanzen. Die Zwiebel ist bis zu 3cm im Durchmesser, manchmal mit zahlreichen Nebenzwiebeln. Der Stengel ist 15-30cm hoch. Die Blätter sind 4-6(-8) zählig und ist spiralförmig aneinander gereiht, lineal. Die Blüten sind 1-4zählig; Blütenhülle ist schmal und glockig, bräunlich-dunkelviolett. Die Kapselfrucht ist nicht geflügelt.

Diese Gattung ist eine von den Endemisten in Antalya. Als Wachstumsort bevorzugt diese Pflanze zwischen 10-1200m hoch liegende Gemeine Fichten Offen Wälder und die Mcchien Standorte. Von März bis Mai ist die Blütezeit wegen ihres dekorativen Aussehens könnte diese Gattung als Landschaftsgemälde in Verwendung gebracht werden.

LILIACEAE Liliengewächse

Fritillaria pinardii Boiss.

▬ Schachbrettblume

☪ Ağlayan gelin

Mehrjährige Zwiebelpflanzen. Die Zwiebel ist bis zu 3cm im Durchmesser, generell mit Nebenzwiebeln und manchmal mit kriechendem Stengel. Der Stengel ist 6-20cm hoch. Die Blätter sind 3-8(-13) zählig schmal oder breit lanzettlich. Die Blüten sind 1-2(-4) zählig; die Blütenhülle ist schmal glockig, die äußere Fläche ist von purpuprrötlichem bis zu graufarben wechselhaft, die innere Fläche ist von gelblich-orangefarben bis zu grünlich wechselhaft. Die Staubfäden sind 6-11mm in der länge, generell aufgeblasen. Die Kapselfrucht ist nicht geflügelt.

Diese Gattung, die in de Türkei im Nord, Inner und Südanatolien eine Ausbreitung zeigt, wächst zwischen 1000-2500m auf dem felsigen Gefälle, Steppen und in der Schneeschmelzen Gebiete und blüht von April bis Juni.

143

LILIACEAE Liliengewächse

Fritillaria whittallii Baker

■ Schachbrettblume

 Ağlayan gelin

Mehrjährige Zwiebelpflanzen. Die Zwiebel ist bis zu 1,5cm im Durchmesser, manchmal mit zahlreichen Nebenzwiebeln. Der Stengel ist 10-20cm hoch. Die Blätter sind 6-7 zählig, von linealem bis zu lineal-lanzettlich wechselständig. Die Blüten sind 1-2 zählig; die Blütenhülle ist breit glockig in grün und gelb Farben, die äußere und innere Fläche ist braun schachbrettartig. Die Staubfäden sind 10mm in der Länge. Die Kapselfrucht ist nicht geflügelt.

Diese Gattung ist in der Türkei im Mittelmeer Region endemisch und zeigt eine Ausbreitung die zwischen 1500-2000m hoch liegenden steinigen Gefälle und in den Offen Zedern Wälder.

LILIACEAE Liliengewächse

Tulipa sylvestris L.

■ Tulpe, Wilde Tulpe
☾ Lale, Yavruağzı

Mehrjährige Zwiebelpflanzen. Die Hüllschuppen sind lederig gelb-braun. Die Blätter sind (2-)3(-4) zählig, lineal-lanzettlich, gerillt, aufrecht oder zurückgekrümmt. Die Blüten sind 1(2-) zählig, gelbfarbig, die äußeren Blütenhüll-Abschnitte sind von rötlichem bis zu grünlich-dunkelviolett in wechselhafte Farben, schmal elliptisch, scharf zugespitzt, die inneren Blütenhüll-Abschnitte sind eiförmig. Die Staubfäden sind 6-12,5mm, die Staubbeutel sind gelb, 3,5-6mm lang. Die Frucht ist eine Kapselfrucht.

Die am häufigsten in West und Südwestanatolien eine Ausbreitung zeigt, blüht von April bis Mai. Als Wachstumsgebiet bevorzugt diese Gattung die zwischen 560- 3000m Höhen. Wegen ihrer pompösen Blüten kann sie als Landschaftsgemälde ihren verdienten Platz einnehmen.

LINACEAE Leingewächse

Linum nodiflorum L.

⬛ Lein

C* Keten, Zeyrek

Bis zu 50cm hoch ragende steif gestaltigt, einjährige Kräuter. Die Blätter unterseits sind spatelig, die mittleren Blätter sind rechteckförmig, die Ränder und die Nervoberfläche ist behaart. Blütenstand ist cymöse.Die Blüten sind sehr kurz gestielt. Die Kelchblätter sind lineal, 11-13mm in der Länge. Die Blütenkronblätter sind 17-20mm lang in gelben Farben. Die Kapsel ist 5mm in der Länge und ist eine Schließkapsel.

Diese Gattung, die in der Türkei in allen Regionen eine Ausbreitung zeigt, treffen wir außer der Türkei in Südeuropa, Krim, Zypern, Westsyrien, Kaukasien, Nordirak und in Westiran. Diese Pflanze, die von April bis Juni Blüten trägt, wächst ab Meeresspiegel bis 1100m. hoch liegende Kalksteingefälle und Feuchtstandorte. Diese Gattung wird hauptsächlich wegen der L.Usitatisssimum Samen gezüchtet, aus diesen Samen gewinnt man das Leinöl, und aus den Preßrückstände-Treber enthält man das sogenannte Kopdun.

ONAGRACEAE Nachtkerzengewächse

Ludwigia peploides (Kunth) P.H.Raven
subsp. **peploides**

Heusenkraut
Yastıklı ot

Wasserliebende mehrjährige Kräuter besitzen einen weißen ballonförmigen Beutel. Der Stengel kann bis zu 1,5m hoch ragen und schwimmt vegetativ auf dem Wasser. Die Blätter sind spiralförmig aneinandergereiht, kahl, ganzrandig, die Oberfläche ist glänzend, die jungen Blätter sind lanzettlich und 4-10cm; die älteren Blätter sind rechteckförmig und 3-5cm lang. Die Blüten sind einzeln in den Blattachseln. Die Kelchblätter sind 5 zählig. Die Kronblätter sind zitronengelb und auffallend. Die Frucht ist eine Kapselfrucht. Die Samen sind vielzählig.

Diese Untergattung blüht von Juli bis August und ist an den Seen und Flußrändern zu finden. In der Türkei zeigt diese Pflanze eine Ausbreitung nur in Antalya-Sarısu und außer der Türkei in Südostasien, in Australien, in Neuseeland, in Tahiti, in Süd- und Nordamerika. Diese Untergattung, die eine Wasserpflanze ist, kann wegen ihrer auffallenden gelben Blüten, glänzend grünen Blättern und speziell die weißen ballonförmigen Beuteln in den künstlich hergestellte Seen und in den Wasserbecken als Zierpflanze ihren Platz finden.

147

ORCHIDACEAE Orchideen/Knabenkrautgewächse

■ Phrygische Ragwurz
C· Kazankarası, Kedigözü, Kedi tırnağı, Pisipisi, Tülekdokuyan

8-20cm hoch zierlich gebaut, zylindrisch, mit unterirdischem Tuberkel, mehrjährige Pflanzen. Die Blüten sind 2-6 zählig, sie stehen in Abständen. Die Kelchblätter sind 10x5mm eiförmig-breit lanzettlich, die Spitzen sind stumpf, grünlich, gelblichgrün oder hellbräunlichgrün. Das Kronblatt und das Kelchblatt auf dem Rücken sind helmförmig. Labellum ist 12x10mm, 3 lappig, breit eiförmig-lanzettlich der untere Lappen ist an der Spitze leicht nach oben gebogen, gelbrandig, im inneren dunkelbraun sowohl auch in schwärzlich-viola Farben.

Diese Gattung bevorzugt speziell als Wachstumsgebiet in Südwesten die bis zu 500m hochliegende Oliven Hainen, Macchien, kalkhaltige und steinige Standorte. Außer der Türkei zeigt diese Gattung eine Ausbreitung in Griechenland in den Balkanländern und auf Sizilien und blüht von April bis Mai.

PAPAVERACEAE Mohngewächse

Glaucium flavum Crantz

▬ Hornmohn, Gelber Hornmohn
☾ Boynuzlu gelincik

Zweijährige oder mehrjährige kräutige Pflanzen. Der Stengel ist papillös oder glatt, ca. 30-50cm hoch. Die Grundblätter sind fiederschnittig teilig, die Fiederteile sind buchtig, oder gezähnt. Die Stengelblätter sind am Grund sitzend; die Öhrchen sind rund oder die Spitzen sind stumpf. Die Kelchblätter sind behaart. Die Kronblätter sind generell gelb, in rot oder rötlich in fliederfarben. Die Silikuvaform Frucht ist 12-25 cm in der Länge und am äußersten Ende glatt.

Im generellen der Türkei zeigt sie eine Ausbreitung an der Meeresküste ab Meeresspiegel und nahe der Meeresküste, und blüht von Mai bis Juli. Außer der Türkei zeigt sie eine Ausbreitung in Europa, in Kaukasien und in Nordwestafrika.

149

PAPAVERACEAE Mohngewächse

Hypecoum procumbens L.

■ Pfeffer-o.Hornkeummel

C* Adi boynuzlu kimyon, Yatık yavruağzı

Stengel niederliegend oder niederligend aufsteigend einjährige Pflanzen. Die Blätter sind kahl, 2 fach fiederteilig, die Fiederabschnitte sind lineal bis lineal-lanzettlich. Die Kelchblätter sind eiförmig bis eiförmig-lanzettlich. Die Kronblätter sind gelbfarbig, die Äußeren sind schwach 3 lappig. Die Frucht ist bogenförmig, 4-6cm in der Länge.

Diese Gattung zeigt in der Türkei eine Ausbreitung in Nordwest, in Mittel und Südregionen. Außer der Türkei in den anderen Mittelmeerländern, in Nordirak und in der syrischen Wüste. Als Wachstumsort bevorzugt diese Gattung die bis 300m hoch liegende Meeresküsten Standorte und die Offen Standorte und blüht von März bis Juni.

PLANTAGINACEAE Wegerichgewächse

Plantago afra L.

▬ Flohsamen-Wegerich, Flohsamenkraut
☪ Sinirli otu

Unterseits verzweigt, 10-40cm hohe einjährige Kräuter. Die Stengelchen sind aufrecht, aufsteigend oder die Spitzen in die Höhe stehend. Die Blätter sind lineal-lanzettlich oder lineal, 7-40cm lang, ganzrandig oder mit unregelmäßig gezähnte Ränder, die Spitzen sind stumpf. Blütenschaftsstiel ist 1-3,5cm in der Länge, dunkelviolett, kleindrüsig behaart. Ährenblütenstand ist 0,5-1,5cm in der Länge, eiförmig; alle Tragblätter sind sich gleich, eiförmig-lanzettlich, drüsig behaart. Die Kelchblätter sind verkehrt lanzettlich, 2,5-3mm in der Länge. Die Kronröhre sind 3,3-5mm, die Lappen sind eiförmig, scharf zugespitzt. Die Kapselfrucht ist ellipsenähnlich. Die Samen sind glänzend braunfarbig und schiffchenartig.

Diese Gattung wächst in der Türkei am Marmara an der Ägäis, am Mittelmeer und in Südostanatolien, außer der Türkei am Mittelmeerbecken und von Südwestasien bis Pakistan. Von März bis Juni ist die Blütezeit und als Wachstumsort bevorzugt diese Pflanze ab Meeresspiegel bis 900m hoch liegende Nasswiesen, Sanddünen Standorte, Äcker, kleiner Wiesenknopfsträucher Standorte und die Eisenbahnränder.

RANUNCULACEAE Hahnenfußgewächse

Eranthis hyemalis (L.) Salisb.

■ Winterling
☪ Sarı kokulu, Kar çiçeği, Kovancık

Mit geschwollenem Rhizom, mehrjährige Pflanzen. Der Stengel ist aufrecht, bis zu 16cm hoch. Die Stengelblätter sind nicht gestielt, sind den Grundblätter gleich, selten an der Spitze 3 zähnig. Die Blütenhüll-Abschnitte sind zwei reihig, in gelben Farben, die äußere Blütenhüll-Abschnitte sind 11-22mm in der Länge. Die Staubblätter sind vielzählig. Die Balgfrucht ist 10-14mm in der Länge, glatt und kurz gestielt.

Den prunkvollen Blüten zu liebe werden diese Gattungen als Landschaftsgemälde angebaut. Die Knollen dieser Pflanzen werden als Zierpflanzenknollen exportiert. Der Winterling zeigt eine Ausbreitung, auf den Steppen die zwischen 1300-1800m hoch liegende Wiesen Standorte, Weide-Land und blüht von April bis Mai.

RANUNCULACEAE Hahnenfußgewächse

Ranunculus cuneatus Boiss.

Butterblume, Hahnenfuss

C★ Düğün çiçeği, Körük otu

Bis zu 15-40cm Hohe, mehrjährige Pflanzen. Die Wurzelknollen sind von schmal spindelförmigem bis zu zylindrisch wechselständig, 1-2.5cm in der länge. Der Stengel ist wie die Blätter halb flach lang weich dicht behaart, 3-9(18) blütig. Die Grundblätter sind 3 lappig, die Abschnitte sind schmal keilförmig, die Spitzen stumpf und 3-5 lappig, die mittleren Abschnitte sind generell 3 zähnig. Die Kelchblätter sind mit Ausläufern oder unregelmäßig zurückgekrümmt. Die Kronblätter sind 10-14mm in der länge. Die Fruchtköpfchen sind eiförmig-rehteckförmig, 10-15x8-10mm in der länge. Die Schließfrucht ist halb kreisförmig-dreieckig, 2-2.5mm, weich spärlich behaart, Schnabel ist 2,5- 3mm in der Länge.

Außer der Türkei wächst diese Gattung in der syrischen Wüste, in Libanon und in Nordirak. In der Türkei zeigt diese Gattung eine Ausbreitung in den Regionen sowie im Osten, in Südosten und am Mittelmeer. Als Wachstumsort bevorzugt diese Pflanze die 900-1800m hoch liegende mittelmeerischen rötlichen Boden und Kalkstein enthaltende Gefälle und die nicht bestellten Wiesen. Die Blütezeit ist April-Juni.

RESEDACEAE Resedengewächse

Reseda lutea L. var. lutea

Gelbe Resede, Gelber Wau

Kuzu otu, Gerdanlık, Muhabbet çiçeği, Yemen safranı

Ein- bis mehrjährige Kräuter. Der Stengel ragt hoch bis zu 70cm, aufrecht oder aufsteigend. Die unteren Blätter sind manchmal einfach, am häufigsten sind sie fiederteilig. Die Kelchblätter sind 5-6 zählig, zur Fruchtzeit bleibend. Die Kronblätter sind 6 zählig und sind gelbfarbig, die Lippen sind 3 teilig. Die Kapselfrucht ist zylindrisch, manchmal eiförmig und kahl. Die Samen sind glänzend, gelb oder schwarz, die Oberfläche ist glatt.

Als Wachstumsgebiet bevorzugt diese Variete ab Meeresspiegel bis 2000m hoch liegende Wegränder, die Äcker, die Offenstandorte und blüht von April bis August. Das erstemal wurde diese Pflanze in Europa definiert. In der Türkei ist sie in allen Regionen anzutreffen. Außer der Türkei hat sie eine Ausbreitung im Süd, im West und in Mitteleuropa und in Nordwestafrika bis Nordiran.

RHAMNACEAE Kreuzdorngewächse

Paliurus spina-christi Miller

▬ Christusdorn, Stechdorn
☾ Karaçalı, Karaçaltı

Bis zu 2-4m hoch, über Winter laubwerfende steifdornige Sträucher. Die Blätter sind spiralförmig aneinandergereiht, eiförmig am Rand gezähnt, kahl, gestielt. Die Nebenblätter sind dornig, nur eins von den Nebenblätter ist glatt, die anderen sind mit Haken. Die Kelchblätter sind nicht behaart. Die Kronblätter sind gelb. Die Schließfrucht ist 2-2,5cm im Durchmesser, flach-sphärisch, hart und trocken, die Ränder sind gewellt geflügelt.

Diese Gattung hat in der Türkei eine weite Ausbreitung fast in allen Regionen und außer der Türkei in Südeuropa, auf der Krim, in Kaukasien, in Westsyrien, in Iran und in Irak. Der Christusdorn blüht von Mai bis Juni und wächst ab Meeresspiegel bis 1400m Höhen. Die Früchte werden als Harnausscheidung und Nierensteinausscheidung angewand. Diese Gattung hat ihren lateinischen Namen von den Erzählungen bekommen. Wie Jesus Christus das verzweigte dornige Kreuz getragen hatte, wurde für den Propheten Jesus Christus aus den dornigen Zweigen über seinem Kopf eine Krone geflochten und er zum König erklärt oder zum Allherrscher.

RUTACEAE Rautengewächse

Haplophyllum suaveolens (DC.) G.Don
var. suaveolens

 -

Mehrjährige Pflanzen. Stengel 15-30(-50)cm hoch, behaart. Die Blätter ohne Stiele, einfach, ganzrandig, kurzhaarig oder selten kahl. Blütenstand ist dicht. Die Kelchblätter sind 5 zählig, lanzettlich, ca. 2-3x0,76-1mm scharf zugespitzt. Die Kronblätter sind 5 zählig, gelbfarbig, von breit eiförmigem bis zu rechteckförmig wechselständig, 7-10mm in der Länge. Die Staubfäden sind schmal. Die Frucht ist eine Kapselfrucht. Die Samen sind nierenförmig.

Diese Variete zeigt eine Ausbreitung in der Türkei an der Ägäis, am Maramarameer und am Mittelmeer und außer der Türkei auf der Balkan-Halbinsel und in Südrussland. Als Wachstumsgebiet bevorzugt diese Variete die felsige Gefälle und die Nadelbaumwälder Standorte. Von Mai bis Juli ist die Blütezeit.

SCROPHULARIACEAE Rachenblütler

Digitalis cariensis Boiss. ex Jaub.&Spach

■ Fingerhut

C* Yüksük otu, Mayasıl otu

30-80cm hoch ragende mehrjährige Pflanzen. Die mittleren Stengelblätter sind lineal- 7-11cmx7-10mm kahl. Der Blütenstand ist länglich und dichtblütig. Die Tragblätter sind lanzettlich, kurz drüsig behaart. Die Kelchlappen sind 6-10mm in der Länge, rechteckförmig-lanzettlich, zugespitzt. Die Krone ist generell 10-15mm in der länge, Blüten-kronröhre sind in hellgelbbraun Farben, die unteren Lappen sind weißlich, 4-7mm in der Länge, eiförmig sowohl auch eiförmig-rechteckförmig. Die Kapselfrucht ist 9-10mm in der Länge.

Diese Gattung, ist eine von den Endemisten der Türkei, der Fingerhut zeigt eine Ausbreitung im Inner- und in Südanatolien. Als Wachstumsgebiet bevorzugt diese Pflanze die 800-1700m hochliegende felsige Gefälle, die Wald und Macchien Standorte und im Juni-Juli ist die Blütezeit.

SCROPHULARIACEAE Rachenblütler

Digitalis ferruginea L. subsp. *ferruginea*

■ Rostiger Fingerhut
☪ Yüksük otu, Mayasıl otu

Bis 1m hoch ragende zwei-bis einjährige Pflanzen. Stengel ist einzeln und zeigt generell keine Verzweigung. Blütenstand ist länglich, vielblütig und die Hauptachse ist kahl. Die Tragblätter sind lineal-lanzettlich. Die Kelchlappen sind eiförmig sowohl auch rechteckförmig elliptisch die Spitzen stumpf. Die Krone ist mit braunem Nervatur, gelblich, 18-34mm in der Länge, die Kronröhre sind aufgeblasen, die untere Lippe ist 8mm in der Breite. Die Kapselfrucht ist kahl.

In der Türkei ist diese Pflanze durch zwei Untergattungen bekannt und zeigt eine Ausbreitung in den Regionen sowie im Norden, in West und Südanatolien. Außer der Türkei in İtalien, in den Balkanländern, in Rumenien, in Ungarn und in Libanon. Von Juni bis August ist die Blütezeit. Als Wachstumsort bevorzugt diese Pflanze die bis 2700m hochliegende felsige Gefälle, die Wälder und Macchienstandorte.

SCROPHULARIACEAE Rachenblütler

Verbascum bellum Hub.-Mor.

■■ Königskerze
C* Sığırkuyruğu, Burunca otu

Bis zu 40-80cm hoch dicht weiß ohne Drüsen behaarte zweijährige Pflanzen. Der Stengel ist robust, zylindrisch, vielzählig verzweigt. Die Grundblätter sind breit verkehrt eiförmig-halbkreisförmig, 6-25x 3-7cm, die Stengelblätter sind noch kleiner. Blütenschaft ist spärlich, verzweigt, in kleinen Büscheln 2-7 blütig. Die Tragblätter sind eiförmig oder breit eiförmig, zugespitzt, die unteren hängend. Der Kelch ist 6-7mm in der Länge, die Lappen sind lanzettlich. Die Blütenkrone ist gelb farbig, 10-15mm im Durchmesser, dicht-drüsig. Die Staubblätter sind 5 zählig, die Staubbeutel sind nierenförmig. Die Frucht ist eine Kapselfrucht.

In der Türkei zeigt diese Gattung eine Ausbreitung in den Regionen in Muğla, in Burdur und in Antalya und ist eine von den Endemisten der Türkei. Als Wachstumsort bevorzugt diese Pflanze die zwischen 100-1800m hoch liegenden Nadelbaumwälder und Kalkstein-Standorte. Juni-Juli ist die Blütezeit.

SCROPHULARIACEAE Rachenblütler

Verbascum davisianum Hub.-Mor.

▬ Königskerze, Wollblume, Wetterkerze

☪ Sığırkuyruğu, Burunca otu

Bis zu 30-80cm hohe, dicht weiß drüsenlos behaarte zweijährige Pflanzen. Der Stengel ist unterseits wenig verzweigt, robust gebaut, zylindrisch. Die Grundblätter sind verkehrt eiförmig, 5-9x2-5cm, zugespitzt oder mit Ranken ähnlichen Spitzen; die Blattstiele sind 2-5cm in der Länge. Blütenstand ist zylindrisch, die kleinen Blütenschäfte sind 2-7 blütig. Die Tragblätter sind dreieckig sowohl auch lanzettlich. Blütenstiel nicht vorhanden oder 2mm lang, die Vorblätter sind lanzettlich. Der Kelch ist 8-10mm in der Länge, die Lappen sind lanzettlich, zugespitzt. Die Blütenkronblätter sind gelb, Ca. 20mm im Duchmesser, an der Außenseite sind sie filzig behaart. Die Staubblätter sind 5 zählig, die Staubbeutel sind nierenförmig. Die Frucht ist eine Kapselfrucht.

Die Verbascum davisianum ist eine von den Endemisten der Türkei und zeigt nur eine Ausbreitung in der Region Antalya und als Wachstumsort bevorzugt diese Gattung die zwischen 1400- 2500m hoch liegende Kalkstein Gefälle und die Weideland Standorte die Blütezeit ist von Juli bis August.

SCROPHULARIACEAE Rachenblütler

Verbascum leptocladum Boiss.&Heldr.

Königskerze, Wollblume, Wetterkerze
Sığırkuyruğu, Burunca otu

Bis zu 30-45cm hoch, dünn gräulich oder weiß behaarte mehrjährige Planzen. Der Stengel ist zylindrisch, aufrecht oder niederliegend aufsteigend. Die Grundblätter sind schmal rechteckförmig, breit-lineal, 2-10x0,5-2cm, gesägt oder ganzrandig. Blütenstand ist breit und ist im kleinen Büscheln 1-3 blütig. Die Tragblätter sind lineal-rechteckförmig zugespitzt. Der Kelch ist 4-7mm in der Länge, die Lappen sind lineal-rechteckig, mit stumpfe Spitzen, die Blütenkronblätter sind gelb, 16-22mm in der Länge, auf der äußeren Oberfläche sternförmig filzig behaart. Die Staubblätter sind 5 zählig. Die Staubbeutel sind nierenförmig. Die Frucht ist eine Kapselfrucht.

Diese Gattung, ist charakteristisch in der Türkei und zeigt eine Ausbreitung nur im Region Antalya. Als Wachstumsort bevorzugt diese Gattung, die bis 250m hoch liegende Nadelbaumwälder und trägt Blüten Juni-Juli.

SCROPHULARIACEAE Rachenblütler

Verbascum pestalozzae Boiss.

■ Königskerze, Wollblume, Wetterkerze
☪ Sığırkuyruğu, Burunca otu

Weiß, gelb oder bräunlich ohne Drüsen dicht behaart, 10-20cm hohe am Grund verholzte mehrjährige Pflanzen. Stengel zylindrisch und ist in Vielzahl mit hängenden Ästen oder niederliegend aufsteigend verzweigt. Die Grundblätter sind lanzettlich-elliptisch, 2,5-4x1-2,5cm und ganzrandig. Blütenstand ist viel blütig, jedes einzelne ist 5-15 blütig. Die Tragblätter sind lineal-lanzettlich, länger als die Blütenstiele. Der Kelch ist 5-9mm lang, die Lappen sind lineal-lanzettlich zugespitzt. Die Blütenkrone ist gelb, 15-22mm im Durchmesser ohne Drüsen. Die Staubblätter sind 5 zählig. Die Staubbeutel sind nierenförmige Gebilde. Die Frucht ist eine Kapselfrucht.

Als Wachstumsgebiet bevorzugt diese Gattung die zwischen 2000-2100m hoch liegende kalksteinhaltige felsige Standorte und ist auch eine von den Endemisten der Türkei. Die Blütezeit ist in dem Monat Juli.

SCROPHULARIACEAE Rachenblütler

Verbascum pycnostachyum Boiss.&Heldr.

■ Königskerze, Wollblume, Wetterkerze

C* Sığırkuyruğu, Burunca otu

Die 40-120cm hoch ragende, weiß dicht behaarte, reich verzweigte zweijährige Pflanzen. Stengel robust gebaut, zylindrisch. Die Grundblätter sind verkehrt eiförmig sowohl auch rechteckförmig elliptisch, 6-20x2-8cm. Blattstiel ist geflügelt und annähernd 5cm lang. Blütenstand ist reich verzweigt, die kleinen Blütenschäfte sind 2-7 blütig. Der Kelch ist 5-9mm lang, die Lappen sind eiförmig- dreieckig, lang zugespitzt. Die Blütenkrone ist gelbfarbig, 20-25mm im Durchmesser, an Außenseiten behaart. Die Staubblätter sind 5 zählig. Die Staubbeutel sind nierenförmig. Die Frucht ist eine Kapselfrucht.

Diese Gattung ist eine von den Endemisten der Türkei. Als Wachstumsort bevorzugt diese Gattung, die zwischen 370-2000m hoch liegende Steppen und die felsige Standorte und hat eine Ausbreitung in Mittelanatolien, in West und in Südanatolien. Von Juni bis September ist die Blütezeit.

SOLANACEAE Nachtschattengewächse

Hyoscyamus aureus L.

■ Bilsenkraut
☪ Ban otu

Drüsig-wollig behaarte mehrjährige Pflanzen. Stengel 30-60cm hoch aufrecht oder hängend. Die Blätter sind gestielt, Blattspreite ist kreisförmig eiförmig, 3-5cm in der Länge, lappig, die Lappen sind dreieckig, spitz zähnig. Der Kelch ist 15-20mm, zur Fruchtzeit ist sie 22-30mm in der länge, glockig-verkehrt konisch, die Zähne sind dreieckig, zugespitzt, manchmal zurückgekrümmt. Die Blütenkrone ist goldgelb, am Schlundbereich dunkelviolett farbig, 30-40mm in der Länge. Die Staubblätter sind lang, die Staubbeutel sind gelb.

In der Türkei zeigt sie eine Ausbreitung in West und Südregionen Als Wachstumsort bevorzugt diese Pflanze die bis 1200m hoch liegende Standorte und sie blüht von Februar bis Juli. Außer der Türkei zeigt sie eine Ausbreitung in den Ländern am Mittelmmeerbecken, in Ägypten und in Irak.

164

THYMELAEACEAE Seidelbastgewächse
Thymelaea hirsuta (L.) Endl.

■ Behaarte Spatzenzunge
☪ Serçe dili

Bis zu 150cm (selten 2-3m) hoch ragende Sträucher. Die jungen und die blütigen Langtriebe sind weiß-filzig behaart. Die Blätter sind nicht gestielt, dick lederig, kreisförmig-eiförmig oder eiförmig-lanzttlich (2-)3-5x1,5-3mm stumpf oder zugespitzt. Die Blüten sind nicht gestielt 2-8 zählig. Tragblatt nicht vorhanden. Blütenhülle abfallend, 3-4,5mm gräulich behaart oder weiß filzig behaart, im inneren Bereich gelb. Die Frucht ist eiförmig, annähernd 4mm, dünn flaumig behaart oder kahl.

In der Türkei zeigt diese Gattung eine Ausbreitung in den Regionen sowie am Marmarameer, an der Ägäis und am Mittelmeer und bevorzugt die sandige oder felsige dem Meer nahe Standorte. Wegen ihres dekorativen Aussehen her kann sie in den Sand-düne Gärten als Landschaftsgmälde ihren Platz einnehmen.

ZYGOPHYLLACEAE Jochblattgewächse

Tribulus terrestris L.

Burzeldorn, Erd-Burzeldorn, Erdstachelnuss, Erdsternchen, Morgenstern

Demir dikeni

Einjährige Pflanzen, mit niederliegendem Stengel. Stengel 15-80cm hoch einfach behaart. Die Blätter sind paarig gefiedert mit 10-16 Blättchen. Die Blättchen sind eiförmig oder elliptisch, am Grund generell asymmetrisch, 5-8(-10)x2-3(-4)mm. Die Blüten sind 5 bis vielteilig, in den Blätterachseln einzeln. Die Kronblätter sind 4-5mm in gelben Farben, schnell hinfällig. Die Frucht ist eine Spalt-Frucht, ca. 10cm im Durchmesser, vielzählig mit Kurzhakendornen.

In der Türkei zeigt diese Gattung außer Ost und Südost Regionen eine Ausbreitung in allen Regionen, außer der Türkei in Süd Europa und in Südwest Asien. Als Wachstumsgebiet bevorzugt diese Gattung ab Meeresspiegel bis 1200m hoch liegende Offen Sand-düne Standorte und die Äcker, Juni-Juli ist die Blütezeit.

AMARYLLIDACEAE Agavengewächse
Amaryllis belladona L.

▬ Belladonnalilie

☪ Güzelhatun çiçeği, Amarilis, Nergis zambağı

Mehrjährige Zwiebelgewächse. Die Zwiebel ist breit, rund, braunfarbig. Der Blütenschaft ist ca. 50cm lang, violet-rot oder in grün. Die Blätter sind lineal. Während des Blühens trägt sie keine Blätter. Der Blütenstand ist auf einem langen Stiel und ist doldenförmig. Die Blüten bis zu 12 zählig, und ca. 10cm lang trompetenförmig, in rot, rose, violet oder in weiß Farben. Die Staubbläter sind schwarz und leuchtend.

Diese Gattung, die in der Türkei wegen ihrer prunkvolle Blüten als Topfpflanze kultuviert wird, nimmt auch ihren Platz in den Parks und in den Gärten als Zierpflanze ein.

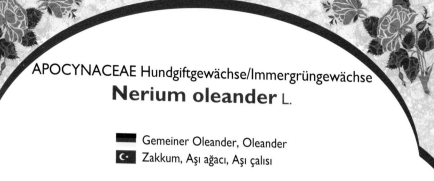

APOCYNACEAE Hundgiftgewächse/Immergrüngewächse
Nerium oleander L.

Gemeiner Oleander, Oleander
Zakkum, Aşı ağacı, Aşı çalısı

Die ca. bis zu 6 m hoch ragende Sträucher. Die Blätter sind zu 3 quirlständig ziemlich schmal elliptisch-lanzettlich zugespitzt, kurzstielig, 6-30x1-3cm lang und lederig. Der Kelch ist 5-7mm lang, dünn und dicht behaart. Die Krone ist rosa, rot oder weiß, 2,5-4,5cm lang. Die Balgfrucht ist 10-18cm und die Samen 4mm in der Länge.

Diese Gattung die generell in den Mittelmeer-Ländern einen ziemlich weiten Ausbreitungsraum besitzt, wächst in der Türkei in West-und Südanatolien an der Meeres-Küste und in den Gebieten nahe der Meeres-Küste bis zu 800m Höhen. In den Monaten April-September ist die Blütezeit, als eine prunkvolle Zierpflanze kann sie in den Parks, in den Gärten und an den Wegrändern ihren stolzen Platz einnehmen.

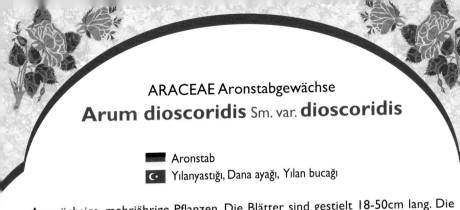

ARACEAE Aronstabgewächse

Arum dioscoridis Sm. var. **dioscoridis**

▬ Aronstab

☾ Yılanyastığı, Dana ayağı, Yılan bucağı

Auswüchsige, mehrjährige Pflanzen. Die Blätter sind gestielt 18-50cm lang. Die Blattspreite ist schmal oder breit-lang gestreckt spießförmig. Der an der Spitze den Blütenstand tragender Stiel ist 3,5-4,5cm lang und die Spatha, die den Blütenstand umgibt ist 13-36cm lang, außenseits ist grünlich oder violet, innerseits weißlich, rosa oder violet. Der Blütenstand ist 12-25cm hoch.

Diese Gattung, von der sich 5 Unterarten in der Türkei befindet, zeigt uns eine Ausbreitung im Westen und in Südanatolien bis auf die höhe 2500m. Diese Gattung, die auch in den östlichen Mittelmeerländern eine Ausbreitung zeigt, blüht März-Juni.

ARACEAE Aronstabgewächse
Dracunculus vulgaris Miller

▬▬ Drachenwurz, Gewöhnliche Schlangenwurz
☪ Yılanyastığı, Yılan bucağı

Mehrjährige, unterirdisch knollige Pflanzen, kann bis zu 1,5m hoch wachsen. Die Blätter sind lang gestielt 10-20x 11-25cm, die Abschnitte sind lanzettlich. Das Hochblatt das den Blütenstand umgibt ist 20-50cm lang nicht behaart oder selten kurz behaart, grünlich, dunkel-violett bis braun. Der Blütenstand ist 22-40cm hoch und ist etwa mit der Spatha gleich lang. Die beerenartige Frucht ist orange-rot.

Diese Gattung hat in der Türkei am Marmara, Ägäis und am westlichen Mittelmeerregionen eine Ausbreitung. Außerhalb der Türkei treffen wir diese Gattung in den Ostmittelmeerländern. Als Wachstumsort bevorzugt diese Gattung zwischen 30-475m hoch liegende Äcker Säumen, abgelegene Standorte und Ruinenplätze. Die Beeren werden vom Vieh nicht gefressen, weil sie giftig sind. Sie blüht in den Monaten Juni-Juli.

ASTERACEAE Korbblütler

Anthemis rosea Sm. subsp. carnea (Boiss.)Grierson

■■■ Hundskamille

C* Papatya

Aufrechtstechend oder niederliegend-aufsteigend filzig-wollig behaarte einjährige Pflanzen. Der Stengel ist einfach am Grund verzweigt und kann bis 20cm hoch ragen. Die Blätter sind 2-3 fach fiederschnittig eiförmig-rechteckförmig. Die Abschnitte sind verkehrt lanzettlich und scharf zugespitzt. Die Köpfchen sind radiär, Blütenschaftstiele sind leicht verdickt. Der Hüllkelch ist 0,5-1cm in der Breite. Die Hüllblätter sind rechteckförmig, stumpf oder scharf zugespitzt. Zungenblüten 10-15 zählig, blaßrosa, die Röhrenblüten sind gelb.Die Schließfrüchte sind ca. 1,75-2,25mm in der länge.

Von der rosablütige Hundskamille-Gattung befindet sich in der Türkei 2 Untergattungen. Diese Untergattungen zeigen in der Türkei im Süden und im Südwestlichen Gebiete eine Ausbreitung und bevorzügen die zwischen 50-1770 m hoch liegende Kalkstein felsigen Gefälle. Die andere Untergattung A.rosea subsp. rosea dagegen sucht sich als Ausbreitungsgebiete die nah Ostägäischen Inseln aus.

BIGNONIACEAE Trompetengewächse
Campsis radicans Seem.

Amerikanische Klettertrompete, Trompetenblume
Boru çiçeği, Acem borusu

Die bis zu 12m hoch ragende, Laubwerfende kletternde Pflanzen. Der Stengel ist in den späteren Perioden verdickt und verholzt. Die Stengellangtriebe sind mit Ranken. Die Blätter sind gefiedert 7-11 teilig eiförmig am Rand gezähnt. Die Blütenstände sind endständig; sie sind rot bis pomeranzenfarbig, zweilippig und sind röhrenförmig, 6-8cm in der Länge. Die Kapselfrucht ist annähernd 12cm in der Länge.

Diese Gattung, die in der Türkei in den Parks und in den Gärten als Landschaftsgemälde kultiviert wird, blüht von Juni bis September und ist aus Südostamerika.

BORAGINACEAE Rauhblattgewächse

Cynoglossum montanum L.

■ Hundszunge
☪ Pişiktırnağı

Gleichmäßig weich oder angedrückt behaarte, 30-50cm hoch ragende zweijährige Pflanzen. Die Blätter sind behaart und sind von lineal rechteckförmigem bis zu lineal-lanzettliche wechselständig und wird bis zu 20cm hoch.Blütenstand ohne Hüllblätter. Der Kelch ist zur Blütezeit 3,5-4,9mm lang. Die Krone ist dunkel-dachziegel rötlich, jedoch sehr selten in blau und ist 8mm in der Länge; zylinderisch und trichterförmig, nüsschenartige Früchte sind 4-6mm im Durchmesser.

Diese Gattung zeigt in der Türkei außer Südostanatolien in allen anderen Regionen eine Ausbreitung und außer der Türkei in Südeuropa und in Iran. Diese Gattung, die in den Eichen und Gemeiner Wacholdersträuche auf den Steppen auf den felsigen Gefälle und auf der Weide-Landschaft wächst, bevorzugt die Höhen von 360-2200m und blüht von April bis August.

BORAGINACEAE Rauhblattgewächse
Solenanthus stamineus (Desf.) Wettst.

■ Riesenboretsch, Mondblume
☪ Uzun stamenli boru çiçeği

Weich filzig behaarte, mehrjährige Kräuter. Stengel aufrechtstehend, 17-65cm hoch und ist dicht blätterig. Die Blätter sind generell filzig oder seidig behaart, schmal elliptisch-eiförmig, 9-21cm lang, die unteren Blätter sind selten eiförmig. Dolden Blütenstand ist Cymöse schmal eiförmig. Der Kelch ist fast bis zum Grund geteilt; die Lappen sind von eiförmigem bis rechteckförmig lanzettlich wechselständig. Die Krone ist rot rötlich-dunkelviolett oder bräunlich-viola farbig. Die nüßchenartigen Früchte sind eiförmig 6,5-10mm in der Länge, auf der Rückenseite spärlich, und am Rand dicht hakenförmig behaart.

Diese Gattung zeigt in der Türkei außer den geographischen Regionen Ägäis und Marmara in allen geographische Regionen eine Ausbreitung. Außer der Türkei in Griecehnland, im Libanon, in Kaukasien, in Nordirak, in Iran, in Türkestan und in Kaschmir. Diese Gattung, die in den Monaten Mai-August blüht, bevorzugt als Wachstumsort die zwischen 950-3660m hoch liegenden vulkanische felsige Wiesengefälle und Wegränder. Wegen ihrer auffälligen und schönen Blüten zu Liebe kann diese Gattung als Zierpflanze in den Parks und in den Gärten ihren Platz einnehmen.

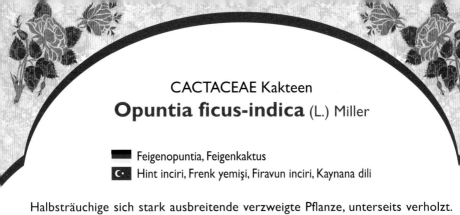

CACTACEAE Kakteen
Opuntia ficus-indica (L.) Miller

■ Feigenopuntia, Feigenkaktus

☾ Hint inciri, Frenk yemişi, Firavun inciri, Kaynana dili

Halbsträuchige sich stark ausbreitende verzweigte Pflanze, unterseits verholzt. Stengel fleischig annähernd 2-4m hoch. Die Blätter ähnlichen Stengelglieder auf dem Hauptstengel sind 10-40x7-20cm rechteckförmig-elliptisch und verkehrt eiförmig flach. Die Blätter sind stechbohrerförmig, 3mm und sind früh hinfällig. Generell ohne Dornen oder 1-5 einfache Dornen. Die Blüten sind hell gelb. Die Frucht ist eiförmig, 5-10cm lang, rot, gelb oder dunkelviolett.

Diese Gattung, die aus Amerika kommt, wird in der Türkei im West und in den Südregionen kultuviert und blüht von April bis Juli. Die reifen Früchte werden als Nahrungsmittel verzehrt.

CAPRIFOLIACEAE Geißblattgewächse
Viburnum opulus L.

■ Gemeiner Schneeball, Wasser Schneeball
☾ Kartopu, Geleboru, Gilaburu

Bis zu 4m hoch wachsende Sträucher. Die Zweige sind gräulich, nicht behaart; die Knospen sind schuppig. Die Blätter sind 3(-5) zählig palmat lappig, glatt, am Anfang grünlich und im Herbst rotfarbig, unbehaart oder unterseits spärlich, einfach, behaart, die Ränder der Blätter sind unregelmäßig zähnig. Blütenstand ist 5-10cm im Durchmesser. Die Frucht ist sphärisch, ca. 8mm hell rotfarbig.

Deise Gattung, die von Mai bis Juni blüht, zeigt uns eine Ausbreitung in der Türkei im Nord, Süd und Mittelanatolien. Außer der Türkei finden wir diese Gattung in Europa, Nordwestafrika, Turkestan und Sibirien. Wegen ihres dekorativen Aussehens wird sie auch als Zierstrauch kultiviert. Die reifen Früchte werden gepresst und als Fruchtsaft getrunken. In Konya und Kayseri werden die Früchte eingelegt.

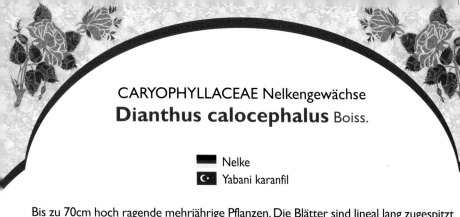

CARYOPHYLLACEAE Nelkengewächse
Dianthus calocephalus Boiss.

▬ Nelke

☾ Yabani karanfil

Bis zu 70cm hoch ragende mehrjährige Pflanzen. Die Blätter sind lineal lang zugespitzt 1-4mm in der Breite. Die Tragblätter sind lederig, eiförmig-rechteckförmig und sind kürzer als die Köpfchen. Die Vorblätter oder auch Außenkelchblätter genannt sind 4 zählig, lederig, eiformförmig mit trockenhäutigem Rand. Der Kelch ist 4-6mm lang und ist lineal. Die Kronblätterlippen sind 4-5mm lang, rot farbig und zähnig. Die Frucht ist Kapselfrucht.

Diese Nelken Gattung blüht von Mai bis September und bevorzugt die zwischen 400-2300m hoch liegende vulkanische und kalksteinige Gefälle, die Steppen, die Äcker und felsige Standorte. Diese Gattung, die wegen ihres prunkvollen Aussehens auch als Landschaftsgemälde kultuviert wird, zeigt fast in allen Regionen der Türkei eine Ausbreitung, außer der Türkei auf dem Balkan und in Kaukasien.

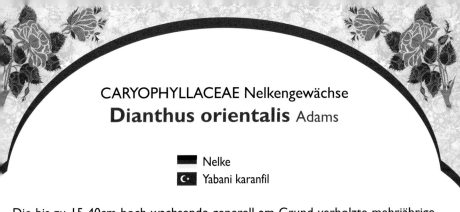

CARYOPHYLLACEAE Nelkengewächse
Dianthus orientalis Adams

■ Nelke
☪ Yabani karanfil

Die bis zu 15-40cm hoch wachsende generell am Grund verholzte mehrjährige Pflanzen. Die Blätter sind 2-7cmx0,5-3mm, lang oder kurz zugespitzt. Die Blüten sind generell einzeln. Die Außenkelchblätter sind 4-14 zählig, sie sind alle fast gleich in der Länge, die inneren sind grannenartig oder zugespitzt. Der Kelch ist 17-24x 2,5-3,5mm; Kelchzähne sind 6-11mm in der länge, am Grund breit und zum vorderen Ende hin nach und nach sich verjüngend. Die Kronblattlippen sind rosafarbig und am vorderen Ende fadenförmig teilig. Die Frucht ist Kapselfrucht.

Diese Nelken Gattung die von Juni bis September Blüten trägt, zeigt eine Ausbreitung in Nord, in Mittel Ost und in Südanatolien. Außer der Türkei in Nordwest Afrika in Westsyrien, in Kaukasien, in Iran und Türkestan. Als Wachstumsgebiet bevorzugt sie die zwischen 100-3160m hoch liegende felsige und steinige Gefälle.

CARYOPHYLLACEAE Nelkengewächse
Dianthus zonatus Fenzl var. hypochlorus
(Boiss.&Heldr.) Reeve

■ Nelke

☪ Yabani karanfil

Bis zu 30cm hoch ragende mehrjährige Pflanzen. Die Blätter sind 25-80x0,4-2mm, lineal, lang zugespitzt, mit verdicktem Rändern. Blütenstand ist verzweigt und ca. mit 5cm langen Stielen. Die außen Kelchblätter sind 4-8 zählig, eiförmig und hautrandig. Der Kelch ist 13-19cm lang und 2,5-4,5mm breit, halb zylindrisch; die Kelchzähne sind 3,5-6,5mm lang. Die Blütenkronblatt-Platte ist 5-11mm in der Länge, zähnig und am Hals mit dunklen Ringen versehen. Die Frucht ist Kapselfrucht.

Von dieser Gattung ist in der Türkei 3 Varieten bekannt. Sie blüht von April bis September. Als Wachstumsgebiet bevorzugt diese Variete die zwischen 700-2600m hoch liegende steinige Gegende und die offen Wälder. Bei Konya und bei Isparta zeigt diese Variete eine Ausbreitung und außer der Türkei in Westsyrien.

CARYOPHYLLACEAE Nelkengewächse
Saponaria pumilio Boiss.

■ Seifenkraut
☪ Sabun otu

Dicht, polsterförmige, mehrjährige Pflanzen. Der blütige Stengel ist 1-8cm hoch.
Die Grundblätter sind 5-7x1mm lineal, kahl oder mit bewimpertem Rändern. Die
Stengelblätter sind kurz gestielt oder ohne Stiele. Die blütigen Zweige sind 3-10
blütig, drüsenhaarig. Der Kelch ist rechteckförmig oder zylindrisch, annähernd 8cm
lang und ist drüsenhaarig. Die Blütenkronblatt-Platte ist dunkelrot oder dunkelviolett
farbig. Die Kapselfrucht ist rechteckförmig und kurzgestielt.

Diese Gattung zeigt in der Türkei eine Ausbreitung in Südwest oder in den
Südregionen. Außer der Türkei in Libanon. Als Wachstumgebiet bevorzugt diese
Gattung die zwischen 1800-2400m hoch liegende felsige Gefälle und blüht von Mai
bis Juli.

CARYOPHYLLACEAE Nelkengewächse
Silene rhynchocarpa Boiss.

▬ Leimkraut, Lichtnelke
☪ Sinektutan, Sinekkapan

Stengel aufrechtstehend, 10-30cm hohe mehrjährige Pflanzen. Die Grundblätter sind lineal oder verkehrt lanzettlich 25-60x2-10mm, die Stengelblätter sind elliptisch. Die Blüten sind einzeln oder in 3-5'er Gruppen. Der Kelch ist 22-27mm lang, netzartig nervig, zur Fruchtzeit aufgeblasen. Die Blütenkronblätter sind weiß farbig mit Blattöhrchen, die Lippe ist im Verhältnis 1/3 eingeschnitten und am vorderen Ende teilig. Die Kapselfrucht ist eiförmig.

Als Wachstumsgebiet bevorzugt diese Gattung die zwischen 1500-3600m hoch liegende felsige und steinige Gefälle, und trägt Blüten Juli-August. In der Trükei zeigt diese Pflanze eine Ausbreitung im Inneranatolien, West und Südregionen, außer der Türkei in Nordirak und Westiran.

182

CISTACEAE Zistrosengewächse
Cistus creticus L.

Kretische Zistrose, Graubehaarte Zistrose
Girit ladeni, Laden çiçeği, Keçisakalı

Die bis 1m hoch wachsende Sträucher. Die Blätter sind eiförmig, rechteckförmig oder kreisförmig, 1-6x0,5-2cm, breit gestielt, oberseits grün. Blütenstand mit Cymöse. Die Blüten sind rosafarbig, und 3-6cm im Durchmesser. Die Frucht ist eine Kapselfrucht dicht angedrückt behaart.

Diese Gattung treffen wir in der Türkei in Nord, West und in Südanatolien außer der Türkei hat diese Gattung in Europa eine weite Ausbreitung. Diese Pflanze zeigt eine Ausbreitung auf den Höhen von 1000m über dem Meeresspiegel und blüht von März bis Juni. Auf den Inseln Kreta und Zypern gewinnt man aus den Blättern dieser Pflanzen einen wohlrichenden Stoff, den man Laden nennt.

183

CRASSULACEAE Dickblattgewächse
Sedum sempervivioides Bieb.

Fetthenne, Mauerpfeffer

Ömür otu

Aufrechtstehende, behaarte, zweijährige Pflanzen. Der blütige Stengel ist 7-20cm hoch am Grund mit breiten Rosettenblätter. Die Blätter sind eiförmig, scharf zugespitzt, behaart, ganzrandig, purpurrötlich, nicht gestielt. Die Grundblätter sind 1-3x0,7-1,5cm dicht in Rosetten-Form; die Stengelblätter sind noch kleiner und noch mehr voneinander auseinander stehend. Blütenstand ist spärlich, 30-150 blütig, 5-12cm im Durchmesser. Die Blüten sind 5 teilig, und gestielt. Die Kelchblätter sind 2-4mm in der Länge, scharf zugespitzt. Die Kronblätter sind rot farbig, 6-8mm in der Länge. Die Balgfrucht ist spärlich behaart und rötlich.

Diese Gattung, die unter den Sedumarten ihren Platz einnimmt, besitzt die deutlichsten und die auffälligsten Blüten und könnten in den Felsgärten als Landschaftsgemälde ihren Platz einnehmen. Die Fetthenne zeigt außer der Türkei eine Ausbreitung in Georgien, in Armenien, in Kaukasien, in Nord und in Nordwestiran. İn der Türkei an der Ägäis, in Inneranatolien am Mittelmeer, am Schwarzenmeer und in Ostanatolien. Als Wachstumsort bevorzugt diese Gattung die zwischen 1200-2900m hoch liegende, felsige Gefälle und die Bergfüsse. Von Juni bis August ist die Blütezeit.

184

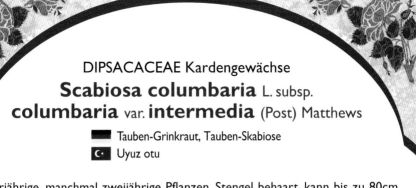

DIPSACACEAE Kardengewächse
Scabiosa columbaria L. subsp.
columbaria var. intermedia (Post) Matthews

■ Tauben-Grinkraut, Tauben-Skabiose
☾ Uyuz otu

Mehrjährige, manchmal zweijährige Pflanzen. Stengel behaart, kann bis zu 80cm hoch ragen. Die sterilen Triebblätter und die unteren Blätter sind gestielt, lanzettlich, rechteckförmig oder verkehrt eiförmig, die Ränder sind gezähnt Pannoz behaart. Die oberen Blätter sind nicht gestielt, fiederteilig, die Abschnitte sind zwischen eiförmig und lineal wechselständig. Die Hochblatthüll-Blätter sind 8-11 zählig, lineal. Köpfchen 1,5-3cm im Durchmesser; die Blüten sind rosa oder fliederfarbig. Die Köpfchen sind zur Fruchtzeit sphärisch oder eiförmig Döldchenhülle ist zur Fruchtzeit 2-3,5mm lang.

Diese Pflanze, die in der Türkei in Inneranatolien, am Schwarzen Meer und am Mittelmeer eine Ausbreitung zeigt, blüht von August bis September. Als Wachstumsort bevorzugt diese Gattung sträuchige und steinige Standorte die zwischen 200-2300m hoch liegen.

185

ERICACEAE Heidekrautgewächse
Erica bocquetii (Peşmen) P.F.Stevens

■ Heide, Erika
☪ Çığlıkara fundası

Immergrüner unregelmäßig verzweigte Sträucher. Stengel behaart, bis zu 25cm hoch. Die Blätter sind kreisförmig aneinander gereiht, an jeden quirlen sind 3 Blätter, nadelartig und klein. Blütenstand endständig 1-4 blütig; Blütenstiel ist 8-13mm lang. Die Hüllblätter und das Vorblatt sind ca.1,3-2mm in der Länge. Die Kelchblätter stehen frei und sind 3-4mm lang Die Krone ist schnabelkännchen förmig, leuchtend rosa, 5-6mm lang Kapselfrucht. Die Samen sind eiförmig.

Diese Erika Gattung, die endemisch in der Türkei Çığlıkara (Antalya/Elmalı) ist, blüht in Juli, als Wachstumsort bevorzugt diese Pflanze die zwischen 1650-1750m hoch liegenden offenen Gebiete der Zedernwälder und die kalkhaltigen Gefälle. Wegen ihrer prunkvollen Blüten wird sie in den Parks und in den Gärten kultiviert.

186

ERICACEAE Heidekrautgewächse
Erica manipuliflora Salisb.

Erika, Heide, Querlförmige Erika
Funda, Püren

Immergrüner, bis zu 4m hoch ragende Sträucher. Stengel aufrecht, weiß farbig, spärlich behaart. Die Blätter sind kreisförmig aneinander gereiht an jedem Quirlen sind 4 Blätter, sie sind nadelartig und klein. Blütenstand ist eine Trauben ähnliche zusammengesetzte Traube 1-5 blütig. Die Kelchblätter stehen frei, 1-3mm lang. Die Krone ist glockig, und ist weiß oder rosafarbig; 3-3,3mm lang behaart. Kapselfrucht; die Samen sind eiförmig.

Diese Gattung, die ein Macchie-Element ist, zeigt uns eine Ausbreitung ab Meeresspiegel bis auf 1530m über dem Meerespiegel. Die speziell in den Macchien wächst, bevorzugt als Wachstumsort außer Macchien-Landschaft, die unterhalb der gemeine Fichtenwälder befindlichen offenen Standorte, Kalkstein, Serpentin und die Schiefer-Gefälle. Die in Juli-November blüht, zeigt in der Türkei eine Ausbreitung am Marmara, an der Ägäis und am Mittelmeer Regionen. Außer der Türkei zeigt sie eine Ausbreitung im östlichen Bereich des Mittelmeerbeckens. Die Blätter werden als harntreibend und gegen Verstopfung eingenommen. Auch die Bienen entnehmen von den Blüten dieser Pflanze einen Nektar und erzeugen den Püren Honig. Von ihrer Gestalt und ihren Blüten her gesehen kann diese Pflanze auch als Zierblume ihren Platz finden.

ERICACEAE Heidekrautgewächse

Erica sicula Guss. subsp. libanotica
(C.&W.Barbey) P.F.Stevens

Heide, Erika

Funda, Püren

Immergrüner, bis zu 60cm hoch wachsende Sträucher. Stengel aufrecht, einfach behaart und mit klein Drüsen behaart. Die Blätter sind kreisförmig aneinander gereiht an jedem Quirlen sind 4 Blätter vorhanden. Die Blätter sind nadelartig und klein. Blütenstand ist endständig, 3-6 blütige Rispe; Blütenstiel 7-15mm lang. Die Tragblätter und die Vorblätter sind 6mm in der Länge. Die Kelchblätter sind rosa ca. 6mm lang. Die Krone ist schnabelkännchenförmig, rosa farbig, 7,5-9mm lang spärlich behaart. Kapselfrucht; die Samen sind eiförmig.

Diese Untergattung zeigt in der Türkei eine Ausbreitung in Antalya-Kemer und in der Umgebung in sehr begrenztem Standorte. Außer der Türkei auf Zypern und in Libanon. April-Mai ist die Blütezeit. Als Wachstumsort bevorzugt diese Gattung die bis 60-100m hoch liegende Kalkstein Gefälle.

188

EUPHORBIACEAE Wolfsmilchgewächse
Euphorbia rigida Bieb.

Wolfsmilch, Zweidrüsige Wolfsmilch, Blaugrüne Wolfsmilch
Sütleğen

Kräftige, milchsaftführende Sprossen, mit Klein Wärzchen behaarte, mehrjährige Kräuter, der Stengel ist dicht-beblättert, wächst bis zu 60cm hoch. Die Stengelblätter sind lanzettlich, 2-7mm lang, dick und fleischig, glatt randig und lang zugespitzt. Die Doldenstrahlenblätter sind eiförmig-lanzettlich oder eiförmig. 7-16 strahliger Dolde. Die Blütenstände sind in Scheindolden. Die Nektardrüsen sind mit zwei Hörnern. Die Kapselfrucht ist eiförmig-kegelförmig, spärlich mit Wärzchen-behaart. Die Samen sind eiförmig-zylindrisch, im großen ganzen sind sie glatt, blaßgrau oder weißlich.

Diese Gattung zeigt in der Türkei eine Ausbreitung am Marmarameer, an der Ägäis und am Mittelmeer Region und außer der Türkei in Marocco und von Portugal bis in den Raum nach Krim. Von März bis August trägt sie Blüten und wächst ab Meeresspiegel bis 2000m höhen in den offenen Gegende der Gemeine-Fichten Wälder, in den Kermes-Eiche-Macchien, in den Friganen, kalksteinfelsige Gefälle und auf den Äcker.

FABACEAE Akaziengewächse/Mimosengewächse
Albizia julibrissin (Willd.) Durazzini

Seidenbaum, Persische Schirmakazie, Seidenrosenbaum
Gülibrişim, İpek ağacı

Laub werfender, bis zu 12m hohe Bäume. Die Blätter sind zweifach fiedertelig, an jedem einzelnen Blatt sind 40-60 Blättchen; die Blättchen sind oval und etwas kleiner als 1cm. Die Blätter öffnen sich bei Licht und gehen bei hell-dunklem Licht wieder zu. Die Blüten sind in Dolden, hellrosa und wohlriechend, unterseits ist röhrig gestaltet. Die Frucht ist ca. 15cm lang und ist flach.

Eine natürliche Ausbreitung hat diese Gattung in der Türkei nicht. Sie besitzt eine weite Ausbreitung im asiatisch tropischen Gebiete sowie in Iran und in Japan. Der Seidenbaum der sehr wiederstandsfähig ist gegen Wassermangel wird in der Türkei in den Parks und in den Gärten angebaut.

FABACEAE Johannisbrotgewächse
Cercis siliquastrum L. subsp. **siliquastrum**

Judasbaum
Erguvan, Yahuda ağacı, Deliboynuzu

Laubwerfender Strauch oder kleine Bäume, 2-10m hoch. Die Blätter sind einfach, spiralförmig aneinander gereiht, halb kreisförmig herzförmig. Blütenstand ist gebüschelt oder mit Cymöse; die Blüten sind auf kahle trieben in 3-6'er Gruppen. Der Kelch ist breit glockenförmig, kahl. Die Krone 15-20mm lang, pupurrötlich-rosa oder in scharlachfarben. Die Hülsenfrucht ist lineal-rechteckförmig, an den Seiten angedrückt, kahl, in blutrot-braunfarben.

Diese Untergattung, die frei in der Natur in den Macchien und laubwerfender Wälder wächst, wird in der Türkei in den Parks und in den Gärten als Zierpflanze in Gebrauch gebracht. Diese Pflanze, die ab Meeresspiegel bis auf 1370m Höhen wächst, blüht in April-Mai. Nach der Geschichte (Mythologie) seien die Blüten des Judasbaums weiß, aber nach dem Verrat Judas an Jesus Christus soll sich der Judas an einem Baum dieser Art erhängt haben, daher sollen sich die Blüten dieses Baumes vom Blut und vor Scham sich in rot gefärbt haben.

FABACEAE Schmetterlingsblütler/Akaziengewächse
Erythrina crista-galli L.

Korallenstrauch, Hahnenkamm, Korollenbaum
Horozibiği, Mercan ağacı

Aufrecht, laubwerfender, 3m hohe Halbsträucher oder Sträucher. Die Blätter sind breit, leuchtend grau-grün farbig, mit 3 zählige Blättchen; die Blättchen sind eiförmig, ganzrandig. Blütenstand ist endständig gebüschelt. Die Blüten sind dachziegel-oder blutrot farbig. Die Hülsenfrucht ist 10-15cm in der länge.

Diese Gattung blüht von Mai bis August und zeigt eine Ausbreitung in Brasilien, in Argentinien, in Uruguay und in Paraguay. In diesen Länder wächst diese Gattung ganz frei in der Natur. In der Türkei wird diese Pflanze in den Parks und in den Gärten als Zierpflanze gezüchtet.

FABACEAE Schmetterlingsblütler
Onobrychis cornuta (L.) Desv.

■ Esparsette
C* Pişiktaşağı

Polsterförmig, dornige Sträucher, Stengel bis 60cm hoch. Die Blätter sind unpaarig fiederteilig; die Blättchen sind lineal oder lineal-lanzettlich, in 2-5 Paaren, unterseits und oberseits behaart; die Nebenblätter sind schuppig. Blütenstand in Trauben, 2 -5 blütig. Der Kelch ist glockenförmig 4,5-6mm in der Länge. Die Krone ist rötlich dunkelviolett lavendelweiß oder rosafarbig, 12-17 mm in der Länge. Die Frucht ist 9-13mm in der Länge, kahl oder behaart, breitgedrückt, halbkreisförmig.

Als Wachstumsort bevorzugt diese Gattung die zwischen 1200-1300m hochliegende felsige-Gefälle und die sich am Fuße der Berge befindlichen Steinhaufen. Mai-Juli ist die Blütezeit. In der Türkei fast in allen geographischen Regionen ist diese Gattung zu treffen und außer der Trükei in Kaukasien, in Westsyrien, in Iran, in Afganistan und in Türkestan.

GERANIACEAE Storksnabelgewächse
Erodium cicutarium (L.) L'Hérit
subsp. **cicutarium**

Gewöhnlicher Reiherschnabel, Schierlings-Reiherschnabel
İğnelik

Einjährige bis zu 40cm hohe Kräuter mit Stengel. Die Grundblätter sind weichhaarig, die Blättchen sind eiförmig-rechteckförmig, 4-10mm lang, von tief behaartem, bis glattrandig oder bis ein paar zähnige Abschnitte wechselständig. Die Blättchen der Stengelblätter sind tief 1-2 pinnat fiederteilig. Die Kelchblätter sind 4-5mm lang, zur Fruchtzeit bis zu 7mm lang. Die Kronblätter sind eiförmig, und ist flieder-oder rosa-farbig und sind 1,5-2 fach länger als die Kelchblätter. Die Teilfrucht ist ca. 5mm lang; der Schnabel ist 2,5-3,5cm in der Länge.

Diese Untergattung, die in der Türkei eine weite Ausbreitung zeigt, wächst auch außer der Türkei in Europa, in Südwestasien, in Amerika, in Australien, in Nord und in Ostafrika. Der oberirdischer Teil dieser Pflanze kann bei Durchfalleiden gegessen werden und führt bis zu Verstopfung.

194

GERANIACEAE Storksnabelgewächse
Pelargonium endlicherianum Fenzl.

Storchenschnabel, Geranie, Pelargonie
Solucan otu, Sardunya

Bis zu 15-35cm hoch, behaart, mit Rhizom mehrjährige Pflanzen. Die Grundblätter sind lang gestielt, kreisförmig, stumpfzähnig, sehr kurz und handförmig lappig. Die Stengelblätter sind wenig zählig, spiralförmig, aneinandergereiht, handförmig lappig. Die oberen zwei Kronblätter sind rosig-rotfarbig nach hinten gerollt und sind von den unteren drei Kronblättern breiter. Der Schnabel der Teilfrucht ist 25-38mm in der Länge.

Die Pelargonium Gattung ist die einzige Gattung, die im natürlichen Zustand in der Türkei wächst. Außer der Türkei in der syrischen Wüste. Die frischblütigen Zweige dieser Gattung werden unter dem Volk gegen Darmprobleme sowie für verschiedene Eingeweidewürmer eingenommen.

LAMIACEAE Lippenblütler
Coridothymus capitatus (L.) Reichb. fil.

■ Kopfiger Thymian
☪ Beyaz kekik

Die 20-50cm. hoch wachsende kleine Sträucher. Die Zweige sind niederliegend oder aufrechtsteigend. Die Langtriebblätter sind 4-10mm. in der Länge, nicht gestielt, lineal, Zugespitzt, am Grund bewimpert. Blütenstand ist rechteckförmig-kegelförmig; die Hüllblätter sind ca.6x2mm. aufeinander gereiht. Die Hüllchenblätter sind ca.5mm und sehen den Blättern ähnlich aus, der Kelch ist 4-5mm lang, die obere Lippe ist von der unteren Lippe kürzer. Die Krone ist dunkelviolett,10mm in der Länge, die obere Lippe ist gespalten. Die Frucht ist nüßchenartig.

Diese Gattung zeigt in der Türkei am Marmarameer, an der Ägäis in den Mittelmeer Regionen eine Ausbreitung. Außer der Türkei in den weiteren Mittelmeerländern. Als Wachstumsgebiet bevorzugt diese Gattung die 1400m hoch liegende Friganawäldchen, Macchien und Steppen. Von Mai bis Juli ist die Blütezeit.

196

LAMIACEAE Lippenblütler
Moluccella laevis L.

Molukkenlippe, Molukkische Melisse, Muschelblume
Midye çiçeği

Kahle einjährige Kräuter. Der Stengel ist erdbeerfarben, kann bis 60cm hoch wachsen. Die Blätter sind reifenartig-eiförmig, 20-45x20-45mm, am Rand handförmig und stumpfzähnig. Blütenstände 6-8 blütig. Der Kelch weiß netzig, nervig und hellgrünfarbig 20-30mm in der Länge, Röhre ohne Drüsen, die Lippe ist dünn und häutig. Die Krone ist zweilippig, purpurrötlich rosa oder bläulichweiß, ca.20mm lang. Die Frucht ist nüßchenartig.

Diese Gattung, die in der Türkei speziell im Inneranatolien und im Südanatolien 100-1300m Höhen eine Ausbreitung zeigt, blüht von April bis Juni. Außer der Türkei zeigt diese Pflanze eine Ausbreitung in Kaukasien, auf Zypern, in Westsyrien und in Irak.

LILIACEAE Liliengewächse
Colchicum baytopiorum C.D.Brickell

■ Herbstzeitlose
☪ Güz çiğdemi, Acı çiğdem

Mehrjährige Zwiebelpflanzen. Die Zwiebel ist von schmal eiförmigem bis zu halb sphärisch wechselständig; die Hüllschuppen sind trockenhäutig oder papierartig, von rotbraunem bis zu haselnußschalenbraun wechselhaft. Die Blätter sind zur Blütezeit oder zur Welkzeit vorhanden, 3(-4) zählig, sind schmal oder breit nicht behaart. Die Blüten sind 1-5(-8) blütig, und sind trichterförmig oder glockig; die Blütenhüll-Abschnitte sind von elliptischem bis zu lanzettlich wechselständig, von hellrosa bis zu dunkelviolett-rosa in verschiedenen Farben. Die Kapselfrucht ist elliptisch oder eiförmig, kahl; die Samen sind 2-4mm im Durchmesser, halb sphärisch, in dunkelbraunen Farben.

Diese Gattung, ist eine von den Endemisten der Türkei und zeigt eine Ausbreitung nur im Raum Antalya. Von Oktober bis November ist die Blütezeit. Als Wachstumsgebiet bevorzugt diese Gattung die zwischen 50-1000m hoch liegende Macchien und die Gemeine-Fichten Offen Wälder. Ihrer pompösen Blüten zu Liebe wird diese Pflanze als Landschaftsgemälde in den Parks und in den Gärten kultiviert. Diese Arten, die zu der Gattung Colchicum gehören, enthalten giftige Alcohliten. Diese Alcohliten werden in der Samenzucht für die einzelnen Poliploid-Gewinung und in Medizin gegen Tumor und Gicht angewendet.

198

LILIACEAE Liliengewächse
Colchicum cilicicum (Boiss.) Dammer

Herbstzeitlose

Güz çiğdemi, Acı çiğdem

Mehrjährige Zwiebelpflanzen. Die Zwiebel ist von schmal eiförmigem bis zu halb sphärisch wechselständig; die äußeren Hüllschuppen sind von papierartigem bis zu halb lederig wechselständig, rotbraun oder dunkelbraun. Die Blätter sind zur Blütezeit nicht vorhanden, 3-5 zählig, und sind von rechteckförmig- lanzettlichem, elliptisch bis zu lanzettlich oder schmal elliptisch bis zu eiförmig wechselständig, und sind nicht behaart. Die Blüten sind 1-10 zählig, in seltenen Fällen sind sie mehr (15-25); Die Blütenhüll-Abschnitte sind von schmal elliptischem bis zu verkehrt lanzettlich sogar bis verkehrt eiförmig wechselständig und sind von hellrosig-dunkelviolett bis zu violaviollet wechselhaft. Die Kapselfrucht ist von elliptischem bis zu eiförmig wechselständig in verschiedenen Formen und ist kahl; die Samen sind 2,5-4mm im Durchmesser und sind fast sphärisch, braunfarbig.

In der Türkei zeigt diese Gattung eine Ausbreitung an der Ägäis und in den Mittelmeer Regionen die zwischen 250-2500m hoch liegende felsige steinige Gefälle, in den Offen Nadelbaum und Eichenwälder und in den Offen Oliven Hainen. Seine prunkvolle Blüten zu Liebe kann diese Gattung als Landschaftsgemälde ihren Platz finden. Von September bis Oktober (November) ist die Blütezeit.

LILIACEAE Liliengewächse
Colchicum sanguicolle K.M.Perss.

▬ Herbstzeitlose
☾ Güz çiğdemi, Acı çiğdem

Mehrjährige Zwiebelpflanzen. Die Zwiebel ist generell asymmetrisch von eiförmig-rechteckigem bis zu eiförmig wechselständig; die Hüllschuppen sind häutig, von hellbraunem bis zu rotbraun wechselhaft. Die Blätter sind zur Blütezeit nicht vorhanden, 3(-4) zählig, die Blüten sind (1-)2-4 glockig; die Blütenhüll-Abschnitte sind von elliptischem bis zu verkehrt lanzettlich oder bis verkehrt eiförmig wechselständig, blaßrötlich-dunkelviolett oder viola dunkel-violett, am Grund sind sie weiß oder gelblich weiß. Die Kapselfrucht ist von rechteckförmig bis zu elliptischem und rechteckförmig bis zu eiförmig wechselständig, kahl, die Samen sind 2-4(-5) mm im Durchmesser und sind von rotbraunem bis zu dunkelbraun wechselhaft.

Diese Gattung, wurde das erstemal im Jahr 1999 in Akdağ (Antalya) gepflückt und der Wissenschaftswelt präsentiert. Sie zeigt heute eine geringe lokale Ausbreitung. Die Colchicum Sanguicolle bevorzugt als Wachstumsgebiet die zwischen 1200-1880m hoch liegenden feuchtweide Landschaften, die aktiven felsige-steinige Gefälle und die Zedern Offenwälder. Blütezeit ist von September bis Oktober.

200

LILIACEAE Liliengewächse
Colchicum variegatum L.

■ Herbstzeitlose

☪ Güz çiğdemi, Acı çiğdem

Mehrjährige Zwiebelpflanzen. Die Zwiebel ist von eiförmigem bis zu halb sphärisch wechselständig; die äußeren Hüllschuppen sind von halb lederigem bis zu lederig wechselständig, dunkelbraun oder schwärzlichbraun. Die Blätter sind zur Blütezeit nicht vorhanden, 3-4 zählig von lineal- lanzettlichem bis zu schmal lanzettlich wechselständig, die Ränder sind deutlich zu sehen, gewellt und sind kahl. Die Blüten sind 1-2(-3) zählig; die Blütenhüll-Abschnite sind von lanzettlichem bis zu elliptisch wechselständig, ist deutlich schachbrettartig. Die Kapselfrucht ist von eliptischem bis zu rechteckförmig-eiförmig wechselständig, kahl. Die Samen sind 1,5-4mm im Durchmesser und sind von hellbraun bis zu dunkelbraun in wechselhaften Farben.

Diese Gattung ist in der Türkei an der Ägäis, in Inneranatolien und in den Mittelmeerregionen zu finden. Als Wachstumsort bevorzugt diese Gattung die zwischen 150-1700m hoch liegende felsige-steinige mit reichhaltigem rote Mittelmeerregion-Erde vorhandene Gebiete, die Offen Eichenwälder, die Dornbusch und die Gemeine Wacholder-Sträucherwäldchen und unterhalb der Nadelbaum und Tannenwälder. Die Zwiebeln wurden zur römischer Zeit als Abführmittel verwendet. Ihrer schönen Blüten wegen könnte diese Pflanze als Landschaftsgemälde verwendet werden.

LILIACEAE Liliengewächse
Tulipa armena Boiss. var. **lycica** (Baker) Marais

■■■ Tulpe
☪ Lale

Mehrjährige Zwiebelpflanzen. Die Hüllschuppenblätter sind papierartig oder lederig, dicht behaart. Die Blätter sind 3-4 zählig, kahl oder bewimpert, die Ränder sind generell gewellt und zurückgekrümmt, 6-20x1,5-3,5cm. Die Blüten sind rot, hellrot, dunkelrot, rosa oder gelb oder auch gelb und auch rot farbig, am Grund schwarz punktiert oder nicht. Die äußere Blütenhüll-Abschnitte sind eiförmig-elliptisch, eiförmig oder bis zu verkehrt eiförmig wechselständig, die innere Blütenhüll-Abschnitte sind von verkehrt eiförmig bis zu spatelförmigem und bis verkehrt eiförmig wechselständig. Die Kapselfrucht ist 25-45mm in der Länge und ist von eiförmigem bis zu ellipsenähnlich wechselständig.

Diese Variete, die in der Türkei endemisch ist, wächst in Südanatolien und zum Teil in Mittelanatolien zwischen 100-2300m Höhen. Sie blüht von April bis Juni, auf felsigsteinigen Gefälle, Feuchtwiesen und in den Offen Wälder Wegen ihrer prunkvollen Blüten kann sie als Landschaftsgemälde verwendet werden.

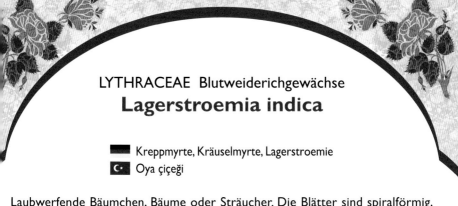

LYTHRACEAE Blutweiderichgewächse
Lagerstroemia indica

Kreppmyrte, Kräuselmyrte, Lagerstroemie
Oya çiçeği

Laubwerfende Bäumchen, Bäume oder Sträucher. Die Blätter sind spiralförmig, gegenständig oder in dreier Quirlstand, von rechteckförmigem bis zu elliptisch wechselständig. Die Blüten sind in rosa Farben, dunkelrot oder dunkel purpurrötlich, selten weiß, 25-35mm in der Länge an der Spitze etwas breit zusammengesetzte Dolde; die Kronblätter sind 6 zählig, die Ränder sind stark gewellt, mit langem Haken. Die Frucht ist eine Kapselfrucht.

Die Kreppmyrte, die in Ursprung aus China kommt, wird in der Türkei wegen ihrer prunkvolle Blüten in den Parks und in den Gärten als Zierpflanze angebaut.

LYTHRACEAE Blutweiderichgewächse
Lythrum salicaria L.

▬ Blut-Weiderich
☪ Aklar otu

Kräftig gestaltigt, dicht behaarte mehrjährige Pflanzen. Stengel 20-180cm hoch, geflügelt und spärlich verzweigt. Die Blätter sind 10-70mm in der Länge, eifömig sowohl auch schmal lanzettlich, sind eingeschnitten oder mit halb herzförmigem Grund und sind ohne Stiele. Blütenstände in dichte Ähren und sind 3- 8 blütig, in den Blattachseln; der Blütenbecher ist 4-5mm in der länge. Die Außenkelch Abschnitte sind 2,5-3,5mm in der Länge, stechbohrerartig. Die Kelchblätter sind 0,5-1mm lang. Die Blütenkronblätter sind 8-12mm lang. Die Kapselfrucht ist eiförmig, mit Blütenbecher zusammen 3-4mm in der länge.

Diese Gattung bevorzugt die zwischen 100-2000m hoch liegenden fließenden Wasserränder und die Feuchtstandorte und von Juni bis August ist die Blütezeit. In der Türkei wächst diese Pflanze fast in allen Regionen außer der Türkei zeigt diese Gattung eine Ausbreitung in Eurasien.

MALVACEAE Malvengewächse
Hibiscus rosa-sinensis L.

■ Hibiskus, Chinesischer Roseneibisch
☪ Amber çiçeği, Çin gülü

Sträucher oder in halbsträucher Form, Laubwerfende Pflanzen, der generell vom Grund an verzweigter Stengel, endet an der Spitze mit ein oder zwei Blüten. Die Blüten sind recht auffallend, von weiß bis rot in wechselhafte Farben, ca. 10-18cm im Durchmesser. Die Staubblätter sind lang und sind aus der Mitte der Blüte herausragend.

Diese Gattung, die in den Parks und Gärten angebaut wird, hat in der Türkei keine natürliche Ausbreitung. Diese Gattung, die aus der Vergangenheit bis heute in allen Landschaftsgemälde Bereichen anzutreffen ist, hat wegen ihrer großen auffallenden Blüten her eine besondere Achtung.

205

MALVACEAE Malvengewächse
Lavatera punctata All.

█ Malve
☪ Lavatera

Aufrechtsteigende einjährige Pflanzen. Stengel ist klein sternförmig behaart. Die Blätter sind 3- 5 lappig, am Rand gesägt, oberseits und unterseits sternförmig behaart. Die Blüten sind in den Blattachseln einzeln, die Außenkelch-Abschnitte sind breit und dem Kelch gleich lang. Die Kronblätter sind in rötlichviola Farben, 25-35cm in der Länge. Die Frucht ist etwas aufgeblasen und ist paralell nervig.

Diese Gattung, die in der Türkei im Norden, im West und Südregionen wächst, zeigt außer der Türkei eine Ausbreitung in den weiteren Mittelmeerländern, in Kaukasien, in der syrischen Wüste und in Nordiran. Als Wachstumsort bevorzugt diese Gattung die zwischen 1200m hoch liegende Offen oder Macchien Standorte. Die Blütezeit ist von Mai bis September.

MORINACEAE Kardendistelgewächse
Morina persica L.

■■■ Morine Kardendistel
☪ Dikenli güzel, Merdiven çiçeği

Bis zu 1,5m hohe mehrjährige Pflanzen. Stengel aufrechtstehend, kahl oder lang weich dicht behaart. Die Blätter sind kreisförmig aneinandergereiht, lederig, lanzettlich, am Rand gebuchtet und mit langen Dornen. Die Blüten 4-10 blütig und in Scheinquirlen, wohlduftend. Der Kelch ist 9-16mm lang, zweilappig, die Lappen sind ganzrandig. Die Krone ist 3,5-5,5cm in der Länge, mit langer Röhre, zur Jungzeit weiß und später sind sie in rosa oder in roten Farben.

Diese Gattung, die in der Türkei fast in allen Regionen und speziell in Inneranatolien eine Ausbreitung zeigt, blüht von Mai bis Juni. Außer der Türkei zeigt diese Pflanze eine Ausbreitung in Griechenland, in Libanon und in Westsyrien. Als Wachstumsgebiet bevorzugt diese Gattung die zwischen 300-2750m hoch liegende Wegränder, felsige steinige Gefälle.

207

MYRTACEAE Myrtengewächse
Callistemon linearis (Schrad.&J.C.Wendl.)DC.

■ Zylinderputzer

☪ Fırça çalısı, At kuyruğu

Immergrüner 3-4,6m hohe Sträucher und Bäume. Die Blätter sind schmal elliptisch, bleibend. Die Blütenstände sind an den Zweigen endständig und sind in einem hängenden Köpfchenform. Die Blüten sind augenblendend rot. Die Staubblätter sind lang, farbig und duftend. Die Frucht ist eine Kapsel.

Diese Gattung ist in Australien beheimatet und trägt in den Sommermonaten Blüten. Wegen ihren bürstenartigen borstenähnelnden langen und farbigen Staubblättern nennt man die Pflanze in der Türkei Bürstenstrauch oder Pferdeschwanz. Diese Pflanze, die sich speziell in den milderen Gebieten der Meeresküste des Ägäis und am Mittelmeer ausgebreitet hat, ist eine wichtige Landschaftsgemälde an den Stränden.

NYCTAGINACEAE Wunderblumengewächse
Bougainvillea glabra Choisy

▪ Kahle Drilingsblume, Kahle Bougainville
C* Begonvil, Gelin duvağı, Rodos çiçeği

Robuste Pflanze bis zu 10m hoch kletternde Pflanzen oder Sträucher. Die Blätter sind quirlständig oder gegenständig aneinandergereiht, dunkel, grün, eiförmig, nicht gezähnt, kahl oder sehr spärlich behaart. Die Blüten sind unscheinbar in dreiergruppen, weiß oder gelblich, röhrenförmig. Die Blüten sind von den Hochblätter mit dunkelviolett oder mit dunkelrosa Farben überlaufen.

Die kahle Bougainville ist eine von den Pflanzen, die oft an der Meeresküste als Landschaftsgemälde angebaut wird. Die Blütezeit ist von Februar bis Oktober.

ORCHIDACEAE Orchideen/Knabenkrautgewächse
Anacamptis pyramidalis (L.) L.C.M.Richard

Pyramidenorchid, Hundswurz, Spitzorchis
Çam salebi, Peynircik, Peynir çiçeği, Yoğurtcuk

Unterirdisch mit Auswüchse, 20-50cm hoch mit zylindrischem Stengel mehrjährige Pflanzen. Die Grundblätter sind ca. 25cm lang. Blütenstand ist dichtblütig. Die Tragblätter sind schmal lanzettlich, lang zugespitzt, etwas länger als der Fruchtknoten. Die Blüten sind dunkel oder hellrötlich rosa, selten weiß. Die Kelchblätter sind eiförmig-lanzettlich, 6-8x3mm. Labellum ist 6-9mm lang, mit 2 paralell Nervatur. Sporn ist fadenartig, 10-13mm in der Länge und horizontal.

In der Türkei bevorzugt diese Gattung fast in allen Regionen die felsige Gefälle, die Frigana und die Macchien Standorte, Wiesen und die Offen Standorte bis 1750m Höhen. Von April bis Juli ist die Blütezeit. Außer der Türkei zeigt diese Gattung eine Ausbreitung in den Mittelmeerländern, in Nord-und Mitteleuropa, in Rußland, in Kaukasien und in Persien. Diese Gattung oder die anderen Arten von Orchidaceae Pflanzen stehen heute unter der menschlichen Ausrottungs-Gefahr. Speziell wird aus dem Knabenkraut Knollensahlep hergestellt, mit Wasser oder milchgekochtes gesüßtes Getränk. In der Nahrungs-mittelindustrie hat das Knabenkraut mehrere Verwendungen somit können diese Gattungen nicht kultiviert werden und leiden darunter.

ORCHIDACEAE Orchideen/Knabenkrautgewächse
Cephalanthera kurdica Bornm. ex Kränzlin

Weißgesporntes Waldvölein
Orkide

Mit unterirdischem Rhizom, zierlich und mit zylindrischem Stengel, 10-50cm hohe mehrjährige Pflanzen. Der Stengel am Grund ist scheidenförmig, oberseits ist sie mit Blättern. Die Blätter sind eiförmig-lanzettlich, ca. 5cm lang. Blütenstand ist reichhaltig, vielblütig, manchmal sitzen die Blätter gleich über dem Boden. Die Blüten sind hellrot selten weiß. Die Kelchblätter sind rinnig, annähernd 25mm lang. Die Kronblätter sind kürzer. Der Sporn ist konisch und ca. 4mm lang.

Diese Gattung, die speziell in der Türkei in Nordost in Ost und im Süden eine Ausbreitung zeigt, bevorzugt ab Meeresspiegell bis 1500m hoch liegende Macchien Frigana, kalkhaltige und steinige Standorte und blüht von April bis Mai.

ORCHIDACEAE Orchideen/Knabenkrautgewächse
Ophyrs cilicica Schlechter

Zilizische Ragwurz

Kazankarası, Kedigözü, Kedi tırnağı, Pisipisi, Tülekdokuyan

Zart und schlank gebaut, bis zu 15-45cm hoch der unterirdiche Teil mit Knollen, mehrjährige Pflanzen. Die Blätter sind 3-5 zählig, generell am Grund. Blütenstand ist dicht, 3-10 blütig. Die Blüten sind klein. Die Kelchblätter sind grünlich, mit rot überlaufen, 9-12mm lang. Die Kronblätter sind lineal, 4-6x1-1,5mm, grünlich und mit bräunlichem rot überlaufen. Labellum ist 3 lappig, 10mm in derLänge, am Grund zu beiden Seiten mit Ausbuchtungen und weiterhin mit einer Verengung, die Seitenlappen sind klein mit Höcker, am äußeren Bereich lang weich und dicht behaart, der mitlere Lappen ist am Rand gekrümmt. Speculum ist H-förmig weißlich oder in sehr hellgelblich-grün Farben.

Diese Gattung, die ein endemist der Türkei ist zeigt eine Ausbreitung in Süd und in den Südöstlichen Regionen. Als Wachstumsgebiet bevorzugt diese Pflanze die 500-1250m hoch liegenden Wiesenstandorte, die Macchien-wäldchen die Feuchtgebiete und blüht von April bis Mai.

ORCHIDACEAE Orchideen/Knabenkrautgewächse
Ophyrs ferrum-equinum Desf.

██ Hufeisen-Ragwurz

(C* Kazankarası, Kedigözü, Kedi tırnağı, Pisipisi, Tülekdokuyan

10-30cm hoch, der unterirdischer Teil mit Knollen mehrjährige Pflanzen. Die Blätter sind 4-6 zählig generell am Grund. Blütenstand ist 2-6 blütig. Die Kelchblätter sind rötlichviola farbig und in der Mitte mit einem grünem Nerv, ca. 11-15mm in der Länge und zu beiden Seiten hin sich ausbreitend. Die Kronblätter sind lanzettlich, am Grund breit, 7-9mm in der Länge, kahl, in viola-dunkelviolett Farben. Labellum ist ganzrandig, reifenartig oder verkehrt eiförmig, generell glatt, 13-17mm in der Länge, an der Spitze leicht glatt. Speculum ist in einem Hufeisenform, metalikblau oder viola.

Als Wachstumsgebiet bevorzugt diese Gattung in der Türkei generell West und die Süd Regionen die bis 700m hoch liegende Wiesen und kalkige Gefälle, Nadelbaumwälder, Frigana und Macchien Standorte und in April trägt sie Blüten. Außer der Türkei zeigt diese Gattung eine Ausbreitung in Griechenland und in den Ostmittelmeerregionen.

ORCHIDACEAE Orchideen/Knabenkrautgewächse
Ophyrs hygrophila
E.Gügel, C.A.J.Kreutz&D.&U.Rückbrodt

▬ Feuchtigkeitsliebende Ragwurz

☪ Kazankarası, Kedigözü, Kedi tırnağı, Pisipisi, Tülekdokuyan

Kräftige 10-30cm hoch der unterirdische Teil mit Knollen mehrjährige Pflanzen. Die Blätter sind generell grundständig lanzettlich-rechteckig. Blütenstand ist länglich, 3-10 blütig, die Blüten sind klein. Die Kelchblätter sind 9-11x3-4mm, elliptisch-eiförmig hellrosa, selten weiß und viola punktiert, mit grünem Mittelnerv. Die Kronblätter sind dreieckig-eiförmig, 2-3x1,5-2mm und sind dunkelfarbiger als die Kelchblätter. Labellum ist 3 lappig, die seitlichen Lappen sind zurück gekrümmt, sind braun sowohl auch dunkelbraun. Speculum ist mehr oder weniger auf der oberen Hälfte des Labellums und ist gelbfarbig.

Diese Gattung ist endemisch in der Türkei wächst in Antalya zwischen 1100-1400m hoch liegende Weideland Standorte und in den Feucht- Macchien Gebieten. Die Blütezeit ist im Monat Mai.

ORCHIDACEAE Orchideen/Knabenkrautgewächse
Ophyrs mammossa Desf.

20-50cm hoch, der unterirdischer Teil ist mit Knollen, mehrjährige Pflanzen. Die Blätter sind 3-6 zählig rechteckförmig-eiförmig, generell grundständig. Blütenstand ist 2-10 blütig; die Blüten sind groß. Die Kelchblätter sind grün, ca. 14mm lang, auf dem Rücken aufrecht und zu beiden Seiten hin sich ausbreitend. Labellum ist rund oder eiförmig, generell glatt, 16x16 mm, an der Spitze mit leichte Nabel; Speculum ist H-förmig, hellblau farbig und kahl.

In der Türkei zeigt diese Pflanze generell eine Ausbreitung an der Meeresküste auf den Wiesenland Gefälle, in den Nadelbaumwälder, in den Frigana und Macchien Standorten und außer der Türkei zeigt diese Pflanze eine Ausbreitung in den Ostmittelmeerländern. Von März bis April ist die Blütezeit und wächst ab Meeresspiegel bis 1250m hoch liegende Standorte.

Orchis italica Poiret

▬ Orchidee, Italienisches Knabenkraut
☪ Orkide, Salep, Tavşan topuğu, Topbaş

Bis zu 30cm hoch, der unterirdischer Teil mit Knollen, mehrjährige Pflanzen. Die Blätter sind 6-10 zählig, ausbreitend, generell am Grund, dunkel befleckt und am Rand gewellt. Blütenstand ist konisch sowohl auch sphärisch, generell sehr dichtblütig. Der Kelchblatt ist rot, nervig und dunkel befleckt. Perigonblatt ist glatt, in weißlichrote Farben und dunkel gefleckt, 15-20mm in der Länge, tief eingeschnitten 3 lappig, der mitlere Lappen ist zugespitzt.

Diese Gattung bevorzugt in der Türkei Nordwest, West und in den Südregionen die Weideland und die Macchien Standorte und blüht von April bis Mai bis auf 700m. Höhen. Außer der Türkei zeigt sie eine Ausbreitung in den anderen Mittelmeerländern.

ORCHIDACEAE Orchideen/Knabenkrautgewächse
Orchis palustris Jacq.

■ Orchidee, Sumpf Knabenkraut
☪ Orkide, Salep, Çayır salebi

Bis zu 80-100cm hoch wachsende Pflanzen, der unterirdischer Teil mit Knollen mehrjährige Pflanzen. Die Blätter sitzen generell auf dem Stengel 4-6 zählig, aufrecht, lineal-lanzettlich, zugespitzt, 25x2,5cm lang. Blütenstand ist zylindrisch, die Blüten sind generell spärlich. Die seitlichen Kelchblätter sind aufrecht und sich ausbreitend. Der Labellum ist fächerförmig am Grund keilförmig verkehrt eiförmig 9-15x11-20mm, generell 3 lappig. Der Sporn ist glatt, niederliegend aufsteigend und ist fast gleich lang wie der Fruchtknoten.

Diese Gattung die fast in allen Regionen der Türkei wächst, bevorzugt die bis zu 1950m hoch liegenden Sumpfgebiete und die Feuchtwiesen. Von Juni bis Juli ist die Blütezeit. Außer der Türkei in Russland, in Kaukasien, in den Mittelmeerländern, West und Mitteleuropa.

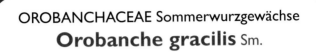

OROBANCHACEAE Sommerwurzgewächse
Orobanche gracilis Sm.

Sommerwurz

Canavar otu

Die bis zu 60cm hoch Vollparasit Pflanzen. Die Blüten sind mit einem Hochblatt, Vorblatt ist nicht vorhanden. Der Kelch ist zwei zähnig, selten glatt, die Zähne sind lang und zugespitzt, drüsigbehaart. Die Krone ist glockig, die eine Seite aufgeblasen, am äußeren Bereich schwach gelbrot oder dunkelviolett, drüsig behaart, im inneren Bereich dunkel violett, zur Trockenzeit ist sie braun, kahl und glänzend, die Frucht ist eine Kapselfrucht.

Diese Gattung, die auf den Hülsenfrüchtler lebt, entnimmt von der Pflanze auf dem sie lebt das Wasser und die Mineralsäfte und die Photosyntheseprodukte. In der Türkei wächst diese Gattung nur in Antalya, in Elmalı in den Çığlıkarawälder, außer der Türkei zeigt diese Gattung eine Ausbreitung in Nordafrika und in Transkaukasien.

OROBANCHACEAE Sommerwurzgewächse
Orobanche minor Sm.

▬ Sommerwurz
☪ Canavar otu

Der Stengel ist drüsig behaart und 10-50cm hoch. Die Blüten sind am Grund des Kätzchens und sind spärlich. Der Kelch ist nicht geteilt oder sie ist zwei zähnig; die Zähne sind lang zugespitzt, drüsig behaart. Der Kelch ist mit der Kronröhre gleich lang. Die Krone ist zylindrisch 10-18mm lang, gekrümmt, gelbweiß, die oberen Lippen sind glänzend viola oder bläulich, kahl oder drüsig behaart. Die Frucht ist eine Kapselfrucht.

Diese Gattung die Sommerwurz ist wie die anderen Sommerwurz Pflanzen. Sie leben auf den Hülsenfrüchtler und entnehmen das Wasser die Mineralstoffe und die Photosynthese Produkte der anderen Pflanzen.Diese Gattung zeigt in der Türkei eine Ausbreitung außer Ost und Südanatolien in allen Regionen der Türkei. Außer der Türkei zeigt sie eine Ausbreitung in Europa, in Nordamerika, in Neuseeland, am Mittelmeerbecken und in Südirak. Diese Sommerwurz Gattung blüht vonApril bis Juni und wächst ab Meeresspiegel bis 2000m hoch liegende Standorte.

PAEONIACEAE Pfingstrosengewächse
Paeonia mascula Miller subsp. arietina
(Anders.) Cullen&Heywood

Päonie, Großblättige Pfingstrose

Şakayık, Ayı gülü

Mit verholztem Stengel, mehrjährige Pflanzen. Die Blätter sind einfach 2 zählig 3 teilig; manche Blätter sind mehr fiederteilig, fiederteile sind 9-16 zählig, schmal oder breit elliptisch, kahl oder unterseits weich dicht behaart. Die Blüten sind groß, 8-14cm im Durchmesser und sind rotfarbig. Die Balgfrucht ist 3-5 zählig, weiß filzig behaart.

In der Türkei unterscheiden sich zwei Untergattungen durch ihre Fiederblätchen. Als Wachstumsgebiet bevorzugt diese Pflanze Offenwälder, sträuchige oder steinige-Standorte und zeigt eine Ausbreitung auf 1000-2200m Höhen. Die Päonie kann wegen ihrer prunkvollen Blüten in den Parks und in den Gärten als Landschaftsgemälde ihren Platzt finden.

220

PAEONIACEAE Pfingstrosengewächse
Paeonia turcica Davis&Cullen

■ Päonie

C* Şakayık, Ayı gülü

Mit verholztem Stengel, mehrjährige Pflanzen. Die unteren Blätter sind fiederteilig, die Blättchen 9-14 zählig, elliptisch-eiförmig, weich spärlich behaart oder kahl. Die Blüten sind klein, ca. 6cm im Durchmesser. Die Kronblätter sind rot. Das weibliche Organ ist am Grund gekrümmt. Die Frucht ist nicht behaart, 1-2 teilig.

Die Päonie Gattung die ausschließlich gültig in der Türkei ist, zeigt eine Ausbreitung im Hinterland von Denizli und Antalya. Ab Meeresspiegel bis 1800m Höhen in den Waldlichtungen und auf den kalkigen Gefälle.

PAPAVERACEAE Mohngewächse

Glaucium leiocarpum Boiss.

Hornmohn
Boynuzlu gelincik

Zweijährige oder mehrjährige krautige Pflanzen. Der Stengel ist papillös oder glatt, annähernd 30-50cm hoch. Die Grundblätter sind fiederschnittigteilig, die Fiederabschnitte sind buchtig oder gezähnt. Die Stengelblätter sind gezähnt. Die Blüten sind auffällig und groß; die Kelchblätter sind behaart; die Kronblätter sind generell gelb, rot oder pomeranzenfarbig. Die Frucht ist 12-25cm in der Länge, an der Spitze schmal und lang.

In der Türkei zeigt sie fast in allen Regionen eine Ausbreitung, außer der Türkei in Griechenland, in Iran und in Kaukasien und bevorzugt die bis 1600m hochligende steinige Gefälle und die Wegränder. Sie blüht von Juni bis Juli.

PAPAVERACEAE Mohngewächse
Papaver rhoeas L.

Bis zu 90cm hoch wachsende, einjährige Pflanzen. Stengel aufrecht. Die Blätter sind generell fiederteilig; die Fiederteile sind am Rand gezähnt, die Endfieder ist lanzettlich, länger als die Seitenabschnitte; der Stiel ist ausbreitend-locker behaart. Die Kronblätter sind rot-dunkelrötlich, selten weißfarbig, am Grund dunkel befleckt oder auch nicht. Die Kapselfrucht ist kahl, sphärisch oder halb sphärisch, am Grund rund, fast 2 mal so lang wie breit.

Außer der Türkei zeigt sie eine Ausbreitung in Eurasien und in Nordafrika und in der Türkei hat diese Gattung viele Habitatwuchsorte und eine weite Ausbreitung, die bis zu 1400m Höhen liegen. Von März-bis August ist die Blütezeit.

PRIMULACEAE Primelgewächse
Anagallis arvensis L.

■ Roter Gauchheil, Acker-Gauchheil
☪ Fare kulağı

Bis zu 90cm hoch, verzweigt, aufsteigend, kriechende oder mit aufrechtem Stengel einjährige Kräuter. Die Blätter sind gegenständig aneinander gereiht, selten quirlständig, 4-19(20)x2,5-11(-14) von eiförmigem-rechteckförmig bis zu eiförmig wechselständig. Die Blüten sind am Rand der Blätter. Die Krone ist radförmig, 1,7-5,5mm im Duchmesser, blau, rot oder in Pomeranzen Farben. Die Kapselfrucht ist sphärisch.

In der Türkei befindet sich von dieser Pflanze noch 3 weitere Varieten. Von März bis September ist die Blütezeit. Als Wachstumsgebiet bevorzugt diese Gattung ab Meerssspiegel bis zu 2440m hochliegende kultivierte Standorte die Flußbetten und die felsige Gefälle. In der Türkei zeigt sie fast in allen Regionen eine Ausbreitung.

Cyclamen cilicicum Boiss.&Heldr. var. cilicicum

Alpenveilchen, Zyklamen

Siklamen, Tavşan kulağı, Yer somunu

Die unterirdische Knolle ist klein, breit gedrückt sphärisch, glatt, 2-5cm im Durchmesser. Die Blätter sind gleichzeitig mit den Blüten im Herbst erscheinend, halbkreisförmig, 1,4-3cm in der Länge, die Breite der Blätter ist der Länge fast gleich, ganzrandig oder regelmäßig gezähnt. Die Krone ist hell rosa oder weißfarbig, die Lappen sind schmal 15-28mm in der Länge, am Grund ohne Öhrchen und ist dunkelrot befleckt. Der Kapselfruchtstiel hat vom Grund bis zu der Spitze unregelmäßige Krümmungen.

Diese Gattung, ist eine von den Endemisten der Türkei und hat noch zwei Varieten unter sich. Die Alpenveilchen die im Herbst Blüten trägt, zeigt eine Ausbreitung in Antalya, in Isparta, in Içel und in Adana. Als Wachstumsort bevorzugt diese Gattung, die bis 700-2000m hochliegende Gemeine-Lärchen, Tannenwälder, felsige und steinige Gefälle.

225

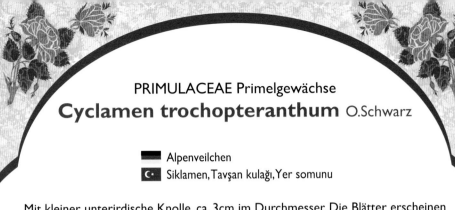

PRIMULACEAE Primelgewächse
Cyclamen trochopteranthum O.Schwarz

Alpenveilchen

Siklamen, Tavşan kulağı, Yer somunu

Mit kleiner unterirdische Knolle, ca. 3cm im Durchmesser. Die Blätter erscheinen etwas eher als die Blüten, halbkreisförmig oder breit eiförmig-herzförmig. Die Kronlappen sind aufrechtstehend, breit eiförmig 13x10mm zugespitzt und sind in hell-oder blaßrosa Farben, am Grund dunkel befleckt, wie die Windmühlen-Flügel sich in 90° Grad drehend. Der Fruchtstiel ist an der Spitze gekrümmt.

Diese Gattung, die endemisch in der Türkei ist, zeigt eine Ausbreitung in den Regionen wie Antalya, in Muğla und in Denizli. Als Wachstumsort bevorzugt diese Gattung die 350-1100m hoch liegende. Feuchtstandorte und blüht von Februar bis April.

226

Punica granatum L.

■ Granatapfelbaum

☪ Nar

Laubwerfende dornige Sträucher oder unbedornte kleine Bäume 2-7m hoch. Die Blätter sind gegenständig oder in Büscheln, einfach, lanzettlich verkehrt eiförmig wechselständig, 2-7cm in der Länge, sind nicht behaart. Die Blüten sind einzeln und sind endständig, hermaphroditisch zwittrig und radiär-symetrisch. Die Kelchblätter sind 5-7 zählig, ca. 8mm in der Länge. Die Blütenkronblätter 5-7 zählig, 5-20mm in der Länge, rot, selten in weißen Farben. Die beerenartige Frucht ist sphärisch, 5-11cm im Durchmesser, braunfarbig, die Fruchtwand ist lederig die Testa ist fleischig.

Die Samen werden als Nahrungsmittel gegessen; daher wird sie in der Türkei kutiviert speziell am Schwarzen Meer, an der Ägäis und an den Mittelmeer Regionen, außer der Türkei am Mittelmeerbecken, in Südwestasien und Mittelasien. Diese Gattung blüht von Mai bis Juni.Der natürliche Wachstumsort ist 250-600m hoch liegende felsige Gefälle und sträuchige Standorte.

RANUNCULACEAE Hahnenfußgewächse
Adonis annua L.

Herbst-Adonisröschen, Herbst-Blutströpfchen
Kanavcı otu, Kan damlası

10-30cm hoch, kahl, einjährige Pflanzen. Die zerschlitzten Blattränder sind lineal. Die Blüten sind einzeln, 15-22mm in der Länge. Die Kelchblätter sind purpurrötlich, kahl, leicht zurückgekrümmt. Die Blütenkronblätter sind schmal verkehrt eiförmig, scharlachrot mit schwarzem Grund. Die Schließfrucht ist 3-3,5mm in der Länge, etwas runzelig; Schnabel klein, generell mit Haken, grünfarbig.

Diese Gattung, die in der Türkei eine reichhaltige Ausbreitung zeigt, bevorzugt als Wachstumsgebiet ab Meeresspiegel bis 500m hochliegende Weideland-Standorte. Wegen ihrer prunkvollen Blüten kann sie als Landschaftsgemälde ihren Platz einnehmen.

RANUNCULACEAE Hahnenfußgewächse
Anemone coronaria L.

Kronenanemone, Gardenanemone
Anemon, Manisa lalesi, Dağ lalesi

Bis zu 30cm hoch mit Knollen, mehrjährige Pflanzen. Die Grundblätter sind zu dritt zusammen gesetzt, jedes einzelne ist gestielt und mehrfach lappig geteilt, rechteckförmig. Die Hüllblätter sind nicht gestielt. Die Blüten sind einzählig. Die Blütenkronblätter sind 5-6 zählig, verkehrt eiförmig, in rot, rosa, viola-dunkelviolett oder weißfarbig. Die Schließfrucht ist ziemlich lang weich dicht behaart.

Diese Gattung zeigt in der Türkei eine Ausbreitung in den Regionen Marmarameer, an der Ägäis, am Schwarzen Meer und am Mittelmeer. Als Wachstumsort bevorzugt diese Gattung ab Meeresspiegel bis auf 900m hoch liegende auffälligen Sträucherwäldchen, die Gefälle oder die Weideland Standorte. Wegen ihrer Blüten kann sie als Kulturpflanze verwendung finden.

ROSACEAE Rosengewächse
Cerasus prostrata (Lab.) Ser. var. prostrata

■ Sauerkirsch, Weichselkirsch
☪ Yabani kiraz, Dağ kirazı, Acı kiraz

Bis ca. 1m hoch wachsende mit niederliegendem Stengel oder polsterförmig bedornte mehrjährige Pflanzen. Die Blätter sind von breit eiförmigem bis zu elliptisch-verkehrt eiförmig wechselständig, tief-gesägt, die Oberfläche ist fein dicht behaart oder kahl, unterseits gräulich und filzig behaart. Die Blüten sind generell ein zählig, die Blütenstiele sind 1-2mm in der länge; die Kronblätter sind in rötlich-rosa Farben, 6-7mm in der Länge; der Fruchtknoten und der Griffel sind fast nackt. Die kugelige Frucht ist halb sphärisch, höchstens 7mm im Durchmesser, an der Spitze kahl oder sehr schwach behaart.

Diese Variete zeigt in der Türkei eine Ausbreitung in den Regionen sowie an der Ägäis, am Mittelmeer und im Inneranatolien. Als Wachstumsgebiet bevorzugt diese Pflanze die zwischen 940-2400m hoch liegende felsige Standorte und trägt von April bis Juni Blüten.

ROSACEAE Rosengewächse
Fragaria vesca L.

▬▬ Erdbeere, Wald-Erdbeere
☾★ Dağ çileği

Mit kriechendem Stengel mehrjährige Pflanzen. Die Grundblätter sind rosettenartig, mit drei Blättchen; die Blättchen sind 1-6(-8,5)cm eiförmig, verkehrt eiförmig oder rhomboid, gesägt randig, oberseits behaart. Blütenschaftsstengel ist (5-)10-30cm, generell länger als die Blätter 2-7 blütig. Die Blüten sind 12-18mm im Durchmesser, generell Zwitter. Die Kelchblätter sind 3-4mm lang, sind etwas länger als der Außenkelch. Die Kronblätter sind weiß, 4-5mm lang verkehrt eiförmig oder Radförmig. Die Kronblütenplatte ist rot, kahl, zur Fruchtzeit bis zu 1mm in der Länge. Die Blütenplatte ist fleischig, rötlich, auf der Oberfläche verteilt befinden sich vielzählige Früchte.

Sie wird in der Türkei fast in allen Regionen kultiviert, und wird frisch oder als Marmalade gegessen.

ROSACEAE Rosengewächse
Rubus sanctus Schreber

▬ Brombeere
☪ Böğürtlen

Bis zu 2m hohe Sträucher ohne Ranken. Die Blätter sind ternat oder 5 teilig pedat, oberseits kahl bis sternförmig behaart, unterseits filzig behaart, die Blättchen sind 1-2 zähnig, verkehrt eiförmig sowohl auch kreisförmig, die seitlichen schwach gestielt. Doldenblütenstand ist lang und generell spärlich, auffallend. Die Kelchblätter sind sowohl eiförmig als auch rechteckig. Die Kronblätter sind rosa 8-13mm in der Länge. Die Früchte sind schwarz, vielzählig klein und sind 2-3mm in der Länge.

Als Wachstumsort bevorzugt diese Gattung ab Meeresspiegl bis 1250m hoch liegende Dornbuschsteppen, felsige Standorte, Flußränder und freie Gelände. Juni-August ist die Blütezeit. Diese Gattung ist fast in allen Regionen der Türkei ausgebreitet, außer der Türkei zeigt sie eine Ausbreitung in West und Mitteleuropa in den Mittelmeerländern und in Südwestasien. Die Wurzeln der Brombeere werden gegen die Zuckerkrankheit verwendet.

RUBIACEAE Rötegewächse
Putoria calabrica (L. fil.) DC.

■ Kalabrische Putorie
C* Putoria

Mehrjährige Pflanzen. Stengel niederliegend, am Grund verholzt, (5-)10-20(-30)cm verzweigt, mit umgerollten Haaren. Die Blätter sind gegenständig, (7-)10-15(-20)x (2-)2,5-3,5(-4,5)mm, rechteckförmig, lanzettlich, spitzen stumpf, kurz gestielt, fast zurückgekrümmt. Der Kelch bildet eine kurze Röhre. Die Krone ist trichterartig, rosafarbig, (8-)10-13(-17)mm in der länge. Die kugelige Frucht ist annähernd 4,5-6mm in der Länge, glänzend, rotfarbig.

Diese Gattung zeigt eine Ausbreitung im Inner-und in Südanatolien. Als Wachstumsgebiet bevorzugt diese Pflanze ab Meeresspiegel bis 2000m hochliegende steinige Gefälle. Die Putoria Calabrica ist die einzige Art in der Türkei, die zu der Putoria Gattung gehört. Von Mai bis August trägt sie Blüten.

233

TAMARICACEAE Tamariskengewächse
Tamarix smyrnensis Bunge

■ Tamariske

☪ Ilgın

Sträucher oder kleine Bäume rötlich braun sowohl auch mit brauner Borke. Die Blätter sind klein, schuppig, spiralförmig aneinander gereiht, 1,5-3,5mm. Blütenstand ist in Trauben. Die Blüten sind 5 zählig. Die Kelchblätter sind 0,5-1mm. Die Blütenkronblätter sind 1,5-2mm, weiß oder in rosa Farben. Die Staubblätter sind 5 zählig. Die Frucht ist eine pyramiedenförmige Kapsel.

Diese Gattung, die in Anatolien sehr verbreitet ist, bevorzugt als Wachstumsgebiet die Bäche oder an der Meeresküste die sandigen und die feuchten Standorte. Von April bis August ist die Blütezeit. Die Tamariske wird von seinem dekorativen Aussehen her als Landschaftsgemälde angebaut.

234

THYMELAEACEAE Seidelbastgewächse
Daphne sericea Vahl

■ Daphne, Seidenhaariger Seidelbast
☪ Dafne, Develik, Gökçe

30-100(-150)cm hoch, aufrecht stehende Sträucher. Die jungen Langtriebe und die Zweige sind rötlich-braun farbig, behaart, die älteren Zweige sind kahl, die Rinde ist graufarbig. Die Blätter sind gestielt oder kurzgestielt, elliptisch oder elliptisch verkehrt lanzettlich, (15-)25-45(-55)x(5-)8-11(-14)mm, stumpf oder breit scharf zugespitzt. Die Blüten sind in 5-10'er Büscheln, sehr schwach duftend. Die Blütenhülle ist 10-17mm in der länge, von blaß rotem bis zu bräunlichgelb in wechselhaften Farben, seidig behaart. Die Frucht ist eiförmig, 5-6mm lang, in orangeroten Farben.

Diese Untergattung zeigt in der Türkei eine Ausbreitung in den Regionen sowie in Nordwest, in West und Südanatolien und als Wachstumsgebiet bevorzugt diese Untergattung ab Meeresspiegel bis 1500m hoch liegende Kalkstein Gefälle, gemeine Lärchenwald Lichtungen und die Macchien Standorte. Von ihrem dekorativen Aussehen her kann sie als Landschaftsgemälde verwendet werden.

VALERIANACEAE Baldriangewächse
Centranthus longiflorus Stev.
subsp. **longiflorus**

▬ Spornblume
☪ Kırmızı kedi otu

Mehrjährige Kräuter mit Rhizom. Stengel aufrecht oder aufsteigend, verzweigt 70-200cm hoch, kahl. Die Bätter sind einfach, 4-10cm in der Länge, von linealem bis zu lanzettlich wechselständig, selten sind die Blätter breit lanzettlich, die Spitzen stumpf. Der Kelch ist mit 10-20 lineale Abschnitte. Die Krone ist rosa, flieder, selten in weißen Farben, die Röhren sind 12-18mm; Sporn 8-10mm in der länge. Die Frucht ist am Rücken breitgedrückt.

Außer Ägäis und Ostanatolien in allen anderen Regionen der Türkei ist diese Gattung ausgebreitet und außer der Türkei in Kaukasien, im Libanon und in Bulgarien. Von April bis September ist die Blütezeit. Als Wachstumsort bevorzugt diese Gattung ab Meeresspiegel bis 2300m hoch liegende felsige Gefälle und am Fuße der Berge die Steinschutthaufen Standorte. Dieses Kraut wird auch zur Beruhigung und zum Einschlafen eingenommen.

VERBENACEAE Eisenkrautgewächse
Lantana camara L.

▬ Lantana F., Wandelröschen

☪ Mine çiçeği, Ağaç minesi

Bis zu 2m hohe Sträucher. Die Blätter sind lederig, gegenständig aneinander gereiht, eiförmig, behaart, Ränder gezähnt, aromatisch. Die Blüten in Büscheln endständig. Die Blüten sind zur Blütezeit gelb oder rosa später sind sie orange und in roten Farben. Die Frucht ist 2 samig kugelig, die reifen Früchte sind schwarz.

Die Wandelblüte ist heimisch im tropischem Amerika, in der Türkei wird sie als Zierpflanze in den Parks und Gärten angebaut.

AIZOACEAE Eiskrautgewächse

Lampranthus roseus (Willd.) Schwantes

▬ Mittagblume, Eiskraut
☪ Buz çiçeği, Öğle çiçeği, Karagöz

Kriechende, sukkulente, die Blüten kurzlebige mehrjährige Pflanzen. Die Blätter sind grün, fleischig. Blütenstand ist auf einem von Boden aus aufrecht aufsteigendem Stiel an der Spitze auf einem Köpfchen. Die äußeren Blüten sind zungenförmig, lineal, rötlich-dunkelviolett. Die inneren Blüten sind cremig -gelb.

Diese Pflanze ist aus Südafrika und wegen ihren schönen Blüten zu Liebe kann sie als Landschaftsgemälde ihren Platz einnehmen. Die Blütezeit ist in den Frühlingsmonaten.

APOCYNACEAE Hundsgiftgewächse/Immergrüngewächse
Vinca rosea L.

▬ Madagaster-Immergrün

☪ Pervane çiçeği, Cezayir menekşesi

Bis 1m hoch ragende immergrüne, mehrjährige Kräuter. Die Blätter sind gegenständig, ganzrandig, elliptisch, rechteckförmig, 2,5cm lang. Die Blüten sind rosa, dunkelviolett oder weiß. Der Kelch ist ca. 6mm in der Länge. Die Röhre der Krone ist 2,5-3cm, die Lappen sind 1,5-2cm lang. Die bohnenartigen Früchte sind trockene und harte Gebilde und grünfarbig, 2-2,5cm lang, die Samen sind klein, zylindrisch, und schwarz.

Der Ursprung dieser Pflanze mit ihren auffallenden Blüten ist aus Madagaskar. In der Türkei wird diese Pflanze in den Parks und in den Gärten als Zierpflanze angebaut. Den ganzen Sommer über kann man diese Pflanze mit ihren schönen Blüten beobachten.

ARISTOLOCHIACEAE Osterluzeigewächse
Aristolochia parviflora Sm.

■ Osterluzei
☪ Zeravent, Yılan kökü, Lohusa otu

Mehrjährige Pflanzen. Die Wurzeln sind rechteckförmig oder zylindrisch. Der Stengel ist fadenförmig, einfach oder verzweigt. Die Blätter sind eiförmig-rechteckig. 10-30x5-25mm, am Grund herzförmig oder halbeckig, Blattvorspitzen sind stumpf. Die Blüten sind ca. 3-5cm lang außerseits braun oder purpurrötlich, Blütenkronröhre sind glatt, am Grund 1-2mm breit, die Zunge ist zwei mal so lang wie die Blütenkronröhre, sie ist zugespitzt oder stumpf. Sie ist grünlich, dunkel violet oder veilchen-braun befleckt.

Diese Gattung zeigt in der Türkei speziell im Süden und in Südwestanatolien eine Ausbreitung. Außerhalb der Türkei finden wir diese Gattung auf Zypern, in Westsyrien und in den Mittelmeerländern. Als Wachstumsort bevorzugt diese Gattung, die bis 1100m hochliegende Macchien Standorte, Kalksteingefälle und Offene-Gelände. Sie blüht März-Mai.

ASTERACEAE Korbblütler
Cardopatium corymbosum (L.) Pers.

▬ Schwarze Eberwurz
☪ Yabani domuz dikeni

Aufrechtstehend, von leicht behaartem bis schwach spinnwebig behaart wechselständige mehrjährige Pflanzen. Der Stengel ist am Grund einfach, am oberen Bereich ist sie verzweigt, stachelig, 6-35cm hoch. Die Blätter sind fiederteilig, stachelig, eiförmig-lanzettlich. Köpfchen ist vielzählig homogam oder diskoid eiförmig. Hüllkelch ist viel reihig; die Hüllblätter sind dachziegelförmig, die äußeren sind blattförmig. Die Krone ist hellblau. Die Schließfrüchte sind eiförmig-dreieckig, dicht, lang-seidig behaart; pappus 1-2 reihig.

Diese Gattung zeigt uns in der Türkei an der Ägäis und in Mittelmeerregionen eine Ausbreitung. Außer der Türkei zeigt sich diese Gattung in Süditalien, in den Balkanländer, auf Zypern und in Westsyrien. Die Schwarze Eberwurz blüht im Juni-August und bevorzugt als Wachstumsgebiet ab Meeresspiegel die bis zu 1700m in der Sträuchigen Heidezone liegenden kalkhaltigen Böden, trockene Standorte und Wegränder.

ASTERACEAE (Korbblütler/Papatyagiller)
Carduus rechingeranus Kazmi

■ Distel

◐ Kenker, Deve dikeni

Die bis 55cm hoch ragende einjährige sträuchige Pflanzen. Stengel spärlich verzweigt, wellig geflügelt und mit kleinen, kurzen dornigen Abschnitten. Die Stengelblätter sind leicht fiederschnittig teilig; die Abschnitte sind dreieckig und dornig, unterseits spärlich spinnwebig behaart. Blütenschaftstiele sind lang, filzig oder spinnwebig behaart. Der Hüllkelch ist halb sphärisch. Die Hüllblätter sind in einem geordnetem Zustand dachziegelartig aneinander gereiht; die äußeren und die mittleren sind eiförmig-lanzettlich, die ganz innen dagegen sind häutchenförmig, lang und lineal-lanzettlich. Die Krone ist strahlig dunkel-violet farbig. Die Schließfrucht ist 5,5mm, der Kelch ist 12-15 mm lang.

Diese Gattung, die das erste Mal von dem Botaniker Tengwall endeckt wurde, ist in dem Jahr 1967 vom Kazmi der wissentschaftlichen Welt bekannt gegeben. Diese Gattung ist endemisch in den Regierungsbezirken Antalya, Burdur, Isparta und Muğla. Die Carduus rechingeranus Kazmi, die von April bis Juni blüht sucht sich als Wachstumsgebiete Kermeseiche, Buschwäldchen, Kalksteinfelsen und Weide-Landschaftsgebiete.

ASTERACEAE Korbblütler
Centaurea aegialophila Wagenitz

■ Flockenblume
C★ Peygamber çiçeği

Mehrjährige Pflanzen, tief in die Erde greifendes Wurzelsystem. Die Stengel sind einfach oder mit ein Paar Zweigen. Die Blätter sind mit dichten kurzen Haaren oder schwach spinnwebig behaart; fiederspaltig, die Endabschnitte sind dreieckförmig oder lanzettlich, ganzrandig. Der Hüllkelch ist eiförmig. Hüllblätteranhängsel ist schmal und trockenhäutig 1-4mm lang und ist dornig. Die Blüten sind in rosa-rot (manchmal sind die inneren Blüten weißlich) Schließfrucht ist 4,5-5mm lang, dicht behaart; der Pappus ist wechselständig vom borstigen Haarkranz bis Plumula, leicht abfallend.

Die Flockenblume Gattung zeigt uns in der Türkei in den Regierungsbezirken Antalya und in Mersin eine Ausbreitung, außer der Türkei dagegen auf Kreta und auf Zypern. Diese Gattung, die von April bis Mai blüht, wächst speziell in den sand-düne Ufern an der Meeresküste. Wegen ihrer prunkvoll auffallenden Blüten kann diese Pflanze auch in den Parks und in den sandigen Gärten als Zierpflanze ihren Platz einnehmen.

Echinops emiliae O. Schwarz ex P.H.Davis

Kugeldistel, Igelkopf

Topuz, Topuz dikeni, Gök diken, Kirpi dikeni, Mavi dünya, Top diken

Stengel aufrechtstehend, bis zu 1m hohe kräftige mehrjährige Pflanzen. Der Stengel ist gerillt und weiß-wollig behaart. Die Blätter sind rechteckförmig, unterseits ist wollig mit Drüsenhaaren oberseits dagegen ist sie drüsig-rauh behaart. Die Grundblätter sind kurz gestielt leicht fiederschnittig; die Stengelblätter sind halb-stängelumfassend mit dornigen Abschnitten. Die Köpfchen sind 12-15cm im Durchmesser. Die Hüllblätter sind schmal lineal-lanzettlich. Die Krone ist blaß grün; die Röhren sind 10mm in der Länge; die Abschnitte sind 15mm in der Länge. Die Früchte sind rechteckförmig-zylinderisch.

Diese Gattung, ist eine von den endemisten der Türkei und zeigt uns nur in den Regierungsbezirken Muğla und Antalya eine Ausbreitung. Sie wächst oben auf dem 1600-2200m hoch liegenden Kalkstein Felsen und blüht in den Monaten Juni-Mai.

ASTERACEAE Korbblütler
Echinops onopordum P.H.Davis

■ Kugeldistel
☾ Topuz, Topuz dikeni, Gök diken, Kirpi dikeni, Mavi dünya, Top diken

Mit aufrechtem Stengel, einfach oder spärlich verzweigt, bis 1m hoch ragende mehrjährige Pflanzen. Der Stengel ist gerillt ohne Drüsen wollig behaart. Alle Blätter sind einfach mit kurzen Abschnitten ohne Drüsen wollig behaart. Basisblätter sind gestielt, ca. 50cm in der Länge, mit ungeordneten dornigen Abschnitten. Die Stengelblätter sind nicht gestielt, halb stengelumfassend. Die Köpfchen sind ca.5 cm im Durchmesser. Die Hüllblätter sind nicht behaart und fransig. Die Krone ist weiß und die Früchte sind ca. 9mm in der Länge.

Diese Gattung, ist eine von den endemisten der Türkei und zeigt eine Ausbreitung nur in den Regierungsbezirksgrenzen in Antalya. Als Wachstumsgebiet bevorzugt diese Pflanze die zwischen 50-450m hoch und dem Meer nah liegende kalkig-felsige Standorte und blüht im Mai-August.

ASTERACEAE Korbblütler

Echinops viscosus DC. subsp. viscosus

■ Drüsenhaarige, Kugeldistel
[C*] Topuz, Topuz dikeni, Gök diken, Kirpi dikeni, Mavi dünya, Top diken

Mit aufrechtem Stengel, 1,5m oder noch höher wachsende, mehrjährige Pflanzen. Stengel kräftig gebaut, dunkel- violet, drüsig-filzig oder behaart. Die Blätter sind von rechteckförmig-lanzettlich bis rechteckförmig wechselständig, 2-3 fach fiederschnittig. Oberseits der Blattspreite ist dicht drüsig, unterseits ist sie auf den Nerven weiß wollig behaart; die Dornen sind in unterschiedlichen Längen. Auf jedem Stengel sind ein paar Köpfchen vorhanden, die bis zu 10cm Durchmesser haben. Die Hüllblätter sind kahl oder drüsig behaart. Die Krone ist blau, bleich-blau oder weißlich; die Röhren sind 10-18mm; die Abschnitte sind 10-14mm in der Länge. Die Früchte sind 7-9mm lang.

Diese Untergattung bevorzugt als Wachstumsgebiet in der Türkei am Marmara, an der Ägäis und am Mittelmeer Regionen die Strände der kalkhaltig-felsige Gefällen, Wegränder und die Macchien Standorte, außer der Türkei zeigt sie eine Ausbreitung in Griechenland, auf Kreta und auf Sizilien.

ASTERACEAE Korbblütler
Onopordum boissieri Willk.

Eselsdistel
Eşek dikeni

Robust, oberseits verzweigt die bis zu 1 m hoch ragende zweijährige Pflanzen. Der Stengel und die Blätter sind nicht behaart oder meistens spärlich spinnwebartig behaart. Die Grundblätter sind rechteckförmig-lanzettlich, fiederschnittig; die Fiederlappen sind lanzettlich, die Spitzen sind 3-6mm in der Länge und sind stachelig; die Stengelblätter sind lineal-lanzettlich und ganzrandig. 2-8 paar Köpfchen. Hüllkelch halb sphärisch. Hüllblätter sind verlängert-lanzettlich, kahl, viollet farbig; die äußersten und mittleren Hüllblätter haben sich ausgebreitet oder zurückgebogen, die inneren sind aufrechtstehend und kleiner als die Blüten. Die Blüten sind 25-35cm in der Länge und sind viollet farbig. Die Früchte sind viereckig.

Diese Gattung, die von Mai bis Juli blüht, wächst speziell in den Wäldern, Macchien und auf felsigen Standorten zwischen 100-1400 Höhe. Diese Gattung, die in der Türkei endemisch ist, zeigt eine Ausbreitung in den Regierungsbezirken sowie Muğla, Antalya, Mersin und in Konya.

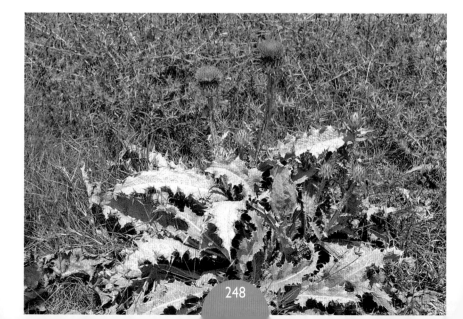

ASTERACEAE Korbblütler

Picnomon acarna (L.) Cass.

▬ Akarna-Kratzdistel
☪ Pamuk dikeni, Tarla deve dikeni

Mit aufrechtem Stengel, stachelig, einjährige krautige Pflanzen. Stengel geflügelt, 12-150cm in der Länge grau-spinnwebig behaart. Die Blätter sind fiederteilig jedes Teil ist goldgelb bestachelt, lanzettlich. Hüllkelch wird von den obersten Blättern umhüllt und überragt. Die Blüten sind rosa, dunkel-violet, weiß oder selten gelblich. Die Früchte sind 5-6 mm in der Länge; der Pappus ist 15 -20mm in der Länge.

Diese Gattung zeigt fast in allen Regionen der Türkei eine Ausbreitung, außer der Türkei am Mittelmeer, in Kaukasien, in Irak, in Iran und in Afganistan. Diese Pflanze, die in den sträuchigen Heidezonen, Wegrändern, in den trockenen Flußbetten und auf den Steppen zwischen 100-1600 m Höhe wächst, trägt von Juli bis Oktober ihre Blüten.

ASTERACEAE Korbblütler
Ptilostemon chamaepeuce (L.) Less.

█████ Ptilostemon, Kranzdistel
[C*] Çelenkdikeni

Ohne Stacheln, die bis zu 30-100 cm hoch ragende Sträucher. Die Blätter sind lineal 1-1,5 mm in der Breite. Der blütige Stengel ist 10-60cm hoch mit 1-10 zählige Köpfchen. Köpfchen ist diskoid scheibenförmig. Hüllblätter sind dachziegelförmig, trockenhäutig, scharf zugespitzt. Hüllkelch ist von nicht behaartem bis filzig-behaart wechselständig. Die Krone ist dunkel-violet farbig. Die Früchte sind verkehrt eiförmig; die Pappushaare sind haarkranzförmig.

Das erste Mal wurde diese Gattung von der Insel Kreta mitgenommen und der Wissenschaftswelt bekannt gemacht. In der Türkei ist diese Pflanze an der Ägäis und an den Mittelmeerstränden heimisch. Außer der Türkei in Griechenland, auf Kreta, auf Zypern, in Libanon und in Nordpalestina. Sie wächst auf den Kalkstein-Felsen und selten auf den Serpentin Böden ca. auf 850m über dem Meeresspiegel.

BORAGINACEAE Rauhblattgewächse
Alkanna incana Boiss.

Alkannawurzel, Schminkwurz

C* Havaciva otu

Die bis zu 25cm hoch ragende mehrjährige Kräuter. Stengel weiß-filzig behaart. Die Grundblätter sind von lineal-lanzettlichem bis zu lanzettlich wechselständig, 2-6cm in der Länge, scharf zugespitzt; die Stengelblätter sind von lineal-lanzettlichem bis zu eiförmig wechselständig 1,5-4cm lang, die Blattvorspitzen sind stumpf. Blütenstand ist zur Fruchtzeit 10-20cm in der Länge. Die Hüllblätter sind vom lineal-lanzettlichen bis wechselständig 1-2cm lang. 2 mal so lang wie der Kelch. Der Kelch zur Blütezeit ist 4-6mm und zur Fruchtzeit 7-8mm in der Länge. Die Krone ist blaufarbig, im äußeren Teil kahl 10-11mm lang. Die Früchte sind nüsschenartig 1,5-2mm im Durchmesser dicht warzig, Schnabel nach unten gekrümmt.

Diese Gattung, die endemisch in der Türkei ist, hat eine Ausbreitung in Burdur, in Isparta in Antalya und wächst zwischen 30-2000m hoch liegende Kalkstein-felsige und Macchien Standorte. Mai-Juni ist die Blütezeit. 1844 wurde diese Gattung von Boissier der Wissenschaftswelt bekannt gegeben.

BORAGINACEAE Rauhblattgewächse
Alkanna oreodoxa Hub.-Mor.

▬ Alkannawurzel, Schminkwurz
☪ Havaciva otu

Bis zu 25cm hohe mehrjährige Kräuter. weiß-filzig behaart. Die Grundblätter sind vom elliptischen bis zu lanzettlich wechselständig, 6cm in der Länge. Die Stengelblätter sind rechteckförmig und 1-3cm lang. Blütenstand ist zur Fruchtzeit 5-20cm in der Länge. Der Kelch ist zur Blütezeit 5-7mm lang. Die Lippen der Krone ist weiß und der Röhrenbereich ist rosa, gelblich-braun oder leuchtend blau, der äußere Teil ist kahl 14-17mm in der Länge. Die nüsschenartigen Früchte sind 1,7-2,2mm im Durchmesser, dicht warzig, nach unten gekrümmt; Schnabel gerade, waagrecht abstehend.

Diese Gattung, die auf dem Kalkstein- Felsen zwischen 475-700m Höhen wächst ist endemisch in der Region Antalya. Sie blüht von April bis Juni. Von dem berühmten Botaniker Huber Morath wurde diese Gattung der Wissenschaftswelt presentiert.

252

BORAGINACEAE Rauhblattgewächse
Echium angustifolium Miller

▬ Natternkopf, Schwalblättriger Natternkopf
☪ Engerek otu

Dicht weiß-hartborstige, die Wurzeln verholzte, mehrjährige Pflanzen. Stengel ein bis mehrere, 13-60cm hoch. Die Blätter sind schmal lineal, lanzettlich, rechteckförmig oder schmal elliptisch. Der Blütenstand ist reich blütig oder zum teil Cymöse. Der Kelch ist fast bis zum Boden lappig. Die Krone ist blau, purpurrötlich, fliederfarbig oder rot, 13-22mm lang, breit trichterförmig. Die nüsschenartige Früchte sind 2,5mm in der Länge und sind rechteckförmig-verkehrt pyramidenförmig mit Schnabel.

Diese Gattung bevorzugt als Wachstumsgebiete die über dem Meersespiegel bis zu 870m hoch liegende Sand-Düne Strände, Sand-Düne Gefälle, Macchien, Steppen und sträuchige Standorte und blüht von März bis Dezember. In der Türkei zeigt sie eine Ausbreitung am Marmararegion, in der Schwarzmeerregion und außer der Türkei in Nordafrika, in Griechenland auf den ägäischen Inseln, auf Zypern und in Palestina.

BORAGINACEAE Rauhblattgewächse
Echium italicum L.

■ Italienischer Natternkopf
☪ Engerek otu

Dicht mit kräftigen Borsten-behaart, zweijährige Pflanzen. Stengel aufrechtstehend kann bis zu 1m hoch wachsen. Die Blätter sind steif borstig dicht behaart und sind von linealem bis zu schmal rechteckförmig wechselständig, die Grundblätter können bis zu 25cm hoch ragen, die Stengelblätter sind von den Grundblätter kleiner und sind ungestielt. Der Blütenstand ist Kätzchen ähnlich. Der Kelch ist zur Blütezeit 6-8mm und zur Fruchtzeit ca. 12mm in der Länge. Die Krone ist blaß-blau, fliederfarbig, blaßrot oder weißlich, 7-9,5mm lang, schmal-trichterförmig, im äußeren Bereich spärlich behaart oder kahl. Die Staubblätter ragen aus der Krone heraus. Die nüsschenartige Früchte sind rechteckig, annähernd 4mm in der Länge und scharf zugespitzt mit Schnabel.

Diese Gattung, die sich bis auf die Höhen von 1950m über dem Meeresspiegel befindet, bevorzugt als Wachstumsgebiet die Kalkstein-Felsen, Äcker, Wegränder und Ödland Standorte und blüht von Mai bis August. Sie zeigt uns fast in allen Regionen der Türkei eine Ausbreitung, außer der Türkei in Süd und Mitteleuropa und in Südwestasien.

BORAGINACEAE Rauhblattgewächse
Nonea obtusifolia (Willd.) DC.

■ Mönchskraut
C• Küt çiçekli nona

Steif borstig ohne Drüsen behaart, einjährige krautige Pflanzen. Der Stengel ist 5-30cm hoch. Die Blätter sind verkehrt eiförmig-rechteckförmig, 2-6cm lang, die Spitzen sind stumpf. Der Kelch ist 4mm in der Länge. Die Krone ist blau, 4-5mm in der Länge. Die nüßchenartigen Früchte sind aufrechtstehend, rechteckförmig eiförmig, 3-4mm in der Länge, behaart, schwarzfarbig, Schnabel aufrechtstehend.

Diese Gattung wächst in der Türkei an den Meeres-küsten am Marmara, am Schwarzen Meer, an der Ägäis und in den Mittelmeer Regionen die bis zu 50m hoch liegenden Felder und unterhalb der Wälder in den offenen Geländen. Außer der Türkei zeigt uns diese Pflanze eine Ausbreitung in Bulgarien, in Griechenland, in Libanon und Palestina. Sie trägt Blüten von März bis Mai.

BRASSICACEAE Kreuzblütler
Aubrieta deltoidea (L.) DC.

▬▬ Gemeines Blaukissen, Blaukissen
☪ Adi obrizya, Üçgensi obrizya

Mehrjährige Kräuter. Die Blätter sind vom schmal verkehrt eiförmigem bis zu verkehrt eiförmig sehr variabel tief gezähnt. Die inneren Kelchblätter sind ausgesackt, 7,5-10mm in der Länge. Die Kronblätter sind dunkel violett 15-17mm in der Länge. Die Frucht ist 9-13x3-3,5mm, aufgeblasen, mit kurzen sternförmigen Haare und mit langen Haaren, mit einfach oder gabelartige Haare.

Diese Gattung, die in der Türkei am Marmara, Ägäis und am Mittelmeerregionen eine Ausbreitung zeigt, bevorzugt als Wachstumsgebiet die bis 500-2100m hoch liegende Kalkstein Standorte. April-Juli ist die Blütezeit.

CAMPANULACEAE Glockenblumengewächse

Asyneuma compactum (Boiss.&Heldr.) Damboldt

- Rapunzel
- Mavi çan çiçeği

Generell polsterförmige mehrjährige Pflanzen. Der Stengel ist kahl nicht behaaart und ist ungefähr 20cm hoch. Die Grundblätter in dichter Rosette meist verkehrt lanzettlich, 3-15x26mm. Blütenstand ist 1-2 blütig; die Blüten in die Höhe stehend, mit klar erscheinenden Stiele. Kelchlappen sind lanzettlich. 4x0,6-1mm in die Höhe stehend, kahl. Die Kronelappen sind blau, 10x1,3-3mm. Die Kapsel-Frucht ist elliptisch.

Diese Gattung ist eine von den endemisten der Türkei. Sie zeigt generell eine Ausbreitung im Süd und Südwestanatolien auf den Höhen von 450-2400m über dem Meeresspiegel. Als Wachstumsgebiet bevorzugt diese Gattung kalkhaltige-Felsen und steinige Flächen. Sie blüht von Mai bis Juli.

CAMPANULACEAE Glockenblumengewächse
Campanula lyrata Lam. subsp. lyrata

■■■ Glockenblume
☪ Çan çiçeği, Boru çiçeği

Halbsteif behaarte zwei-oder mehrjährige Kräuter. Stengel aufrecht oder niederliegend-aufsteigend, einfach oder am Grund verzweigt, 15-50cm hoch. Die Grundblätter sind lirat oder rechteckförmig-herzförmig. Die Blüten sind gestielt oder kurz gestielt. Die Kelchlappen sind halb so lang wie die Kronenröhre selber. Die Krone ist zylindrisch-schmal trichterförmig, die Kronenröhren sind 12-25mm in der Länge, viola farbig- blau. Die Frucht ist eine Kapselfrucht.

Diese Untergattung, die endemisch in der Türkei ist, zeigt eine Ausbreitung in den Regionen sowie am Marmarameer, Ägäis, Inneranatolien und am Mittelmeer. Diese Glockenblume,die von April bis Juli blüht, bevorzugt als Wachstumsgebiet ab Meeresspiegel bis 1700m hochliegende steinige und felsige Gefälle.

CAMPANULACEAE Glockenblumengewächse
Campanula propinqua Fisch.&Mey.

▬▬ Glockenblume
☾ Çan çiçeği, Boru çiçeği

Aufrechtstehende, steif borstige einjährige Pflanzen. Stengel 5-15cm hoch, ab Grund generell gabelig verzweigt. Die Blätter sind wechselständig, die unteren Blätter sind spatelig halb gestielt, die oberen Blätter dagegen sind rechteckförmig-lanzettlich, Blattspitzen sind stumpf, 5-30x3-10mm und sind nicht gestielt. Die Blüten sind einzeln, endständig. Die Kelchlappen sind lieneal-lanzettlich, zugespitzt, in die Höhe stehend und 5-8mm in der Länge. Die Krone ist 10-15mm lang und ist bis in die Mitte geteilt, am äußeren Bereich auf den Nerven behaart. Die Frucht ist eine Fruchtkapsel.

Diese Gattung zeigt in der Türkei eine Ausbreitung am Mittelmeer, in Ostanatolien und in Südostanatolien. Außer der Türkei in der syrischen Wüste, Transkaukasien und in Nordwestiran. Von April bis Juni ist die Blütezeit. Als Wachstumsort bevorzugt diese Pflanze ab Meeresspiegel bis 1800m hoch liegende Steppen und steinige Gefälle.

259

CAMPANULACEAE Glockenblumengewächse
Legousia speculum-veneris (L.) Chaix

▬ Frauenspiegel, Gewöhnlicher Frauenspiegel
☪ Hakiki kadın aynası

Die bis zu 30cm hoch, kahl oder selten mit kurze steife Haare, einjährige Kräuter. Der Stengel ist aufrechtstehend oder niederliegend aufsteigend, generell verzweigt. Die Blüten sind einzeln oder vielzählig. Die Kelchlappen sind lineal-lanzettlich 8-12mm lang. Die Krone ist radförmig; und die Kronlappen sind stumpf violafarbig, selten weiß oder fliederfarbig. Die Kapselfrucht ist zylinderisch 10-15mm in der Länge.

Diese Gattung bevorzugt übreall in der Türkei die verschiedenen Regionen die bis auf 1900m Hoch liegen. Sie blüht von April bis Juni. Als Wachstumsort bevorzugt diese Gattung die Tannenwälder, Äcker und die offenen Standorte. Auser der Türkei zeigt diese Gattung eine Ausbreitung in Nord Afrika, in Mittel-und Südeuropa, auf Zypern, in Westsyrien, in Nordirak und Kaukasien.

CONVOLVULACEAE Windengewächse
Ipomoea purpurea (L.) Roth

▬ Trichterwinde, Prunkwinde, Prachtwinde
☪ Kahkaha çiçeği

Ein-oder mehrjährige windende Pflanzen. Die Blätter sind eiförmig, am Grund sind sie herzförmig. Die Blütenstiele und die Kelchröhre sind lang, weich dicht behaart, die Haare sind gold-gelb. Die Blüten sind generell einzeln. Die Krone ist rosig-dunkelviolett oder blau farbig, 5-8,5cm lang. Die Frucht ist Kapselfrucht.

Diese Gattung, die aus Mittel und Südamerika ist, hat in der Türkei eine weite Ausbreitung. Wegen ihrer auffallend schönen Blüten wird diese Gattung in den Parks und in den Gärten als Zierpflanze angebaut.

261

FABACEAE Schmetterlingsblütler
Bauhunia purpurea L.

■■■ Orchideenbaum
C• Orkide ağacı, Kelebek ağacı, Kıbrıs manolyası

Laub werfender, die bis zu 10m hoch wachsende tropische Bäume. Die Blätter sind spiralförmig aneinandergereiht, einfach, kreisförmig, 45-11cm lang, 2 lappig. Blütenstand ist eine zusammengesetzte Traube. Die Blüten sind viel zählig, dunkelviolett und sind Orchideenblüten ähnlich. Die Hülsenfrucht ist lang, trocken, hart und braunfarbig.

Dieser Orchideenbaum,der so herrliche pompöse Blüten besitzt ist aus Australien. Diese Gattung zeigt uns fast in allen tropischen Gebiete eine Ausbreitung. Da sie ein Wärme liebender Baum ist, wird sie speziell in der Türkei im Süden an der Meeresküste in den Parks und in den Gärten als Zierpflanze angebaut.

FABACEAE Schmetterlingsblütler
Glycyrrhiza glabra L. var. glandulifera
(Waldts.&Kit.) Boiss.

▬ Süssholz

☪ Tatlı meyan, Meyan kökü, Beyan

Spärlich behaart, aufrechtstehend, 60cm Hohe mehrjährige Kräuter. Die Blätter sind unpaarig fiederteilig; die Fiederblättchen sind elliptisch, in 5-9 Paaren, drüsig punktiert, 15-45mm in der Länge, klein, abfallend. Der Kelch ist glockig. Die Krone ist von bläulichem bis violafarbigen wechselständig, 9-11mm in der Länge. Die Hülsenfrucht ist zylindrisch, mit Drüsen oder nicht, rotbraun-farbig, 1-6 samig.

Diese Gattung zeigt in der Türkei eine Ausbreitung außer Thrazien und Schwarzes Meer in allen Regionen außer der Türkei in Südeuropa, auf Krim, Südrußland, in Nordafrika, in Südwestasien. Dieses Süssholz wächst auf dem kultivierten Böden in den alluvialen Flußbetten und in den Sanddüne-Standorten. Diese Gattung blüht von Juni bis Juli. Aus den Wurzeln wird in Ostanatolien in Diyarbakır und in Şanlıurfa ein Saft namens Meyan Şerbeti gewonnen.

FABACEAE Schmetterlingsblütler
Lupinus varius L.

Platterbse, Bunte Lupine

Acı bakla

Lang weich dicht behaart, einjährige Kräuter. Stengel 15-50cm hoch. Die Blätter sind fingerförmig; die Blättchen sind rechteckförmig-verkehrt eiförmig, 25-35mm in der Länge, oberseits und unterseits behaart. Blütenstand in Trauben, 6-15mm in der Länge. Der Kelch ist zweilippig, 4-5 zähnig. Die Krone 13-22mm in der Länge, blau farbig und ist im Standart weiß befleckt. Diese Hülsenfrucht ist 35-60mm in der Länge, 2-4 samig, locker behaart, rötlich-braun farbig. Die Samen 7-9mm in der Länge.

Diese Gattung, die in den Macchien auf den Äcker und in den offen Lichtungen wächst, blüht von März bis Mai. Diese Platterbse Gattung, deren Samen giftig sind, zeigt in der Türkei in West-und in Südanatolien eine Ausbreitung. Die Platterbse, die in Antalya kultuviert wird, hat wegen ihrer wunderschön aussehenden Blüten als Zierpflanze einen besonderen Platz.

264

FABACEAE Schmetterlingsblütler
Vicia villosa Roth subsp. eriocarpa
(Hausskn.) P.W.Ball

▬ Wicke, Zottel-wicke, Sandwicke

☪ Burçak

Kahl oder spärlich breitgedrückt behaart, 1-2 jährige Kräuter. Stengel ist 15-90cm hoch, kletternd oder niederliegend. Die Blätter sind fiederteilig; die Blättchen in 4-10 Paaren, 3-35mm in der Länge, lineal-rechteckförmig mit verzweigte Ranken. Blütenstand in Trauben, 5-15 blütig. Der Kelch ist 5-8mm lang, mit Höcker, behaart. Die Krone ist violablau oder blau farbig, 12-22mm lang. Die Hülsenfrucht ist 2-3cm lang, spärlich behaart und ist 2-8 samig.

Diese Untergattung treffen wir in der Türkei am Marmara, an der Ägäis und in den Mittelmeer Regionen. Außer der Türkei wächst sie in Griechenland in Westsyrien, auf Zypern in Iran und in Nordirak. Als Wachstumsgebiet bevorzugt diese Pflanze, die Macchien, die Nadelbaumwälder, die Wasserränder und die Äcker und befindet sich auf 1700 m Höhen über dem Meeresspiegel. In März-Juni trägt sie Blüten.

FABACEAE Schmetterlingsblütengewächse
Wisteria sinensis (DC) Sims

■ Blauregen, Glyzinie
☾ Mor salkım

Verholzte, kletternde, 20-30m hoch ragende, laubwerfender mehrjährige Pflanzen. Die Blätter sind spiralförmig aneinander gereiht, zusammengesetzt, 10-15cm in der Länge, behaart lappig, die Lappen 9-19 zählig. Blütenstand ist hängend 10-80cm in der Länge, die Blüten sind blau-dunkelviolett und sind wohlduftend.

Die sich auf hohe Bäume umschlingende Landschaftsgemälde Pflanze, die ein hübsches Aussehen von sich gibt hat ihren Namen von dem Professor für Anatomi Dr. Caspar Wistar (1761-1918) bekommen. Diese Gattung zeigt eine natürliche Ausbreitung in den Ländern sowie in China, in Korea, in Japan und in Nordamerika.

GENTIANACEAE Enziangewächse
Gentiana septemfida Pallas

▬ Enzian, Sommerenzian

☪ Çentiyan, Centiyan, Yılan otu

Kriechende oder niederliegend-aufsteigende mehrjährige Pflanzen. Stengel viel-zählig, 5-30cm hoch. Die unteren Blätter sind schuppenähnlich, eiförmig; die mittleren Stengelblätter sind 40x25mm in der Länge; und die oberen Blätter sind lanzettlich sowohl auch lineal, manchmal sind sie etwas breiter, und am Grund sind sie herzförmig. Die Blüten sind 5-6 teilig. Der Kelch ist 12-24mm lang und ist über die Hälfte kürzer als die Krone. Die Lappen sind lanzettlich und zugespitzt. Die Krone ist dunkelblau sowohl auch blau-rosa farbig, 30-40mm in der Länge. Kapselfrucht.

Als Wachstumsort bevorzugt diese Gattung die zwischen 1800-3200m hoch liegende Weideland Standorte und die Wald-Lichtungen. Die in Juli-August blüht, zeigt in der Türkei eine Ausbreitung in den Regionen Ost und Nordanatolien. Außer der Türkei in Kaukasien und in Persien.

GERANIACEAE Storksnabelgewächse
Geranium glaberrimum Boiss.&Heldr.

■ Geranie
☪ Turnagagası, Dönbaba

10-30cm hohe kahle mehrjährige Pflanzen. Stengel verzweigt, verholzt. Die Blätter sind generell am Grund, 3-4cm im Durchmesser, von handförmig teiligem bis zu 2-3 teilig wechselständig; die Abschnitte breit keilförmig-verkehrt eiförmig, mit 3 kurze Lappen und jeder Lappen ist an 2-3 Stellen zugespitzt. Die Kelchblätter sind 5-7mm in der Länge. Die Kronblätter sind verkehrt eiförmig-spatelig, ca. 15mm lang, rötlich-rosafarbig. Merikarp Teilfrucht ist kahl oder dünn dicht behaart.

Die Geranium ist eine lokale Gattung, die endemisch ist in der Türkei. Als Wachstumsort bevorzugt diese Gattung, die bis 1400-2200m hoch liegende Kalkstein enthaltende Fels-Spalten und blüht im Juni.

268

GERANIACEAE Storksnabelgewächse
Geranium tuberosum L. subsp. tuberosum

Geranie, Storchschnabel

Çakmuz

Bis zu 30cm hoch, Auswüchsige mehrjährige Pflanzen. Die Grundblätter sind handförmig teilig; Die Abschnitte sind von Rhombusförmig rechteckförmigem bis zu rechteckförmig-lineal, und ist 1-2 spaltig behaart oder bis zu gezähnt wechselständig. Der Stengel ist behaart, an dem ersten Verzweigungspunkt sind die Blätter kurz gestielt. Die Blätterabschnitte sind 1-2x fiederteilig. Blütenstand zeigt eine schmal -gabelige Verzweigung. Die Kelchblätter sind 6-7mm lang, und sind lang weich dicht behaart. Die Kronblätter sind tief gekerbt, 9-13mm, fliederfarbig. Die Teilfrucht ist behaart; die Samen sind glatt.

Diese Untergattung hat in der Türkei eine Ausbreitung in den geographischen Regionen sowie am Marmara, an der Ägäis, am Mittelmeer, am Schwarzmeer, in Inner und Ostanatolien und außer der Türkei in Nordeuropa, in Nordafrika, auf Zypern, auf Krim in Kaukasien in Westsyrien, in der syrischen Wüste, in Nordirak und in Westiran. Als Wachstumsgebiet bevorzugt diese Pflanze ab Meeresspiegel bis auf 2500m hoch liegende felsige Gefälle und speziell die Brachfelder und blüht von April bis Juni. Die Auswüchse dieser Pflanze werden als Zierpflanze exportiert. İn Ostanatolien in Erzurum werden diese Auswüchsse frisch gegessen.

269

GLOBULARIACEAE Kugelblumengewächse
Globularia orientalis L.

━━ Kugelblume
☪ Küre çiçeği

Polsterförmige, mehrjährige Pflanzen. Stengel viel verzweigt; der blütige Stengel ist 18-28cm hoch und vielzählig mit rosettenartigen Blättern. Die Blätter sind spiralförmig aneinander gereiht, einfach. Die Grundblätter sind elliptisch-spatelig, lang zugespitzt. Die Stengelblätter sind lineal und sind nur einpaarig. Die Blüten sitzen auf dem sphärischen Köpfchen. Die Kelchblätter sind 5 zählig, zusammengesetzt. Die Kronblätter sind blaufarbig. Die nüßchenartige Frucht ist von dem bleibenden Kelch umschlossen.

Diese Gattung, die in der Türkei in Inner-und in Südanatolien eine Ausbreitung zeigt, trägt in Februar-Juli Blüten. Außer der Türkei zeigt diese Gattung eine Ausbreitung in der syrischen Wüste. Diese Kugelblume Gattunug wächst zwischen 600-1200m Höhen auf dem kalkigen, tonboden Hügeln, in den Eichensträuchern und auf den Steppen.

IRIDACEAE Schwertliliengewächse
Crocus biflorus Miller subsp. isauricus
(Siehe ex Bowles) Mathew

■ Krokus
☪ Çiğdem

Mehrjährige Knollen Pflanzen. Die Hüllblätter der Knolle ist lederig, am Grund glatt oder zähnig quirlig. Die Blätter sind speziell 4-7 zählig, in der Blütezeit erscheinend, 0,5-1(-1,5)mm in der Breite, süss duftende Blüten. Blütenhüll-Schlund ist von hellgelb bis dunkelgelb wechselhaft kahl oder total mit Wärzchen; die Abschnitte sind 1,7-3,5x0,5-1,3cm halb spitz, stumpf oder abgerundet weiß oder blaufarbig, der äußere Teil ist dunkel-farbig gestreift. Die Staubfäden sind weiß oder gelb, 4-7mm, faserig; die Staubbeutel (0,8-)1-1,4cm gelb. Der Griffel ist von gelb bis rötlich orangegelb wechselhaft und ist in 3 Ästen geteilt.

Diese Untergattung, die endemisch in der Türkei in Muğla, Antalya, Burdur, İçel und in Konya ist, blüht von Februar bis April (Mai) und wächst bis auf 1000-1700m hoch liegende Waldlichtungen, Felsige-Gefälle und unterhalb der Eichen und Gemeine Wacholder Wälder. Wegen ihrer auffallenden Blüten werden diese Pflanzen für dekorative Zwecke verwendet.

IRIDACEAE Schwertliliengewächse
Gladiolus illyricus W. Kotch

▬ Gladiole, illyrische Siegwurz

☪ Glayol, Karga soğanı, Kılıç çiçeği, Kuzgunkılıcı

Mehrjährige Zwiebelpflanzen. Die Hüllschuppen der Zwiebel sind häutig, der Stengel ist 25-55cm hoch. Die Blätter sind 4(-5) zählig; die Blattspreite 5-10(-15) mm breit, Ähren-Blütenstand ist spärlich, 3-10 blütig. Die Blütenhülle ist rosa-oder purpurfarbig, Kronröhre leicht gebogen; die Abschnitte sind rhombusförmig, elliptisch; die Samen sind geflügelt.

Diese Gattung, die in West und Südanatolien eine Ausbreitung zeigt, blüht im April-Juni. Als Wachstumsgebiet bevorzugt diese Pflanze ab Meeresspiegel bis 1200m hoch liegende felsige Gefälle, die offen Gemeine-Lärchenwälder, dem frigane Grütel und die Bachränder. Manche Arten dieser Gattung werden auf den Märkten als Blumenstrauß verkauft. Wegen ihrer prunkvollen Blüten wird diese Gattung als Landschaftsgemälde in Verwendeung gebracht.

IRIDACEAE Schwertliliengewächse
Gynandriris sisyrinchium (L.) Parl.

▬ Grasschwertel, Mittagsschwertlilie
C· Köklü süsen, Domuz burnu

Mehrjährige Zwiebelpflanzen. Die Zwiebel ist 10-30x10-26(35)mm, sphärisch, die äußeren Hüllschuppen sind dunkel, faserig. Stengel 5-30(-40)cm lang. Die Blätter sind 2 zählig; die Blattspreite ist lineal, 10-38cmx2-7(-10)mm. Die Blüten haben eine kurze Lebensdauer. Die äußeren Blütenhüll-Abschnitte sind lavendelblau, fliederfarbig oder rosa, oberseits der Blätter ist weiß oder gelb gefleckt, 20-35x(2,5)4-10(-12)mm, die Spreite der Abschnitte ist verkehrt eiförmig-elliptisch. Die inneren Blütenhüll-Abschnitte sind aufrecht, und sind von den äuseren Blütenhüll-Abschnitte kürzer und schmäler; die inneren Blütenhüll-Abschnitte spreite ist lanzettlich. Die Staubfäden sind 4-14mm lang, die Staubbeutel sind (4-)6-10mm in der Länge. Die Griffeläste sind halb aufrecht, 8-20mm in der Länge. Die Kapselfrucht ist ca. 20mm in der Länge. Die Samen sind kantig-birnenartig ca. 1,5mm schwärzlich-braunfarbig.

Die sisyrinchium Pflanze ist die einzige Gattung in der Türkei, die zu dem Gynandriris Geschlecht gehört. Sie hat in der Türkei eine Ausbreitung am Marmarameer, an der Ägäis, am Mittelmeer und in Südostanatolien. Von Februar bis Mai ist die Blütezeit. Als Wachstumsgebiet bevorzugt diese Gattung ab Meeresspiegel bis 1400m Hoch liegende Gemeine-Fichtenwälder, die Kalkstein enthaltende Gefälle, die Macchien und die feuchten Ebenen.

273

Iris stenophylla Hausskn.&Siehe ex Baker subsp. allisonii B.Mathew

Iris, Schwertlilie

Süsen, Cehennem zambağı, Mezarlık zambağı

6-12cm hohe mehrjährige auswüchsige Pflanzen. Die Auswüchse sind 1,5-2cm im Durchmesser. Die Blätter sind (4-)6-10 zählig, zur Reifezeit sind sie 1,5-1,8cm in der Breite, lanzettlich, sichelförmig, oberseits leuchtendgrün, unterseits dagegen ist grün oder gräulichgrün farbig. Stengel ist fast nicht vorhanden oder der Stengel ist völlig von den Blättern versteckt. Die Blüten sind einzeln, violafarbenblau oder fliederfarbenblau, Blütenhüllröhre sind ca.5,5cm lang; die äußeren Blütenhüll-Abschnitte sind waagrecht (3-)3,5-5,2cm lang, die Spreite der äußeren Blütenhüll-Abschnitte ist rechteckförmig, (0,8-)1-1,7x(0,6-)1,4-1,7cm, abgerundet, mit Wärzchen oder behaart, gelb oder orangegelb farbig; die inneren Blütenhüll-Abschnitte sind spatelig, verkehrt eiförmig oder verkehrt lanzettlich, manchmal 3 lappig oder unregelmäßig zähnig, 1-2,5x0,6-0,7cm. Die Kapselfrucht ist elliptisch-zylindrisch, 3-3,5cm, die Samen sind 3-4mm in der Länge.

Diese Untergattung ist endemisch in der Türkei und zeigt nur eine Ausbreitung zwischen Manavgat und Akseki (Antalya) und in der Gegend Gündoğmuş (Antalya). Diese Gattung die einen sehr geringen Ausbreitungsraum besitzt, wächst zwischen 850-1500m hoch in den Nadelbaum Waldlichtungen befindliche steinige Gefälle. März-April ist die Blütezeit.

IRIDACEAE Schwertliliengewächse
Iris unguicularis Poiret

▬▬ Iris, Kretische Schwertlilie

☪ Çalı navruzu

Bis zu 40cm hoch, mehrjährige Pflanze mit Rhizom. Die Blätter sind lineal 10-60x1,5-5mm. Die Blüten sind vom lavendelblau bis dunkelfliederfarben wechselhaft, mit dunklem Adern, die äußeren Blütenhüll-Abschnitte sind auf der oberen Fläche mit gelben Streifen. Die Blütenhüllröhre sind 9-28cm lang. Die äußeren Blütenhüll-Abschnitte sind verkehrt lanzettlich, 6-8x1-2cm, scharf zugespitzt, die inneren Blütenhüll-Abschnitte sind verkehrt lanzettlich, 6-8x 0,8-1,5cm, scharf zugespitzt. Die Kapselfrucht ist elliptisch, 3-4x1-1,5cm.

Diese Gattung, die in der Türkei an der Ägäis und am Mittelmeerregionen wächst, zeigt außer der Türkei eine Ausbreitung in Nordwestafrika, in Griechenland und in Westsyrien. Als Wachstumsort bevorzugt diese Pflanze ab Meeresspiegel bis auf 1000m hoch liegende felsige Standorte, die Fluß-oder Seeränder, Wälder oder die sträuchige offen Standorte. Wegen ihrer wunderschönen prunkvollen Blüten kann diese Pflanze als Landschafts-gemälde überall und immer ihren Platz finden.

LAMIACEAE Lippenblütler
Calamintha grandiflora (L.) Moench

■ Steinquendel, Bergminze
☾ Büyük çiçekli Türk otu

15-60cm hoch ragende mehrjährige Pflanzen. Stengel aufrecht oder niederliegend aufsteigend, generell drüsig, spärlich oder zottig dicht behaart. Die Blätter sind eiförmig sowohl auch elliptisch, 25-60x16-40cm. Die Blütenstände sind in Abständen 3-7 zählig, je eins 2-11 blütig. Der Kelch ist zweilippig, 11 nervig, 9-14mm in derLänge. Die Krone ist hell oder blaurosig rot, groß, 25-42mm in der Länge. Die nüßchenartige Frucht ist kahl, eiförmig sowohl auch halb sphärisch.

Als Wachstumsort bevorzugt diese Gattung zwischen 300-2450m. hoch liegende schattige Feuchtstandorte, Offenwälder, Sträuchige Standorte, Kalkstein enthaltende felsige Gegenden und blüht von Juni bis Oktober. Sie hat in der Türkei eine Ausbreitung im Nordwesten und im Norden. Außer der Türkei in Mittel-und Südeuropa, Kaukasien und Nordwestiran.

LAMIACEAE Lippenblütler
Lavandula stoechas L. subsp. stoechas

Schopflavendel, Lavendel
Karabaş otu, Yabani lavanta

Bis zu 45cm oder noch höher wachsende filzig behaarte Sträucher. Die oberen Blätter sind lanzettlich, 14-40x1-5mm, leicht zurückgekrümmt. Die oberen Hüllblätter sind dunkelviolett oder weißfarbig, 7-17x3-8mm verkehrt eiförmig und filzig behaart. Blütenstand ist dicht, 6-10 blütig. Der Kelch ist 4-6mm in der Länge, 13 nervig. Die Krone ist schwärzlich dunkelviolett. Die nüßchenartige Frucht ist kahl und glatt.

Die Schopflavendel hat speziell in der Kosmetikindustrie Anwendung. In der Türkei wird sie mit 2 Untergattungen vertreten. Diese Untergattungen bevorzugen in der Türkei die Regionen Nordwest, West und Südanatolien, die bis zu 700m hoch liegende Standorte. Blütezeit ist von März bis Juni. Aus den Blättern und aus den Blüten entnimmt man das ätherische Öl.

LAMIACEAE Lippenblütler
Rosmarinus officinalis L.

▬▬▬ Rosmarin
☪ Biberiye, Kuşdili

Stark aromatisch duftende immergrüner Sträucher. Die Zweige sind aufrecht oder niederliegend aufsteigend, bis zu 50cm hoch. Die Blätter sind lineal-lanzettlich, dunkelgrün, 10-25x1-2(-4) mm, die untere Blattoberseite ist weiß filzig behaart. Der Kelch ist 3-4,5mm weiß filzig behaart. Die Krone ist hellblau farbig, 8-12mm lang. Die nüßchenartige Frucht ist braun.

Diese Gattung zeigt in der Türkei eine Ausbreitung am Marmara, an der Ägäs und in den Mittelmeerregionen. Außer der Türkei in Ägypten und in Kaukasien. Der Rosmarin, der von Februar bis Mai blüht, bevorzugt als Wachstumsgebiet zwischen 30-250m hoch liegende Rotpechtannen und Dornbuschlichtungen, Wegränder, Weinberge und die kalkhaltigen Standorte. Aus seinen Blättern gewinnt man das ätherische Öl und wird auch als Gewürz verbraucht. Das ätherische Öl hat eine hohe Geschmackswirkung, es wird auch bei Bandwurmkrankheiten verwendet und hat antiseptische Eigenschaften. Das Verdaungssystem anregend, den Gallenspiegelstand erhöhend und harntreibend.

LAMIACEAE Lippenblütler

Salvia caespitosa Montbret&Aucher ex Bentham

■ Salbei

☪ Yabani adaçayı

Bis zu 60cm im Durchmesser, am Grund verholzt, mehrjährige Zwergsträucher. Stengel niederliegend oder aufrechtstehend, unterseits behaart ohne Drüsen, oberseits ist mit Drüsen wollig behaart. Die Blätter sind fiederteilig die äußeren Fiederteile sind verkehrt eiförmig, und die Endfieder an der Spitze sind lanzettlich. Die Blütenstände 2-6 blütig, die Tragblätter sind eiförmig und lang zugespitzt. Der Kelch ist glockig meistens dunkelviolett 10-14mm lang und stark drüsig. Die Krone ist violafarben-blau sowohl auch fliederrosa, selten in weißen Farben, 11-20mm in der Länge, der Röhrenbereich ist glatt und hat eine nüßchenartige Frucht.

Diese Gattung zeigt speziell eine Ausbreitung in inner- und südanatolischen Bereichen und ist eine von den purpurrötlich blaublütigen Salbei-Gattungen, die endemisch in der Türkei sind.Von Mai bis Juli ist die Blütezeit und wächst auf den Höhen von 1400-2400m.

279

LAMIACEAE Lippenblütler

Salvia pisidica Boiss.&Heldr. ex Bentham

■■■ Salbei
☪ Yabani adaçayı

An der Basis verholzte mehrjährige Pflanzen, Der Stengel ist 14-35 cm hoch niederliegend oder niederliegend-aufsteigend, unterseits ohne Drüsen und oberseits dagegen mit Drüsen lang weich dicht behaart. Die Blätter sind fiederteilig oder sie sind 3zählige Blättchen. Endfieder an der Spitze ist verkehrt eiförmig-lineal. Blütenstände sind in Abständen 2-8 blütig. Die Hochblätter sind eiförmig und lang zugespitzt. Der Kelch ist röhrig oder glockig, generell dunkelviolettfarbig, 10-12mm in der Länge, drüsig oder nicht drüsig behaart. Die Krone ist in viola Farben 18-22mm in der Länge und der Röhrenbereich ist glatt. Die Frucht ist nüßchenartig.

Diese Gattung, die in Südwestanatolien zwischen 950-1750m höhen eine Ausbreitung zeigt, ist eine von den Endemisten der Türkei. Von Mai bis Juni trägt sie Blüten.

LAMIACEAE Lippenblütler
Salvia viridis L.

▬ Salbei
☪ Yabani adaçayı

Einfach oder verzweigte einjährige Kräuter. Stengel 7-45cm hoch drüsig oder nicht drüsig lang weich behaart. Die Blätter sind einfach rechteckförmig-eiförmig. Blattstiel 2-5cm lang. Blütenstände in Abständen 4-6 blütig. Die Tragblätter sind breit eiförmig, 10x10 mm lang. Der Kelch ist röhrig, generell 7-10mm in der Länge, drüsig oder nicht drüsig lang weich behaart. Die Krone ist fliederfarbig, dunkelviolett sowohl auch weiß farbig, 12-15mm in der Länge und der röhrige Teil ist glatt. Die Frucht ist nüßchenartig.

Außer der Türkei zeigt diese Gattung eine weite Ausbreitung in den weiteren Mittelmeerländern. Als Wachstumsgebiet bevorzugen diese Kräuter in der Türkei die Strandgebiete und in inner-und südanatolien die bis zu 1300m hoch liegende felsige Gefälle, offene Geländen, Frigana und Macchien Standorte und blüht von März bis Juli.

LAMIACEAE Lippenblütler
Stachys aleurites Boiss.&Heldr.

█ Ziest, Wald-Ziest

C⋆ Dağ çayı

Aufrechtstehend bis zu 60cm hohe mehrjährige Pflanzen. Der blütige Stengel ist einzählig; Verzweigung nicht vorhanden. Die unteren Stengelblätter sind eiförmig-lanzettlich, 1,5x1-2,5cm, mit gesägten Rändern. Die Blütenblätter sind aufrechtstehend und sind mit den Blütenständen fast gleich lang. Blütenstände sind ca. 8-12 blütig. Die Vorblätter sind lanzettlich, 9-12x1,5-2mm. Der Kelch ist mit seiner Röhre gleich lang und ist halb zweilippig und ist röhrig oder halbglockig. Die Krone ist dunkel-violett farbig, 13-15mm in der Länge. Die Frucht ist nüßchenartig.

Diese Gattung, die eine von den Endemisten der Türkei ist, bevorzugt als Wachstumsgebiet die bis zu 10-600m hoch liegenden steinigen felsige Standorte und blüht von April bis Juli.

LAMIACEAE Lippenblütler
Thymus cilicicus Boiss.&Bal.

Thymian

Kekik

Dichte Polster bildende, Sträucher ähnliche mehrjährige Pflanzen. Der Stengel aufrecht, 3-15cm hoch, behaart. Die Blätter sind nicht gestielt, und sind lanzettlich-stechbohrerartig, 7-10x0,8-1,5mm. Der Blütenstand ist endständig, ungefähr 1,5x1cm. Die Tragblätter sind 7,5-10x3-4mm, eiförmig. Der Kelch ist 3,5-5mm, die Lippen sind generell gleich lang und sind länger als die Röhre. Die Krone ist fliederfarbig-dunkelviolett und 5-6,5mm in der Länge. Die Frucht ist nüßchenartig.

Diese Gattung, die endemisch ist der Türkei zeigt eine Ausbreitung in Südwest und Südanatolien. Diese Pflanze bevorzugt als Wachstumsgebiet die bis 70-2000m hoch liegenden offenen Felsen-Standorte. Blütezeit ist von April bis August.

283

LILIACEAE Liliengewächse
Hyacinthella heldreichii (Boiss.) Chouard

■■ -

C* Küçük sümbül

Mehrjährige Zwiebelpflanzen. Blätter 2 zählig, kahl. Der Blütenschaftsstengel ist zur Blütezeit 4,5-15cm und zur Fruchtzeit bis zu 25cm in der Länge. Blütenstand ist in Trauben (3-)10-15(-25) blütig die Blüten sind fast ohne Stiele oder höchstens 2mm in der Länge. Die Blütenhülle ist stark dunkel blau-dunkelviolett; die Lappen sind breit elliptisch. Die Kapselfrucht ist klein ca. 4-5mm im Durchmesser. Die Samen sind geringzählig und schwarzfarbig.

Diese Gattung, ist eine von den Endemisten der Türkei, und zeigt eine Ausbreitung im Süden und in Inneranatolien. Als Wachstumsgebiet bevorzugt diese Pflanze die zwischen 150-1500m hoch liegende steinige Gefälle, die Offen Nadelbaum und Eichenwälder.

284

LILIACEAE Liliengewächse
Muscari bourgaei Baker

▬ Traubenhyazinthe
☾ Dağ sümbülü, Arap otu, Arap sümbülü

Mehrjährige Zwiebelpflanzen. Die Zwiebel hat einen Durchmesser von 1-2,5mm; die Hüllschuppen sind schmutzig elfenbeinfarben. Die Blätter sind (2-)3-6(-8) zählig aufrecht oder ausbreitend, 5-15cmx2,5mm die Blattspitzen sind stumpf. Blütenschaftsstengel ist 4-10(-15)cm und ist länger als die Blätter. Blütenstand ist in Trauben, breit, eiförmig-rechteckförmig, 2-3cmx10-15mm und ist 15-40 blütig. Der röhrige Teil der fertilen Blüten sind hellblau oder viola dunkel-violett, die Lappen sind weiß oder hellbläulich. Die sterilen Blüten sind mit den fertilen Blüten gleich oder etwas in helleren Farben. Die Kapselfrucht ist 6-12x6-10mm, an der äußersten Ende gekerbt. Die Samen sind ca.2mm im Durchmesser.

Diese Gattung ist eine von den Endemisten der Türkei und zeigt eine Ausbreitung in Nordwest, West und im Süden Anatoliens. Als Wachstumsort bevorzugt diese Pflanze die hoch liegenden Berge, Weideland, und steinige Gefälle. Blütezeit ist von Mai bis Juli.

285

LILIACEAE Liliengewächse
Muscari parviflorum Desf.

▬ Traubenhyazinthe
☪ Dağ sümbülü, Arap otu, Arap sümbülü

Mehrjährige Zwiebelpflanzen. Die Zwiebel ist 1-1,25cm in der Breite. Die Blätter sind 3-5 zählig schmal lineal, 7-20cmx0,8-1,5mm. Der Blütenschaftsstengel ist 12-23cm in der Länge. Blütenstand ist in Trauben, sehr spärlich 1-3x1-1,5cm 7-12 blütig. Der röhrige Teil der fertilen Blüten ist von hellblau bis zu Himmelblau in wechselhafte Farben, die Lappen dagegen sind hellblau oder weiß. Die sterilen Blüten sind in eine geringe Zahl, klein oder nicht vorhanden. Die Kapselfrucht ist 5-7x4-6mm am äußersten Ende mit Kerben.

Diese Gattung, die in der Türkei am Schwarzen Meer, am Marmarameer, an der Ägäis und in den Mittelmeer Regionen eine Ausbreitung zeigt, blüht von August bis November. Als Wachstumsgebiet bevorzugt diese Pflanze ab Meeresspiegel bis 900m hoch liegende steinige Gefälle, die Offen Macchien Wäldchen, die Obst-Gärten, die Oliven-Hainen und die dem Strand nah liegenden Felder.

LILIACEAE Liliengewächse
Muscari weisii Freyn

▬ Traubenhyazinthe
☪ Dağ sümbülü, Arap otu, Arap sümbülü

Mehrjährige Zwiebelpflanzen. Die Zwiebel ist 1,5-3cm im Durchmesser; die Hüllschuppen sind blassrötlich oder rötlich. Die Blätter sind (2-)3-6 zählig, aufrecht, ausgebreitet oder eingerollt, lineallanzettlich, 8-70cmx5-15mm. Blütenschaftsstengel ist 8-30cm in der Länge, aufrecht und ist generell kürzer als die Blätter. Blütenstand ist in Traube und ist zylindrisch. Am röhrigen Teil der Fertilen Blüten nah zur Spitze hin sind sie dunkelbraun, nah zum Grund hin sind sie hellbraun oder schmutziggrün, die Lappen sind hellgelb farbig. Die sterilen Blüten sind von den fertilen Blüten kürzer, rötlichblau oder purpurrötlich. Die Kapselfrucht ist an der Spitze leicht gekerbt oder auch nicht.

Diese Gattung zeigt außer der Türkei in Südostgriechenland und auf den ägäischen Inseln eine Ausbreitung. In der Türkei an der Ägäs und in den Mittelmeer Regionen. Als Wachstumsgebiet bevorzugt diese Gattung ab Meeresspiegel bis 800m hoch liegende felsige Gefälle, Frigana, Macchien und Nadelbaumwälder.

LILIACEAE Liliengewächse
Scilla autumnalis L.

━━━ Herbst-blaustern, Blaustern
☪ Dağ soğanı

Mehrjährige Zwiebelpflanzen. Die Zwiebel ist 1(-2)x2(-4)cm. Die Hüllschuppen Blätter sind braun, manchmal sind sie blassrötlich. Die Blätter sind 3-12 zählig, schmal lineal, 2-17cmx1-2mm, fleischig, generell aufrecht. Blütenschaftsstengel ist 1-2(-3) zählig, aufrecht 5-30cm hoch. Blütenstand in Traube, 4-25 blütig. Die Tragblätter sind nicht vorhanden. Blütenhüll-Abschnitte sind fliederfarbig, mit dunklem Mittelnerv, 3-5x1,5-2mm. Die Kapselfrucht ist halb sphärisch oder 3 lappig. Die Samen sind elliptisch, 3x1,5mm schwarzfarbig.

Diese Gattung zeigt eine Ausbreitung am Marmara, an der Ägäis, am Schwarzen Meer und in den Mittelmeer Regionen. Als Wachstumsgebiet bevorzugt diese Pflanze ab Meeresspiegel bis 1760m hoch liegende trockene und sonnige Gefälle, die Feuchtwiesen, Macchien und Offenwälder. Die Zwiebel dieser Gattung wird in Bitlis und Umgebung gegen Rheuma verwendet.

LILIACEAE Liliengewächse
Scilla bifolia L.

Zweiblättriger Blaustern, Sternhyzinthe Meerzwiebel

Kampana çiçeği

Mehrjährige Zwiebelpflanzen. Die Zwiebel ist 0,5-2cm im Durchmesser, die Hüllschupenblätter sind blaßrötlich oder weißlich. Die Blätter sind (1-)2(-7) zählig, breit lineal (4-)7-19(-35)cmx(1,5)3-15mm.Der Blütenschaftsstengel ist 1 zählig, aufrecht und ist 5- 28(-37)cm in der Länge. Blütenstand ist in Trauben, 1-15(-25) blütig. Die Tragblätter sind 0.5-1(-4) oder nicht vorhanden. Die Blütenhüll-Abschnitte sind hellblau, fliederblau oder bläulich dunkelviolett farbig,(4-)5-10(-12)x1,5-2,5(-3)mm. Die Kapselfrucht ist halb sphärisch, annähernd 2mm im Durchmesser.

Von Februar bis Juni ist die Blütezeit als Wachstumsgebiet bevorzugt diese Gattung die Feuchtwiesen zur der schneeschmelze Zeit, steinige Gefälle und die Offenwälder. In der Türkei zeigt sie eine Ausbreitung am Marmara, an der Ägäis am Scwarzen Meer, in Inneranatolien und in den Mittelmeer Regionen.

LILIACEAE Liliengewächse
Smilax aspera L.

■ Stachelige Stechwinde
☪ Silcan, Gıcır

Zweihäusige, kletternde Sträucher. Der Stengel ist verholzt und am unteren Teil dornig. Die Blätter sind spiralförmig aneinandergereiht, von herzförmig-dreieckförmigem bis zu lanzetlich wechselständig, 3-6x 1,5-4,5cm, am Grund pfeilköpfig oder harpuneförmig, mit Öhrchen, die Ränder sind spärlich dornig. Die Blüten sind auf den verlängerten Seiten Blütenschaftsstiele 1-6 blütig doldenförmig. Die männlichen Blütenhüll-Abschnitte sind 4-5mm, gelblich cremefarbig. Die beerenartige Frucht ist rot oder schwarz; die Samen sind 3 zählig.

In der Türkei zeigt die Liliaceae Gattung eine Ausbreitung an der Ägäis und am Mittelmeer Region, außer der Türkei in den Mittelmeerbecken Ländern, Äthiopien und in den Himalaya, sie blüht in den Monaten April-Juni. Diese Gattung bevorzugt als Wachstumsgebiet die zwischen 50-700m hoch liegende Macchien und sträuchige Standorte, felsige Gefälle und Sand-Strandränder.

MALVACEAE Malvengewächse
Hibiscus syriacus L.

■ Roseneibisch, Strach-Eibisch
☪ Ağaç hatmisi

2 bis 3m hochwachsende Sträucher. Die Blätter sind eiförmig, zähnig fast 3 lappig, kurzgestielt. Die Blüten sind von rötlichem bis zu fliederfarben und bis weiß wechselhaft, in der Mitte dunkelviolett punktiert, einzeln oder doppelt in den oberen Blattachseln; Der Außenkelch ist mit 7-9 linealem lappen. Die Frucht ist 20-25mm lang, gelb behaart.

Diese Gattung, die speziell in den Parks und in den Gärten als Zierpflanze gezüchtet wird, blüht von Juli bis Oktober und ist behaimatet in Asien.

291

MALVACEAE Malvengewächse
Malva sylvestris L.

Wilde Malve, Großeuäsepoppel, Rosspappel

Büyük ebegümeci, Yabani ebegümeci, Kuş ekmeği

Niederliegend oder niederliegend aufsteigend zwei oder mehrjährige Pflanzen. Die Blätter sind kreisförmig, lappig, die Ränder stumpf zähnig und behaart. Die Blüten sind in Bündeln in den Blattachseln. Die Außenkelch-Abschnitte sind lineal oder schmal eiförmig. Die Kelchblätter sind breit dreieckig, 3-7mm in der länge. Die Kronblätter sind blau, violett oder in rosa Farben, 18-25mm in der Länge, sie sind 4 mal so lang wie die Kelchblätter oder länger. Die Frucht ist lang weich behaart.

Diese Gattung, die in der Türkei im Westen im Norden und im Südwesten ausgebreitet ist, wächst bis zu 500m Höhen in den Sträucher wäldchen oder in den Offen-Standorten. Die frischen Blätter kann man als Gemüse verwenden. Von Mai bis Oktober ist die Blütezeit.

PAPAVERACEAE Mohngewächse
Papaver somniferum L.

Schlafmohn, Bastelmohn, Gartenmohn

Haşhaş

Bis zu 120cm hoch, generell nicht behaarte einjährige Pflanzen. Stengel aufrechtstehend. Die Blätter sind unterseits kurz und mit hängenden Stiele, die Blätter oberseits sind nicht gestielt und sind mit Öhrchen. Alle Blätter sind am Rand gesägt. Die Blütenkronblätter sind kreisförmig, weißflieder bis dunkelviolett oder in verschiedenen Farben. Die Staubfäden sind keulenförmig. Die Kapselfrucht ist sphärisch, halb kurz gestielt und ist in 5-7x4-5cm Dimensionen. Die Scheibe ist fast glatt, am Rand teilig, die Lappen sind klein stumpfzähnig, Stigma 8-12 zählig.

Außer der Türkei zeigt sie eine Ausbreitung in Eurasien, in der Türkei speziell in der Region Afyon und in den Regionen sowie in Aydın und Malatya fast in allen Regionen der Türkei wird sie kultiviert, im Monat Mai trägt sie Blüten. Die Kapseln dieser Pflanze werden in der Pharmazeutik und in Medizin weit verwendet. Von dem Afyon genannte verschiedene Alkolieden (sowie Morphium, Kodein, Papaverin) entsteht die Droge. So wird auch gleichzeitig diese Droge als Rausch verwendet. Das Ophium wird durch Anritzen der unreifen Kapseln oder mit der Bearbeitung der unreifen Kapseln gewonnen, wenn das Ophium als Rausch verwendet wird hat sie schädliche Wirkungen, daher wird das Ophium unter staatliche Kontrolle angebaut.

RANUNCULACEAE Hahnenfußgewächse
Anemone blanda Schott&Kotschy

Windröschen, Anemone, Berganamone
Anemon, Manisa lalesi, Dağ lalesi

Bis zu 25cm hoch mit fast sphärische Knollen mehrjährige Pflanzen. Die Grundblätter sind dreifach geteilt, die einzelnen Abschnitte sind tief eingeschnitten oder stumpfzähnig, die Oberfläche ist breitgedrückt weich spärlich behaart, unterseits ist kahl und generell dunkelviolettfarbig. Die Hüllblätter sind gestielt, wie die Grundblätter in 3 geteilt. Die Blüten sind einzählig. Die Blütenkronblätter sind generell 12-15 zählig, schmal rechteckförmig, lavendelblau, selten rosa, 14-25mm in der Länge. Die Schließfrucht ist behaart.

Außer der Türkei ist diese Gattung in den Balkanländer, auf Zypern, in Westsyrien, in Kaukasien und in Georgien ausgebreitet. In der Türkei hat diese Gattung in allen Regionen eine Ausbreittung, und blüht von März bis April, als Wachstumsort bevorzugt diese Gattung, die bis 150-2600m hoch liegenden felsigen Gefälle und die sträuchigen Standorte. Als Zierpflanze werden die Knollen expotiert. Wegen ihrer auffälligen pompösen Blüten wird diese Gattung als Landschaftsgemälde angebaut.

SCROPHULARIACEAE Rachenblütler
Veronica caespitosa Boiss. var. caespitosa

■ Ehrenpreis
C* Yavşan otu

Mit Ausläufern, 2-4cm hoch, 3-7cm im Durchmesser polsterbildende mehrjährige Pflanzen. Der Stengel ist kahl und mit halb lederige Blätter verkleidet. Die Blattspreite ist lineal-verkehrt lanzettlich, 6-13x1-3mm, im äußeren gekrümmt und ganzrandig. Blütenstand ist 2-7 blütig. Die Blüten sind 8-14mm im Durchmesser. Die Tragblätter sind elliptisch, spatelig oder lineal. Der Kelch ist 3-5mm lang und ist 4 lappig. Die Blütenkrone ist hell fliederfarbig, purpur-rötlichblau oder in himmelblauen Farben. Die Frucht ist eine Kapselfrucht.

Diese Gattung ist in der Türkei nur mit einer Variete vertreten und ist fast in allem geographischen Regionen ausgebreitet. Die Blütezeit ist von Mai bis August und als Wachstumsort bevorzugt diese Pflanze, die zwischen 2000-3100m hochliegende Steppen, felsige und steinige Standorte.

295

VERBENACEAE Eisenkrautgewächse
Vitex agnus-castus L.

━━ Mönchspfeffer, Keuschbaum
☪ Hayıt

Sträucher oder selten kleine Bäume. Stengel sehr verzweigt, filzig behaart. Die Blätter sind gegenständig, 3-7 fingerförmig geteilt; die Blättchen sind generell ganzrandig, 3-15cm lang, oberseits blaßgrün, unterseits weiß filzig behaart. Blütenstand ist cymöse. Der Kelch ist 3mm lang, der äußere Bereich ist dicht filzig behaart. Die Krone ist blaß flieder oder in blauen Farben, annähernd 8mm lang. Die kugelige Frucht ist sphärisch, schwarz oder rotfarbig.

Die Pflanze, die von Juni bis September blüht, bevorzugt ab Meeresspiegel bis 750m hoch liegende Sand-düne Standorte, die Schwemmlandböden, die Trockenflußbetten, die an der Meeresküste befindliche Felsen und die Kalksteinfelsen. In der Türkei ist sie am Schwarzen Meer, am Mittelmeer, am Marmarameer und an der Ägäis ausgebreitet. Außer der Türkei wächst diese Pflanze am Mittelmeerbecken und in Westkaukasien. Die Wurzeln werden in der Fädenfaser Färberei zum Färben gebraucht.

ACERACEAE Ahorngewächse
Acer monspessulanum L.
subsp. monspessulanum

■ Ahorn, Burgen-Ahorn, Felsenahorn
☾ Akça ağaç

Sträucher oder bis 12m hohe Bäume. Die Blätter sind einfach, drei lappig, 1,1-6cm lang, am Grund rund oder halb herzförmig, die Lappen sind von dreieckförmig-eiförmigem eiförmig bis zu rechteckförmig wechselständig. Die Blüten sind aufrecht, kurz gestielt und ohne Kronblatt, 5 blütig und sind in Doldentrauben. Die Schotenfrucht ist abgeflacht und 14-22mm lang.

In der Türkei zeigt diese Untergattung eine Ausbreitung in den Regionen sowie in Uşak in Antalya, in Burdur und in İçel und außer der Türkei in Nordwest Afrika, Süd-und Mitteleuropa und blüht April-Mai. Als Wachstumsgebiet bevorzugt diese Pflanze die zwischen 1000-1700m hochliegende felsigen Gefälle.

ACERACEAE Ahorngewächse
Acer negundo L.

Ahorn, Eschenahorn
Akça ağaç, İsfendan, Dişbudak yapraklı akça ağaç

Bis zu 20m hoch ragende zweihäusige Bäume. Die Blätter sind gefiedert oder 3 teilig; die Blättchen sind 3-5(9) zählig, gesägt und sind generell lapig. Der Blütenstand ist hängend in Scheindolden. Die Blüten sind im hängenden Zustand ohne Kronblatt. Die Schotenfrucht ist rechteckförmig und abgeflacht.

Der Ahorn ist aus Nordamerika und wird im Norden der Türkei im naturellen Zustand und auch wegen des dekoratifen Aussehen angebaut. In den Parks und Gärten wird sie als Zierpflanze eingesetzt. Der Ahorn blüht im März-April.

ANACARDIACEAE Sumachgewächse
Pistacia lentiscus L.

▬ Mastixbaum, Mastixstrauch
☪ Sakız ağacı, Mastika

Immergrünes Bäumchen oder Strauch wächst bis zu 1-3(-5) m hoch. Die Blätter sind paarig fiederteilig und lederig; die Teilblättchen sind 2-4(5-7) teilig, rechteckförmig oder lanzettlich, 1,5-3,5x0,6-1,5cm, stumpf oder kurz zugespitzt, kahl und die Blattspreite ist deutlich geflügelt. Blütenschaft ist eine Dolde. Der Kelch ist fünfteilig. Die Kronblätter sind nicht vorhanden. Die Frucht ist kugelig, eiförmig, am Anfang rot, später in der Reife je doch schwarz und ist einsamig.

Diese Gattung, die März-April blüht, zeigt in der Türkei eine Ausbreitung so wie im Nordwest, West und im Südregionen die bis zu 200m Höhe in den Macchienstandorte und außer der Türkei in den anderen Mittelmeerländern. Aus dem Stamm dieses Baumes wird das Mastixharz gewonnen. Um aus der Stammrinde das Harz zu gewinnen, wird speziell in den Monaten Juni-August in die Rinde des Baumes schräge Spalten hineingehauen und so wird aus diesen Spalten das herausquellende Harz gesammelt. Dieses Harz wird nach einer bestimmten Zeit gelb und durchsichtig. Dieses Harz wurde früher gegen die unangenehmen Mundgerüche gekaut. Heut zu Tage findet der Harz in der Parfümerie und Lackerzeugung einen besonderen Stellenwert.

ANACARDIACEAE Sumachgewächse
Pistacia terebinthus L. subsp. palaestina
(Boiss.) Engler

■ Terpentinpistazie

C★ Çitlembik, Sakız ağacı, Terebantin, Yabani fıstık ağacı, Menengiç, Melengiç

2-6m hoch ragende Sträuche, Bäumchen oder Bäume generell mit Auswüchsen. Die Blätter sind sommergrün paarig fiederteilig oder unpaarig fiederteilig. Teilblättchen sind (1-)2-4(-6) teilig eiförmig-rechteckig oder rechteckig lanzettlich 3-7(8)x 1,8-3(-4)cm stumpf oder lang zugespitzt, kahl, Oberseits dunkel-grün, Unterseits ist heller, die Blattspreite ist nicht geflügelt. Die kugelige Frucht ist sphärisch oder breit verkehrteiförmig, 5-6x4-6mm.

Diese Gattung, die in der Türkei mit 2 Untergattungen vertreten ist, bevorzugt die bis 1500 m hoch liegende Felsige Gefälle, Nadelbaumwälder und Macchien Standorte und blüht März-Mai. Aus dem Stamm dieses Baumes gewinnt man terepentinähnliches Mittel, welches für Harn und Atmungswege als Antisept eine Verwendung findet. Die reifen Früchte werden in der Region Antalya als Dörrobst konsumiert. Die Blätter und die Äste werden als Farbmittel verwendet.

ANACARDIACEAE Sumachgewächse
Schinus molle L.

◼ Peruanischer Pfefferbaum, Pfefferbaum
☪ Yalancı karabiber ağacı

Immer grüner 5-15m hoch ragende, zylinderisch aussehende Bäume die Zweige sind überhängend. Die Blätter sind in 20-30cm Länge, spiralförmig aneinander gereiht, Fiederblatt teilig: die Lappen sind herabhängend und lanzettlich-lineal 3-6 cm lang. Die Blüten sind gelb. Der Kelch ist kurz und 5 teilig. Die Kronblättchen sind aufeinander gesetzt und haben einen Durchmesser von 6-8mm. Die kugelige Frucht ist rot farbig und sphärisch.

Diese Gattung ist aus Südamerika. In der Türkei wird sie in den Parks und in den Gärten als Zierpflanze angebaut und trägt im Frühling Blüten.

ARAUCARIACEAE Araukariengewächse
Araucaria araucana (Mol.) Koch

■ Chilenische Araukarie, Andentanne, Zimmertanne
☪ Maymun ağacı, Arokarya, Şili arokaryası

Bis zu 10m hoch ragende immer grüne Bäume. Die Zweige erscheinen vom Baumstamm sternförmig hervor. Die Blätter sind spiralförmig aneinander gereiht, sind einfach, ganz randig und sind von lanzettlichem bis zu eiförmig wechselständig, paralell nervig, grün. Die Blüten sind nicht deutlich zu sehen sie sind unklarerscheinend. Die Frucht ist eiförmig, trocken und braun.

Diese Gattung, die aus Nordamerika ist, nimmt ihren Platz in der Türkei speziell an der Meeresküste, Parks und in den Gärten als Landschaftsgemälde ein.

ARECACEAE Palmengewächse
Phoenix dactylifera L.

■ Echte Dattelpalme, Dattelpalme
C★ Hurma ağacı, Kara hurma

Zweihausige Bäume wachsen bis zu 30m hoch. Die Blätter sind fiederteilig, 100-120 zählig, 4-8m hoch. Die Blüten sind klein und weiß Der Kelch ist Becherförmig, 3 zähnig. Die Kronblätter sind 3 blätterig, weibliche Blüten sind zweimal so lang wie der Kelch. Staubblätter sind 6 blätterig. Die Staubbeutel sind lineal. Die Frucht ist zylindrisch, kugelig oder eiförmig, 2,5-7,5cm lang, fleischig, gelblich-braun.

Die echte Dattelpalme, deren Ursprung Nordafrika ist, wird speziell in der Türkei im Westen und im Südanatolien in den Parks und in den Gärten angebaut.

304

ARECAECAE Palmengewächse
Phoenix theophrasti Greuter

━━ Phoenixpalme, Kretische Dattelpalme

C* Datça hurması

Bis zu 12m hoch ragende Bäume.
Der Stamm ist schlank, generell
einpaar stämmig, am Grund
verzweigt. Die Blätter sind graugrün
fieder teilig, aufrecht- bogenförmig,
die mittleren Abschnitte sind
30-50cm, die Abschnitte am Grund
sind 8-15cm. Die Kelchblätter sind
dreieckförmig-scharf zugespitzt. Die
Kronblätter sind 6-7mm lang. Die
Kronblätter der Pistillatblüten sind
mit den Kelchblätter gleich lang. Die
Frucht ist elliptisch (12-)14-16x
7-11mm, gelblichbraun.

Diese Gattung wurde das erste mal
von Greuter auf der Insel Kreta
entdeckt und gepflückt und der
Wissenschaftswelt bekannt gegeben
und zeigt heute nur eine geringe
Ausbreitung auf Kreta, in Muğla und
Antalya. Als Wachstumsgebiet
bevorzugt diese Pflanze ab
Meeresspiegel bis 200m hoch
liegende gemeine Fichtenwälder und
Flußufer und trägt Früchte Juli-
November.

ARECACEAE Palmengewächse
Washingtonia filifera (J. Linden ex André) H. Wendl.

Priesterpalme, Washingtonie

Palmiye

Bis zu 25m hoch ragende Bäume. Baumstamm kräftig gebaut, einfach und ist grünlich. Die Blätter sind über dem Baumstamm und wesentlich lang. Die Blattstiele sind dornig und zähnig; die Blattspreite ist in 1-2m weite, die Abschnitte sind 1-2cm breit und in 50-60 Abschnitte geteilt. Blütenstand ist kahl. Die Kelchblätter sind becherförmig. Die Kronblätter sind gestielt: Die Lippe ist eiförmig, 5x2,2mm lang. Die Frucht ist ellipsenförmig, trocken und in 4-10mm Länge.

Diese Gattung, die in dem Monat Juli blüht und deren Heimat Amerika ist, wird in der Türkei im westlichen und südlichen Regionen, speziell in den Parks und in den Gärten kultiviert.

BETULACEAE Birkengewächse

Alnus orientalis Decne. var. pubescens Dippel

███ Erle, Oriantalische Erle

C* Gürgen ağacı, Kızıl ağaç, Akça ağaç

Die bis zu 20-50m hoch ragenden Bäume. Die jungen Langtriebe sind behaart oder nicht behaart. Die Blätter sind vom eiförmigen bis zu elliptisch wechselständig 5-11x2,5-6,5cm stumpf oder zugespitzt, ungeordnet 2 zeilig gesägt. Die Blattstiele sind behaart oder nicht behaart, 1-4cm lang. Blütenstand zur Fruchtzeit ist 1,8-2,6x1-1,6cm. Die Frucht ist hellbraun.

Diese Gattung, die in der Türkei mit 2 Varieten vertreten ist, bevorzugt die bis zu 1000m Höhen liegende wassserreichen Gebiete. Diese Variete, die endemisch in der Türkei ist, zeigt uns in Südwest und in Südanatolien eine Ausbreitung.

BIGNONIACEAE Trompetengewächse
Catalpa bignonioides Walt.

▬ Trompetenbaum, Katalpa

☪ Kara meşe, Katalpa, Kurt yemez

Annähernd 15m hohe laubwerfende Bäume. Die Blätter sind gegenständig oder in einem Kreis 4-8 blätterig, quirlständig, einfach, grünfarbig, eiförmig, zugespitzt und 10-18mm in der Breite. Blütenstand in Dolden, vielblütig; die Blüten sind glockenförmig 3,5-4cm in der Länge, weiß, im Frühsommer sind sie zwei streifig gelb und dunkelviolett befleckt. Die Fruchtkapsel ist 15-35mm in der Länge.

Diese Gattung, die aus Amerika ist, wird in der Türkei als Landschaftsgamälde in den Parks und in den Gärten kultiviert.

BIGNONIACEAE Trompetengewächse
Jacaranda mimosaefolia D.Don

- ▬ Palisanderholzbaum, Jakarande
- C★ Jakaranda

Bis zu 8m hoch ragenden Bäume. Die Blätter sind 2 fach gefiedert und sind gegenständig, eiförmig-diamantförmig. Blütenstand ist endständig an den Langtrieben in breite Dolden; die Blüten sind blau, röhrenförmig und zweilippig, 5-6cm in der Länge. Die Frucht ist kreisförmig sowohl auch eiförmig, in der Reife ist sie braunfarbig.

Diese Gattung ist endemisch in Brasilien, in der Türkei wird sie als Landschaftsgemälde in den Parks und in den Gärten kultiviert.

CASUARINACEAE Kasuarinengewächse
Casuarina equisetifolia L.

■ Kasuarine, Eisenbaum, Eisenholz
☪ Demir ağacı

Immergrüner bis zu 30m hohe Bäume. Die Zweige sind hängend, gerillt, grün und mit 6-8 schuppige Blätter. Die Internodium sind 5-7,5mm in der Länge. Die Haupttriebe sind behaart, wo generell 8 Paare sich zusammen befinden 2,5mm in der Länge, mit gekrümmte Schuppen. Männliche Blüten sind generell vielzählig und sind an den Ästen endständig, zylindrisch-spindelartig 12-24mm in der Länge. Die weiblichen Zapfen befinden sich etwas unterhalb, halb sphärisch-ellipsenähnlich, 10-20mm im Durchmesser.

In der Türkei wird diese Pflanze als Landschsftsgemälde in den Parks und in den Gärten angebaut. Diese Gattung hat eine natürliche Ausbreitung außer der Türkei in Endonesien, in Malaysia, in Indien, in Srilanka und in Nordaustralien.

CORNACEAE Hartriegelgewächse
Cornus mas L.

- Kornelkirsche, Hartriegel
- Kızılcık

Laubwerfender, die bis zu 5m. hoch wachsende Sträucher oder kleine Bäumchen. Die Blätter sind lanzettlich oder breit elliptisch, 2,5-8,5cm lang. Blütenstand ist 1,5-2,5cm im Durchmesser, 15-20 blütig kurz gestielt. Die Hüllblätter 6-10mm lang. Die Kelchblätter sind 0,5mm lang. Die Kronblätter sind von grünlichem bis hellgelb wechselhaft. Die Frucht ist Steinfrucht 12-15x7mm und ist von elliptischem bis zu zylindrisch wechselständig, am Anfang gelb danach rot.

Diese Gattung, die in der Türkei in vielen Regionen kultuviert wird, blüht von März bis Mai und zeigt eine Ausbreitung die zwischen 20 bis 1500m über dem Meeresspiegel hoch liegende Standorte Die reifen Früchte sind eßbar und aus den Früchten wird ein säuerlich schmackhaftes Mus zubereitet.

CORYLACEAE Haselnußgewächse
Corylus avellana L.

▬ Wald-Hasel, Gewöhnliche Hasel
☪ Kuzu fındığı, Orman fındığı, Fındık

Laubwerfende Bäume und Sträucher. Die Blätter sind einfach mit gezähnten Ränder, von eiförmigem bis zu ziemlich breit eiförmig wechselständig, 5-12x3-10cm. Die männlichen Blüten sind im Herbst erscheinend in den langen und hängenden Kätzchen. Die weiblichen Blüten sind in einem dikazyum zustand, im Hochblatt. Blütenbereich mit zwei Vorblättern. Jede einzelne weibliche Blüte ist an dem Basisbereich zusammengesetzt, die Spitzen sind voneinander getrennt mit 3 Vorblätter eingehüllt. Die nüßchenartige Frucht ist halb sphärisch oder eiförmig 10-22mm lang.

Diese Gattung zeigt eine natürliche Ausbreitung am Schwarzenmeer in dem laubwerfenden Waldgürtel, vonFebruar bis März ist die Blütezeit und im Herbst erscheinen die Früchte. Die Früchte dieser Pflanze werden in der Nahrungsmittelindustrie verarbeitet und aus seinem Holz werden Korbstühle und Körbe hergestellt.

CORYLACEAE Haselnußgewächse
Ostrya carpinifolia Scop.

- Hopfenbuche
- Kayacık

Bis zu 20m hoch ragende Bäume. Die Blätter sind eiförmig-rechteckförmig, lang zugespitzt, 4,5-9x2,2-4-6cm, sehr scharf doppelt gesägt; Der Blattstiel ist 0,5-0,8cm lang, dicht behaart. Der Blütenstand zur Fruchtzeit ist ungefähr 6cm in der Länge. Hüllkelchblätter sind rechteckig-eiförmig, lang zugespitzt am Grund hell rötlich-gelb behaart und dicht nervig. Die Frucht ist nüßchenartig, gelblich-braun farbig, glatt und kahl.

Diese Gattung zeigt in der Türkei eine Ausbreitung in Nord und Südanatolien, außer der Türkei in Europa in Westsyrien und Kaukasien. Als Wachstumsgebiet bevorzugt diese Gattung, die zwischen 200-2135m hoch liegende Laub werfender Waldgebiete, sträuchige Gegenden, die Nadelbaum-Wälder, trockene steinige Standorte und blüht von März bis April.

CUPRESSACEAE Zypressengewächse
Cupressus arizonica Grene

■ Arizonazypresse
☪ Arizona servisi

Die Blau-grün aussehende, bis zu 25m hoch ragende Bäume. Bräunlich-rötliche Äste, die Krone pyramidenförmig. Die Äste sind waagerecht ausgebreitet. Die Langtriebe sind viereckig und verdickt. Die Blätter sind schuppenförmig, bläulich-grün oder grau-blau farbig, verdickt und spitzt, Ränder sind feinzähnig. Auf der Blattspreite sind die Stomabänder sichtbar vorhanden. Die Zapfen sind sphärisch, 2-3cm im Durchmesser, rot-braun und sind blauschuppig. Die Zapfen sind auf den Zweigen gehäuft. Jeder Zapfen hat 6-8 Schuppen; die oberen Flächen sind verhältnismäßig glatt oder angedrückt. Die Samen sind lang eiförmig.

Diese Gattung die im Westen Nordamerikas in einem natürlichen Zustand auf den Arizona Bergen bis auf 2000m Höhen ihren Platz einnimmt, wird in der Türkei in den Parks und in den Gärten als dekorativer Zierbaum kultiviert.

CUPRESSACEAE Zypressengewächse
Cupressus sempervirens L.

Mittelmeerzypresse
Adi servi, Akdeniz servisi

Bis zu 30m hoch ragende Bäume. Die Blätter sind alle schuppenförmig, angedrückt, generell bei den 4 eckigen Trieben sind es in 4 Reihen, gegenständig aneinander gereiht. Die männlichen Zapfen sind an den Enden von Kurztrieben, und sind zylinderförmig bis zu 7mm lang. Die weiblichen Zapfen sind 2-3x2-2,5cm bräunlich-graufarbig mit Schuppen. Die Frucht ist der verholzte Zapfen, und ist sphärisch oder elliptisch, mit 6-12 Schuppen, die in der Mitte einen spitzen Nabel tragen. Die Samen enthalten keinen Harz und sind geflügelt.

Es gibt zwei Varieten von der Mittelmeerzypresse. Die erste Variete ist c. Sempervirens var. Pyramidalis. Von der Pyramid Zypresse sind die Äste paralel zum Baumstamm hin aufsteigend. In der Türkei und in allen anderen Mittelmeerländern wird sie auf den Friedhöfen, rings um die Moschee-Mauern, in den Kirchen-Gärten und an den Mausoleen kultiviert. Die zweite Variete ist die C. Sempervirens var. Horizontalis. Die Äste der Horizontal-Zypresse stehen zum Baumstamm hin in einem aufrechten Winkel. Es ist ein Waldbaum. Die Zypressen Bäume, die beschnitten werden, geben keine andere Triebe mehr aber dafür lebt ein Zypressen Baum über 500 Jahre und somit symbolisiert der Zypressen Baum die Unsterblichkeit. Die Zypresse ist ein typischer Baum im ganz Mittelmeerraum. Sie ist endemisch am östlichen Mittelmeerraum und sie zeigt eine Ausbreitung bis in den Nordiran.

CUPRESSACEAE Zypressengewächsee
Juniperus drupacea Lab.

Wacholder, Steinfruchtartige Wacholder
Andız, Anduz, Ardıç

Zweihäusige Bäume. Die Blätter sind 11-13mm lang und lang zugespitzt, mit zwei weiße Spaltöffnungsstreifen getrennt durch die mittlere ader auf der oberen Blattfläche. Die Zapfen haben ein Durchmesser von 20-25mm, von eiförmigem bis zu halbsphärisch sie sind wechselständig, braun sowohl auch schwarz, schuppig. Die Samen sind klein, 3 zählig.

Unter dem Wacholder ist diese Gattung, die die größten Zapfen haben. In der Türkei zeigt sie eine Ausbreitung auf den Taurus Bergen. Außer der Türkei in Griechenland und in Westsyrien. Als Wachstumsgebiet bevorzugt diese Gattung die zwischen 1000-1500m hoch liegende Sträucher und in den Wäldern vorhandenen Felsen. Aus den Früchten wird der berühmte Most gekocht. Dieser heißt Andız most und ist sehr energiereich und aus seinem Holz wird Teer gewonnen. Dieses Teer hat eine antiseptische Wirkung. Aus den Zapfen wird Rosenkranz hergestellt, in der Stadt Adana werden heute noch diese Rosenkränze auf dem Markt verkauft.

CUPRESSACEAE Zypressengewächse

Juniperus excelsa Bieb.

■ Wacholder
☪ Boylu ardıç, Boz ardıç, Çerkem

Die bis zu 20m hoch ragen, in den jungen Jahren pyramidisch und in den älteren späteren Jahren hat sie eine breite und flache-rundliche Baumkrone. Die reifen Blätter sind dreieckförmig, die untere Seite des Blattes trägt zwei dunkle Streifen. Die männlichen und die weiblichen Organe sind auf unterschiedlichen Blüten, jedoch auf den selben Baum. Die beerenartige Zapfen sind sphärisch, dunkelviolett braun farbig, 7-12mm im Duchmesser, sie bestehen aus 4-6 Schuppen und sie reifen erst in zwei Jahren. Jeder Zapfen trägt 4-10 paar Maronen rote, zugespitze Samen.

Der hohe Wacholder, der festes hochwertiges Holz hat, zeigt in der Türkei außer Ostschwarzem Meer in ganz Anatolien eine Ausbreitung. Außer der Türkei auf der Balkanhalbinsel, auf dem ägäischen Inseln, auf der Krim, auf Zypern, in Westsyrien, in Iran und in Afganistan. Diese Wacholder Gattung wächst auf den trockenen felsigen Gefällen, die zwischen 300 bis 2300m Höhen liegen.

CUPRESSACEAE Zypressengewächse
Juniperus oxycedrus L. subsp. oxycedrus

Wacholder, Stech-Wacholder, Cedern-Wachholder
Katran ardıcı

Zweihäusige 4-6m hoch wachsende Bäume oder Sträucher. Die Blätter sind lanzettlich, spärlich, 6-25mm lang spitzt und stechend. Auf der Oberfläche der Blätter mit dem mittleren Nerv auseinanderstehend befinden sich zwei weiße Stomastreifen. Die beerenartige Zapfen sind sphärisch, am Anfang blau-nebelig danach dunkelrot oder dunkelviolett oder leuchtendbraun und 6-8mm im Durchmesser. Die Zapfen sind 2-3 samig.

Diese Untergattung, die das erstemal von Spanien und Frankreich aus definiert worden ist, zeigt in der Türkei eine Ausbreitung in den Regionen am Marmarameer und im Inneranatolien, außer der Türkei in Westsyrien, in Nordiran und in Kaukasien. Diese Untergattung, die in den Macchien, Nadel und Eichenwälder wächst, hat wohlriechendes Holz. Aus der Holzgewinnung von Wacholderteer wird in Medizin zur Heilung der Hautleiden krankheiten verwendet.

CUPRESSACEAE Zypressengewächse
Thuja orientalis L.

■ Morgenländischer Lebensbaum
☪ Doğu mazısı, Ömür ağacı

Einhäusige, immergrüner, im natürlichen Zustand bis zu 25m, in der Türkei bis zu 10m hoch wachsende kleine Bäume. Stammrinde ist rötlich-braun farbig und dünn. Die Blätter sind schuppenartig. Die blätterigen Äste oder Ästchen sind wie die Seitenrichtungen eines Buches, parallel stehend. Die Zapfen sind lang, vor der Reife sind sie blau-grün neblig, und in der Reife braunfarbig. Jeder Zapfen hat 6 Schuppen; die Spitzen der Schuppen sind nach hinten gekrümmt. Die Fertile Zapfen sind 2-3 samig. Die Samen sind nicht gflügelt.

Dieser morgenländische Lebensbaum, dessen Holz wohlriechend und Astansätze besitzt, zeigt uns heute eine Ausbreitung in China, in Japan, in Korea und in Mandschurei. In der Türkei speziell in den Parks und in den Gärten wird sie als Zier-und Heckenpflanze, in Gebrauch gebracht. Die Fortpflanzung geschieht mit Stecklinge oder mit Samen.

ELAEAGNACEAE Ölweidengewächse
Elaeagnus angustifolia L.

■ Ölweide, Schmalblättrige Ölweide
☾ İğde

Bis zu 7m hoch wachsende Bäume oder Sträucher, spärlich dornig, die jungen Triebe und Blätter sind silberfarbig behaart. Die Blätter sind 2-8x1-3cm von rechteckförmigem bis zu lineal-lanzettlich wechselständig. Die Blüten sind an den Seitentrieben und sind einzeln oder in Büscheln. Die Blüten treiben mit den Blätter zusammen zur selben Zeit. Die Blütenhülle ist im äußeren Bereich silberfarbig, im inneren gelbfarbig, 8-10mm in der Länge, duftend. Die Frucht ist elliptisch-rechteckförmig, 10-20(-30)x6-12(-20)mm rötlich braun.

In der Türkei wird die Ölweide als Landschaftsgemälde fast in allen Regionen ab Meeresspiegel bis 3000m. höhe in einem natürlichen Zustand weit ausgebreitet und kultiviert. Außer der Türkei in Syrien, in Iran, in Afganistan in Pakistan und von Europa bis Kaukasien. Die Blütezeit ist April-Mai.

ERICACEAE Heidekrautgewächse
Arbutus unedo L.

█ Westlicher Erdbeerbaum
☾ Kocayemiş, Dağ yemişi, Çilek ağacı

Bis ca.4-5m hohe Sträucher und kleine Bäume. Die Blätter sind von elliptischem bis zu verkehrt lanzettlich wechselständig, 4,5-8cm lang, mit gezähnte Ränder. Blütenstand ist eine zusammengesetzte hängende Rispe. Kelchblatt ist ca. 1mm lang. Die Krone ist grünlich-weiß, manchmal auch mit rot gemischt, 6,5-7,5mm lang. Die beerenartige Früchte groß, fleischig und dunkelrot, warzig, eßbar.

Die Früchte des westlichen Erdbeerbaumes sind sehr reich an Zucker und an C Vitamine. Sie blüht im September-Dezember. Die Blätter enthalten Saccharose Tarinin und Arbutin. In Medizin wird das Antiseptik gewonnen für Harnwege-Erkrankungen und für Energie Gewinnung des Körpers. Ihr festes Holz wird in der Möbelherstellung verarbeitet. Diese Gattung, die ab Meeresspiegel bis 300m Höhe in den Macchien in den gemeinen Fichtenwälder und auf dem nicht kalkigen Böden wächst, zeigt in der Türkei eine Ausbreitung am Marmara, an der Ägäis und am Mittelmeer Regionen, außer der Türkei in Südeuropa.

EUPHORBIACEAE Wolfsmilchgewächse
Ricinus communis L.

■ Rizinus,Wunderbaum, Rizinusbaumstrauch
☪ Hintyağı, Kene otu

Bis 5m hoch ragende frei in der tropischen Natur wachsende Pflanzen. Die Blätter sind spiralförmig aneinandergereiht, handförmig bis zu 50cm in der Länge, 5-11 lappig; die Lappen sind lanzettlich oder eiförmig-lanzettlich. Blütenstand ist zusammengesetzte Rispe bis zu 30cm lang. Die Blüten sind grünlich-gelblich. Die männlichen Blüten befinden sich unterseits, und die weiblichen oberseits. Die Frucht ist mit Stacheln besetzt-spaltfrucht. Die Samen sind gräulich-braun farbig angedrückt-eiförmig.

Diese Gattung ist aus Nordostafrika. In der Türkei wird sie im West und im Süd Regionen an Küstenbereichen als Zierpflanze kultiviert und in verschiedenen offenen Felder hat sich diese Pflanze eingelebt. Die Samen sind giftig, sie enthalten Öl, dieses Öl wird als Abführmittel eingenommen.

FABACEAE Johannisbrotgewächse
Ceratonia siliqua L.

 Johannisbrotbaum
 Keçiboynuzu, Harnup

Generell einhäusige, 3-10m Hohe immergrüner Strauch und Bäume. Die Blätter sind unpaarig fiederteilig; die Fiederblättchen sind in 3-5 Paaren, 3-5cm lang von elliptischem bis zu kreisförmig wechselständig und lederig. Blütenstand ist eine viel blütige Traube, die Blüten sind eingeschlechtigt oder hermafrodit. Der Kelch ist hinfällig, Blütenkornblätter nicht vorhanden. Die Hülsenfrucht ist bis zu 20cm lang, vielsamig und zusammengedrückt.

Der Johannisbrotbaum zeigt in der Türkei frei in der Natur eine Ausbreitung in West und in Südanatolien. Ab Meeresspiegel bis auf 1370m Höhen kann sie existieren und blüht von April bis Mai. Speziell wächst sie in den Macchien und in den Laubwerfenden Wälder. In manchen Gebieten wird sie nach der Veredlungs Methode kultuviert, und in anderen Gebieten wird dieser Baum als Zierpflanze in Verwendung gebracht. Außer der Türkei zeigt sie eine Ausbreitung in Süd und Mitteleuropa und in Westsyrien. Die bräunlich-schwarze reich Zucker enthaltenden Früchte werden als Dörrobst in die verschiedenen Nahrungsmittel als Zutaat hinzugegeben und es wird auch für Lippenstift Herstellung gebraucht.

FAGACEAE Buchengewächse
Quercus aucheri Jaub.&Spach

▬ Eiche, Eichenbaum
☪ Boz pırnal

Immergrüner Sträucher oder die bis 10m hoch ragenden kleinen Bäume. Die Blätter sind lederig, von nicht ganz breit rechteckförmigem bis zu eiförmig wechselständig, oberseits nicht behaart oder sternförmig-filzig behaart, am Grund glatt randig zur Spitze hin gesägt. Die weiblichen Blüten sind einzeln oder zwei-bis mehrzählig auf dem sehr kurzen Blütenschaftstile sitzend. Die Frucht ist tässchenförmig und ist vom Fruchtbecher umschlunge Nüßchen.

Diese Eiche ist endemisch in der Türkei und zeigt eine Ausbreitung, in Aydın, in Muğla und in Antalya. Als Wachstumsgebiet bevorzugt diese Gattung ab Meeressspiegel bis zu 400m hochliegende Kalksteinfelsen. Von September bis Oktober trägt sie Früchte und wird immer mit der Kermes Eiche verwechselt. Nur sei es die Blattform, Haarstand oder der Fruchtbecher ist unterschiedlich.

FAGACEAE Buckengewächse
Quercus coccifera L.

Kermes-Eiche, Stech-Eiche
Kermes meşesi, Kızıl meşe

Immergrüner Strauch oder selten bis zu 10m hoch ragende Bäume. Die Blätter sind lederig, von breit eiförmigem bis zu rechteckförmig-eiförmig wechselständig oder rechteckförmig-lanzettlich, scharf sägezähnig stachelig. Blütenschaftsstiel ist kräftig bis 12mm in der Länge. Die Pistillat Blüten sind einzeln oder bis zu 2 zählig oder vielzählig und befinden sich auf den kleinen Blütenschaftstielen. Die Frucht ist täßchenförmig und ist eine vom Fruchtbecher umschloßene Nuß.

Diese Gattung, die ein unwiederstehliches Mitglied der Macchien und Frigana Wäldchen ist, zeigt in der Türkei eine Ausbreitung vorallem in der Mittelmeer Region, an Ägäis, am Marmarameer und in der Schwarzmeer Region, außer der Türkei in den Mittelmeer Ländern. In September-November trägt sie Blüten, als Wachstumsgebiet ab Meeresspiegel bis 1500m Höhen.

Quercus vulcanica (Boiss.&Heldr.)Kotschy

Kasnak-Eiche
Kasnak meşesi

Laubwerfender, bis zu 30m hoch ragender Bäume. Die Blätter sind verkehrt eiförmig 9-17x5-10cm, unterseits flach sternförmig-filzig behaart, oberseits dagegen kahl selten sternförmig behaart, 4-7(-8) zählig parallel zueinander laufende Lappen. Blütenstandstiel nicht vorhanden oder sehr kurz. Die weiblichen Blüten sind einzeln oder zwei- bis vielzählig auf dem kurzen Blütenschaftsstielen sitzend. Die Frucht ist tässchenförmig und ist ein von dem Fruchtbecher umschlungene Nüßchen. Der Fruchtbecher ist 15mm im Durchmesser.

Diese Eichen Gattung, die endemisch in der Türkei ist, lebt mit Zedern, Spitzahorn, Weichhaar Eichen und mit Gemeine Lärchen Bäumen zusammen. Diese Gattung trägt vonSeptember bis November Früchte und zeigt eine Ausbreitung in den Regionen sowie in Kütahya, in Konya, in Afyon und in Isparta die zwischen 1300-1800m hoch liegenden Gebiete.

HAMAMELIDACEAE Zauberbaruußgewächse Straxgewächse
Liquidambar orientalis Miller
var. integriloba Fiori

🔲 Orientalischer Amberbaum
🌙 Sığla ağacı, Günlük ağacı

Bis zu 20m hoch ragende, laubwerfende Bäume. Die Blätter sind handförmig, 5-10x6-13cm, 5 lappig, die Lappen sind eiförmig-rechteckförmig und halb scharf zugespitzt, am Rand gebuchtet-gezähnt oder säge-zähnig, kahl oder selten unter den Hauptadern am Grundbereich gehäuft kurzhaarig. Die Fruchtköpfe sind 2,5-3cm im Durchmesser und sind hängend.

Diese Gattung ist eigentümlich in der Türkei endemisch und wird mit zwei Varieten vertreten. Als Wachstumsort bevorzugt diese Variete in West und in Südwestanatolien ab Meerespiegel bis auf 800m über dem Meeresspiegel liegende, Flußränder, wasserreiche und Sumpflandgebiete und blüht im März-April. Durch das Anritzen der Rinde gewinnt man den Balsam Weihrauch Öl, festes Styrax-Harz eine Art Kaugummi, und von den übrig gebliebenen schalen Resten wird Weihrauch hergestellt, diese Erzeugnisse haben eine heilkraftwirkende Eigenschaft unter dem Volk. Auch in der Bauholz Industrie wird das duftende Holz für verschiedene produkte verwendet.

HIPPOCASTANACEAE Rosskastaniengewächse
Aesculus hippocastanum L.

■ Rosskastanie, Gewöhnliche Rosskastanie
☾ At kestanesi

20-30m hohe Bäume. Die Blätter sind gegenständig aneinander gereiht, handförmigteilig, die Blättchen sind 3-9 zählig, Ränder gezähnt. Die Blüten sind aufrechtstehend in zusammengesetzte Dolde, sind weiß oder in rosa Farben. Die Kelchblätter 4-5 zählig, zusammengesetzt. Die Kronblätter sind 4-5 zählig, sie stehen frei. Die Frucht ist eine Kapselfrucht. Die Stachelige grüne Fruchtkapsel öffnet sich zur Reifezeit und enthält 1-3 glänzende dunkelbraune Samen. Die Samen sind 3-4cm im Durchmesser.

Die in Balkanhalbinsel beheimatete Roßkastanie wird in der Türkei in den Parks und in den Gärten angebaut. Die Roßkastanie ist zu der veredelten Kastanienbaum gegenüber sehr unterschied aufweisend. Obwohl die Früchte diese zwei Bäume Ähnlichkeit miteinander zeigen so besteht die Frucht von den Blüten die voneinander verschiedene Eigenschaften zeigen. Das Holz wird in der Holzindustrie verwendet.

JUGLANDACEAE Walnußgewächse
Juglans regia L.

▬ Walnuß, Gewöhnlicher Walnußbaum
☪ Ceviz, Koz

Bis zu 30m hoch laubwerfender Bäume. Die Blätter sind spiralförmig aneinander gereiht, unpaarig fiederteilig und sind aromatisch, 22-35cm lang; die Blättchen sind 5-9(-11) zählig, von elliptischem bis zu verkehrt eiförmig wechselständig, ganzrandig. Die kugelige Frucht ist halb sphärisch, kahl, grünfarbig,(4-)5(-6)cm im Durchmesser.

Der Walnussbaum ist endemisch in der Türkei. Die im natürlichen Zustand von Mittelmeerregion bis Ostasien wächst und auch gleichzeitig kultuviert wird ist auch in den Parks und in den Gärten wegen seines dekoratives Aussehen als Zierpflanze beliebt. Die Früchte sind eßbar. Die berühmten (Ahlatstöcke) Spazierstöcke werden in der Stadt Van und in der Umgebunug vom Walnussbaumholz hergestellt.

LAURACEAE Lorbeergewächse
Laurus nobilis L.

Lorbeerbaum, Lorbeer
Defne, Tehnel

Bis zu 15m hoch immergrüner aromatische Sträucher oder Bäume. Die Blätter sind 3-10(-11)x2-4(-5)cm von schmal rechteckförmig-lanzettlichem bis breit eiförmig wechselständig, scharf oder lang zugespitzt, lederig. Die männlichen Blüten sind mit 8-12 Staubblätter, die Staubfäden sind am Grund kurz gestielt mit Nektardrüsen. Die weiblichen Blüten sind generell mit 4 sterilen Staubblätter. Die Frucht ist 10-12(-20)mm in der Länge, von sphärischem bis zu ellipsenähnlich wechselständig und ist schwarzfarbig.

Diese Gattung ist in der Türkei ein wichtiger Exportprodukt und zeigt am Marmara, an der Ägäis am Schwarzenmeer und am Mittelmeer Regionen eine Ausbreitung. Als Wachstumsgebiet bevorzugt diese Pflanze ab Meeresspiegel bis 1200m hoch liegende Standorte. Die Lorbeerblätter werden gegen Rheuma Erkrankungen angewendet und zur Harnausscheidung. Auch werden die Blätter in einem Mörser mit etwas Honig zerstampft und als appetitanregend gegessen und in Medizin gegen Bronchitis verwendet. Es wird auch Seife hergestellt gegen Hautkrankheiten und gegen Haarausfall angewendet.

LAURACEAE Lorbeergewächse
Persea americana Mill.

■ Avocado
☪ Avokado, Tereyağı ağacı

Bis zu 20m hoch immergrüne Bäume. Die Blätter sind einfach spiralförmig aneinander gereiht, ganzrandig, lederig. Die Blüten sind klein, nicht deutlich zu sehen, von grünlichem bis zu cremefarben wechselständig. Die Frucht ist kugelig birnenartig, zur Unreifezeit ist die Frucht grün, zur Reifezeit sind sie purpurrötlich.

Diese Pflanze ist aus Mittel-und Südamerika. In der Türkei wird diese Pflanze in den Mittelmeerregionen wegen ihrer eßbaren Früchte gezüchtet. Die Frucht enthält Öl und ist sehr reich an Protein und Vitaminen. Sie wird frisch verzährt.

LORANTHACEAE Mistelgewächse
Viscum album L. subsp. album

■ Mistel, Laubholz Mistel
☪ Ökse otu

Halb parasitisch immergrüner Sträucher. Der Stengel ist 80cm hoch. Die Blätter sind gegenstädig aneinandergereiht, 2,5-8cm lang verkehrt eiförmig-rechteckförmig. Blütenstand ist Cymöse; mit 3-5 Bündeln. Blütenhülle 4 teilig; die männlichen Kronblätter sind 4-5mm in der länge, eiförmig und die weiblichen sind 0,5-0,75mm in der Länge und sind dreieckförmig. Die Frucht ist ungefähr 1cm im Durchmesser, in weißfarben und ist sphärisch.

Diese Gattung, die hauptsächlich auf den zwei keimige Äpfel-, Buchen-, Birnen-Linden-und Mandelbäumen halb parasitisch lebt ist chlorophyllreich und daher sehr grün so kann diese Pflanze ihre eigene Nahrung selbst herstellen. So entnimmt sie nur das Wasser und die Minerallien von der Pflanze, wo sie Gast ist. Die Untergattung zeigt in der Türkei eine Ausbreitung am Schwarzen Meer, am Marmarameer, an der Ägäis, am Mittelmeer und im Inneranatolien, außer der Türkei am Mittelmeerbecken. Aus den Früchten wird der Vogelleim hergestellt. Die getrockneten Früchte nennt man (Çekem Samen). Diese Çekem Samen werden mit Pech zusammen zerstampft und Ätzmittel hergestellt, die auch bei Zugkrankheiten angewendet werden.

332

MELIACEAE Zedrachgewächse
Melia azedarach L.

▬ Zederachbaum, Paternosterbaum

☪ Yalancı tespih ağacı

Bäume mit wohlduftende Blüten. Die Blätter sind 2 fach fiederteilig; die Blättchen sind eiförmig, lang zugespitzt, die Ränder gesägt, manchmal lappig. Die Kelchblätter sind ca. 2mm lang, aufrechtstehend. Die Kronblätter sind lineal-verkeht eiförmig, zwischen den Kronblätter ausgebreitet, 8-10mm in der länge, dunkelviolett. Die Frucht ist sphärisch und ist gelb, 10-20mm in der Breite.

Diese Gattung wird speziell in der Türkei in den Parks und in den Gärten als Zierpflanze gezüchtet. Die Melia Azedarach L. Gattung ist in China und in İndien beheimatet.

MORACEAE Maulbeergewächse
Ficus carica L. subsp. carica

■ Feigenbaum
☪ İncir

10m oder noch höher wachsende Sträucher oder in einer Baumform aussehende Gattung deren junge Langtriebe am Anfang grün, später braun und generell behaart sind. Die Bätter sind hinfällig, groß, 5-20cm in der Länge sowohl auch in der Breite, mit 3-5 Breite Lappen oder ganzrandig generell am Grund herzförmig, am Rand gewellt bis zähnig; Blattstiel ist 2-8cm lang und verdickt. Die Frucht ist einzählig, die natürlichen Formen sind 2-3cm die kultivierten Formen erreichen die Länge bis 8cm und sind gelblichgrünlich sowohl auch in viola Farben, behaart oder kahl.

In der Türkei sind zwei Untergattungen vertreten, die fast in allen Regionen kultiviert werden oder die ganz im Freien in der Natur wachsen. Diese Pflanze bevorzugt die zwischen 10-1770m hoch liegende Offen Standorte, Mischwälder und die Steinige Standorte. Die Blütezeit ist März-April. Die Früchte werden frisch oder in getrocknetem Zustand und gleichzeitig auch als Konfitüre verzehrt.

MORACEAE Maulbeergewächse
Ficus elastica Roxb.

■ Gummibaum
☪ Kauçuk ağacı

Die glänzend dunkel grünen Blätter von ovaler Form mit deutlich ausgeprägter spitze. Der Gummibaum kommt im Ursprung aus Asien; er ist aber heute in der ganzen Welt verbreitet. Der Gummibaum (Ficus elastica) kann bis zu 30m hoch wachsen und bilden im Alter riesige Luft und hohe Brettwurzeln. Die Blätter sind jedoch heute noch eine Zierde. Die Rinde ist hell bis mittelbraun, der Gummibaum bildet eine dichte Krone, wobei neue Triebe eine rötliche Farbe besitzen. Die Ficusarten enthalten in ihrem Saft Kautschuk. Aus dem Saft von Ficus elastica wird in den Verbreitungs-ländern Gummi (Kautschuk) gewonnen. Daher rührt auch der deutsche Name dieser Art: Gummibaum.

335

MORACEAE Maulbeergewächse
Maclura pomifera (Raf.) Schneider

Osagedorn

Hint portakalı, Avlu ağacı, Yalancı portakal ağacı

Dornige, zweihäusige Bäume. Die Blüten sind spiralförmig aneinandergereiht, eiförmig, ganzrandig. Die Früchte sind groß, 10-15cm in der Breite, apfelsinenartig, die Oberfläche ist wie die Gehirnform eines Menschen mit Vertiefungen und Erhebungen, am Anfang hellgrün später gelb und baumharzig duftend.

Diese Pflanze ist aus Amerika und wächst in einem natürlichen Zustand in den Provinzen Arkansas, Oklahoma und in Texas. Die Einheimischen in Amerika nützen das Holz dieser Pflanze für die Herstellung von Pfeil und Bögen. Die getrockneten Wurzeln sind gelb-pomeranzenfarbig. In der Türkei wird diese Gattung als Heckenpflanze an den Gärtenrändern gezüchtet, speziell in Istanbul und in Ankara ist sie ausgebreitet.

MORACEAE Maulbeergewächse
Morus nigra L.

■ Schwarzer Maulbeerbaum, Maulbeere
☪ Kara dut

Bis zu 10m hoch, mit kurzem Stamm von der Krone aus ausgebreitet verzweigte Bäume. Die Langtriebe sind kräftig gestaltigt, behaart. Die Blätter sind breit eiförmig 6-12cm in der Länge, zugespitzt am Grund tief herzförmig, am Rand gesägt, generell sind die Blätter ungeteilt oder manchmal 2-3 lappig, Oberseits dunkelgrün und stumpf rauhig, Unterseits behaart. Blattstiele sind 1,5-2,5cm in der Länge. Die männlichen Blüten sind 4 teilig. Die weiblichen Blüten sind voneinander getrennt mit 4 Abschnitten. Die beerenartige Frucht ist 2-2,5cm lang, schwarzviola oder in schwarzen Farben.

In der Türkei fast in allen Regionen wurde der Maulbeerbaum zur Kultivierung aufgenommen und gezüchtet, auch als Landschaftsgemälde kann diese Pflanze ihren Platz einnehmen. Von Mai bis Juni ist die Blütezeit. Der Maulbeerbaum ist endemisch in Mittelasien.

MUSACEAE Bananengewächse
Musa acuminata Colla

- ▬ Banane
- ☪ Muz

Bis zu 2-3m hohe Bäume. Die Blattspreite ist rechteckförmig, 100-200x40-60cm, die Spitzen sind stumpf und kahl. Ährenblütenstand ist kräftig gestaltet, wendig und nickend, höchstens 1m hoch; die Hauptachse ist behaart. Die Tragblätter sind breit eiförmig, 10cm in der Länge, ganzrandig, rötlich-dunkelviolett. Die Blüten sind chremiggelb. Die weibliche Blüte ist grundständig, die männlichen Blüten sind mittel und endständig. Die Blütenhülle ist 20-30mm hoch in eine röhrenartige Gestalt mit 5 Abschnitte. Die Frucht ist verbogen zylindrisch, 12-18cm lang und von hellgelb bis zu braun. Die Samen sind unfruchtbar.

Der Ursprung der Musa Auminata ist aus Malesien, in der Türkei wird sie in den Südregionen als Kulturpflanze oder auch als Landschaftsgemälde angebaut. Diese Gattung blüht von April bis Mai und von Juni bis Juli sind die Früchte reif, sie werden frisch gegessen.

MYRTACEAE Myrtengewächse
Eucalyptus camaldulensis Dehnh.

Roter Eukalyptus, Camaldolifieberbaum
Sıtma ağacı, Okaliptüs

Bis zu 15m hoch wachsende Bäume. Glatte Borke, die sich ablöst jährlich erneuerd. Die Jugendblätter sind schmal oder breit lanzettlich, 6-9x2,5-4cm. Die reifen Blätter sind schmal lanzettlich, 12-22x0,8-2cm. Die Doldenblütenstände sind 5-10 blütig; die Stiele 10-20mm in der Länge und sind zylindrisch. Die Frucht ist 7-8x5-9mm, die Deckel sind nach außen vorstehend und nach innen gebogen.

In der Türkei wächst diese Gattung am Strand und dem Strand nahe Gebiete und wird als Landschaftsgemälde kultiviert. Endemisch ist diese Pflanze in Australien. Außer der Türkei hat sie eine Ausbreitung in Südeuropa. Als Wachstumsort bevorzugt diese Gattung dem Meeresspiegelstand nahe liegende sandige Standorte. Von November bis Mai ist die Blütezeit.

OLEACEAE Ölbaumgewächse
Ligustrum vulgare L.

■ Rainweide, Gewöhnlicher Liguster, Europäischer Liguster
C• Kurtbağrı

Bis zu 1,5-4m hoch ragende laubwerfende stark verzweigte Sträucher. Stengel ist schwach, die Rinde ist gräulich braunfarbig und glatt. Die Blätter sind einfach, gegenständig aneinander gereiht, lanzettlich, 2,5-6,5cm in der Länge, glänzend, und ganzrandig, in der Jungzeit dunkelgrün, später dagegen sind sie purpurrötlich. Blütenstand ist Dolde an den Ästen endständig. Die Blüten sind weiß, duftend 0,5-1cm in der Länge. Die Frucht ist schwarz 5-8mm in der Länge und ist ein Fruchtbonbon.

In der Türkei wird diese Pflanze in den Parks und in den Gärten als Landschaftsgemälde angebaut. In dem Monat Mitte Juni ist die Blütezeit, in Europa und in Nordafrika zeigt diese Pflanze eine natürliche Ausbreitung.

OLEACEAE Ölbaumgewächse
Olea europaea L. var. europaea

Ölbaum, Olivenbaum, Olive
Zeytin

Bis zu 10m hoch wachsende, dicht verzweigte Bäume. Die Blätter sind lanzettlich oder verkehrt eiförmig, 20-86x5-17mm in der Länge, kurz gestielt, oberseits kahl und dunkelgrün, unterseits dicht silberig behaart. Blütenstände sind kürzer als die Blätter; die Blüten sind weiß, wohlriechend, 3-4mm in der Länge. Die Drops sind fleischig und haben einen Kern, 6-35x5-20mm, zur Jungzeit sind sie grün in der Reifezeit sind sie schwarz, glänzend.

In der Türkei und in vielen anderen Mittelmeerländern wächst der Olivenbaum ganz frei in der Natur und die Olive selber wird in einem großen weiten Gebiet kultiviert und blüht in dem Monat Mai. Sie ist ein wertvoller Nahrungsmittel-Rohstoff für den Nahrungsmittelsektor. Die Blätter regeln den Blutdruck und Blutzuckerspiegel, sie sind Appetit anregend, harnausscheidend und haben eine fiebersenkende Wirkung. Die Olivenölseifen werden für Haut-und Haarpflege benutzt.

PINACEAE Kieferngewächse
Abies cilicica (Ant.&Kotschy) Carr.
subsp. isaurica Coode&Cullen

▬ Trockentanne

☪ Toros köknarı

Bis zu 30m hoch, immergrüne Bäume. Die Rinde der jungen Triebe sind in gräulich-braun Farben, nicht behaart. Die Blätter sind lineal-rechteckförmig, die Spitzen gekerbt. Die Knospen sind harzig. Die Zapfen sind halb gestielt, zylindrisch, bis 15cm lang oder noch länger, die weiblichen Zapfen sind aufrecht. Die Samen sind geflügelt.

Diese Untergattung ist endemisch in der Türkei und zeigt eine Ausbreitung in den Regionen Antalya und Konya die bis auf 1000-2000m hoch liegende Zedernwälder. Das Abies-Cilicica Harz wird als Kaugummi gekaut.

PINACEAE Kieferngewächse
Cedrus libani A. Rich var. libani

■ Libanonzeder

[C•] Lübnan sediri, Katran ağacı, Toros sediri

Immergrüne sehr hoch wachsende Bäume. Die Äste sind waagrecht abstehend. Die Blätter sind 10-40mm lang, nadelförmig, immergrün und sind an den Langentrieben verteilt, bei den kurzen Trieben sind die Blätter um einen Kreis gereiht, scharf zugespitzt. Die männlichen Zapfen sind aufrecht und zylindrisch. Die Reifen weblichen Zapfen sind aufrecht, eiförmig, 6-9cm in der Länge. Die Zapfenschuppen sind verholzt, zur Reifezeit abfallend. Jeder Zapfenschuppen hat 2 Samen.

Diese Gattung die in Inneranatolien und in der Mittelmeerregion eine Ausbreitung zeigt, wächst auf 1000-2000m Höhe. Die Blätter dieser Pflanze enthalten das ätherische Öl, dies wird in der Parfümerieindustrie verarbeitet. Vom Stamm und von den Ästen enthält man das Teer, dieser wird bei Harnwege und harntreibende Krankheiten verwendet. Bei Hautkrankheiten wird der Teer auf die Haut als antiseptische Wirkung aufgetragen. Das Holz ist wohlriechend und zäh. Wegen ihr festes Bauholz wird sie seit Alterszeiten her in der Bauschreinerei Industrie verwendet.

PINACEAE Kieferngewächse
Pinus brutia Ten. var. brutia

■ Kiefer, Hartuiefer
C* Kızıl çam

Immergrüne bis 25m hoch ragende, mit glatten Ästen, stämmige Bäume. Die Äste sind nicht behaart, im ersten Jahr generell rötlich, in den weiteren Jahren sind sie gräulich-braunfarbig. Die Knospen sind nicht harzig. Die Blätter erscheinen zu zweien von den Kurztrieben, bis zu 18x0,5-1,5mm in hellgrün. Die Zapfen sind lang, braunfarbig, sie sind von aufrechtem bis niederliegend aufsteigend wechselständig, mit sehr kurzem Stiel oder ohne. Die Samen sind geflügelt.

Diese Pflanze hat eine Ausbreitung in der Türkei im Norden im Süden und in Westanatolien, außer der Türkei hat sie in Süditalien, an der Südägäis auf der Krim, auf Zypern, in Nordirak, in Westsyrien und in Westkaukasien eine weite Ausbreitung. In den Stamm der Kiefer wird eine Spalte hineingehauen. Aus diese Spalten gewinnt man das Terpentinöl und ein Stoff, der aus dem Harz gewonnen wird. Dieses Stoff wird in der Firnis, Lack und Farbenindustrie verwendet. Außerdem wird dieses Öl in der Pharmazeutik, für Pomaden-Herstellung und in der Parfümerieindustrie gebraucht. Dieses Kiefernholz wird in großen geschlossenen Öfen in einem niedrigen Temperatur verbrannt daraus gewinnt man den Kiefernteer. Auch dieser Teer wird in der Pharmazeutik für Erkrankungen der Atem-und Harnwege, speziell bei Tierhautkrankheiten verwendet.

PINACEAE Kieferngewächse
Pinus halepensis Miller

■ Aleppokiefer
 Halep çamı

Immergrüne, glatt ästige oder stämmige Bäume. Die Rinde ist generell gräulich. Die Zweige sind kahl. Die Knospen sind nicht harzig. Die Blätter erscheinen zu 2 an den Kurztrieben, schmal und sind dünner als 1mm, hellgrünfarbig. Die Zapfen erscheinen in 1-2'er Gruppen, generell gestielt; Stiele 1-2cm lang und hängend. Die Samen sind geflügelt.

Diese Gattung ist außer der Türkei in den anderen Mittelmeerländern zu treffen, in der Türkei zeigt sie eine Ausbreitung in Südanatolien. Als Wachstumsgebiet bevorzugt diese Gattung die bis 100m hoch liegende Standorte und bildet mit der Kiefer, Pinie einen Mischwald. Diese Bäume können in den Parks und in den Gärten kultiviert werden.

PINACEAE Kieferngewächse
Pinus nigra Arn. subsp. nigra

■ Schwarz-kiefer, Schwarzföhre
☪ Kara çam

Immergrüne bis 30m hohe Bäume. Die Rinde ist von dunkelgrau bis zu schwärzlichem wechselhaft. Die jungen Triebe sind kahl. Die Blätter erscheinen zu 2 an den Kurztrieben, 70-180x2mm, dunkelgrünfarbig, steif. Die Knospen sind harzig. Die Zapfen sind eiförmig, aufrecht oder niederliegend aufsteigend. Die Samen sind geflügelt.

Diese Untergattung übernimmt generell in Südanatolien bis 1000m Höhe den Platz des Pinus Brutia (Kiefer) ein. Die Schwarzkiefer, die in Westanatolien eine sehr weite Ausbreitung zeigt finden wir in Inneranatolien in 3 Lokalitäten in Nordanatolien dagegen bevorzugt sie als Wachstumsort die Trockengefälle.

PINACEAE Kieferngewächse
Pinus pinea L.

Pinie, Nusskiefer, Schirmkiefer

Fıstık çamı

Immergrüne bis 25m hoch, in den jungen Jahren rund, zur Reifezeit dagegen besitzen diese Bäume eine schirmartige Krone. Die Äste sind kahl, rauh, die jüngeren Äste sind gelblich, die älteren Äste sind gräulich-braunfarbig. Die Knospen sind nicht harzig. Die Blätter erscheinen zu 2an den Kurztrieben, (60-)80-160x 1-1,5mm in hellgrün. Die Zapfen sind sehr breit, 8-14x10cm braunfarbig, nicht gestielt und hängend. Die Samen sind nicht geflügelt oder sie sind kurzgeflügelt.

Diese Gattung zeigt in der Türkei eine Ausbreitung am Marmarameer, an der Ägäis, am Schwarzen Meer und am Mittelmeer. Die Samen sind unter dem Namen (Çamfıstığı) Piniennüsse bekannt. Diese Piniennüsse werden speziell bei manchem Süssgebäck und für gefüllte Weinblätter verwendet. Wegen ihres dekorativen Aussehen wird sie in den Parks und in den Gärten als Zierbaum angebaut.

PINACEAE Kiefergewächse
Pinus sylvestris L.

■ Weisskiefer, Gemeine Kiefer, Föhre, Fackelbaum

☪ Sarı çam

Immergrüne, 5-15m hoch oder noch höher ragende gelblichbraun verzweigte Bäume. Die Rinde der jungen Langtriebe sind rötlich, die älteren sind gelblich. Die Blätter erscheinen von den Kurztrieben zweiblätterig, sie sind grünlich schuppig, kanuliert und steif 30-70x2mm. Die Knospen sind harzig. Die Zapfen sind ovoid, fast ungestielt, mattbraun farbig und hängend.

Außer der Türkei zeigt sie eine Ausbreitung von Europa bis Kaukasien und in der Türkei in Nordanatolien. Als Wachstumsgebiet bevorzugt diese Gattung die 100-2100 (2500)m hochliegende Gefälle und wird in den Parks und in den Gärten kultiviert.

348

PLATANACEAE Platanengewächse
Platanus orientalis L.

Orientalische Platane, Morgenländische Platane

Çınar

Laubwerfende bis 30m hohe Bäume. Die Blätter spiralförmig aneinander gereiht, handförmig, tief 3-5(-7) lappig, 11-1x12-24cm am Grund sind sie keilförmig oder die Spitzen abgerundet; die Lappen sind 7-11x 2,5-6cm, kahl oder halb behaart. Die Blüten sind einhäusig, hängend auf den sphärischen Köpfchen. Die Kronblätter sind an 2 Quirlen 3-8 zählig, die äußeren sind dreieckförmig, die innren sind spatelig. Die männlichen Blüten sind mit 3-8 Staubblättern, die weiblichen Blüten sind mit 3-8 frei stehenden Fruchtknoten. Die Frucht ist eine am Grund von Haaren umschlossene Nuß.

Die orientalische Platane, die in der Türkei fast in allen Regionen eine Ausbreitung zeigt und kultiviert wird, blüht von März bis Mai. Außer der Türkei zeigt diese Gattung eine Ausbreitung in den Balkanländern, auf Kreta, in Westsyrien, in Nordirak, in Persien bis Himalaya. Als Wachstumsgebiet bevorzugt diese Pflanze ab Meeresspiegel bis 1300m hoch liegende Fluß-und Bachränder, die reichen Schwemmland-Böden, die Wälder, die kultivierten Gelände und die Straßenränder. Das gekochte Blätter-und Rindenwasser wird als antiseptisches Heilwasser bei Verbrennungswunden und bei Eitergeschwüren verwendet.

POACEAE Süßgräser
Arrhenatherum palaestinum Boiss.

Glatthafer

C* Yulaf otu, Yulafçık

Bis zu 17-55cm hohe, horstförmige mehrjährige Pflanzen. Stengel kahl, aufrecht oder unterseits leicht knieförmig, glatt. Die Blütenscheiden sind nicht behaart, das Zünglein ist höchstens 3mm lang, die Spitzen stumpf am Rückenbereich leicht behaart. Ähreblütenstand ist 7-16x 2-6cm generell rechteckförmig, die Ästchen sind 3-4cm in der Länge. Die Blütenspelzen sind zugespitzt, die unteren sind 5,5-6,5; die oberen dagegen sind 9-12mm in der Länge. Die unterseits äußeren Blütenspelze sind 8-14mm, rechteckförmig-lanzettlich, kahl, die Granne ist 20-28mm in der Länge. Die oberseits äußeren Blütenspelze sind behaart; die Granne ist 4,5-6mm in der Länge oder nicht vorhanden.

Diese Gattung bevozugt als Wachstumsgebiet die 500-2000m hoch liegende Trocken Gefälle, Offenwälder und die Kalkstein enthaltenden felsigen Standorte und blüht von Mai bis Juni. Diese Gattung, die in der Türkei fast in allen Regionen wächst, zeigt außer der Türkei eine Ausbreitung in den anderen Mittelmeerländern, in Bulgarien und in der syrischen Wüste.

POACEAE Süßgräser
Arundo donax L.

Riesenschilf, Pfahlrohr, Spanische Rohr, Schilfrohrbusch

Kargı, Kargı kamışı

Bis 5m hoch mehrjährige Pflanzen mit Rhizom. Der Stengel ist einfach oder an den Knoten mit kurzen Seitenästen. Die Blattscheiden sind am Grund kreisförmig oder herzförmig. Die Blätter sind 60x6cm an der Spitze schmal und lang. Rispenblütenstand ist höchstens 70cm hoch. Die kleinen Blütenschäfte sind 2-4 blütig. Die äußeren Blütenspelze sind lanzettlich 7-12mm in der Länge, 3 nervig, die mittlere Granne ist 1,5-4mm lang, zweimal so groß wie die seitlichen Grannen oder noch länger. Die Staubbeutel sind 2,5-3mm in der Länge.

In der Türkei wächst diese Gattung speziell in den Regionen sowie im Westen, im Süden und in Nordosten und außer der Türkei in den anderen Mittelmeerländern und in Asien und in Neuseeland. Als Wachstumsort bevorzugt diese Gattung ab Meeresspiegel bis 250m hoch liegende Wasserränder oder Sumpf-Land Standorte und blüht im Monat Oktober.

POACEAE Süßgräser
Briza minor L.

Zittergras, Kleines Zittergrass
Küçük titrek ot

Bis 10-25cm hoch wachsende, einjährige Pflanzen. Die Stengelblätter sind spärlich 2-4mm in der Breite. Blütenstand ist ziemlich spärlich, 3-6x3-5cm. Die Stiele sind ziemlich länger als die Ährchen, sind Horste bildend. Die Ährchen sind 20-100 zählig, mit Knoten, breit eiförmig, ca. 3mm in der Länge, am Grund 4mm in der Breite, die Spitzen sind stumpf. Blütenspelze sind vorhanden, horizontal, 2-3mm in der Länge, sie sind sich beim Öffnen kreisförmig. Die äußeren Blütenspelze sind 4-5 zählig, kahl. Die Karyopsefrucht ist verkehrt eiförmig-ellipsoid ellipsenähnlich.

Diese Gattung bevorzugt als Wachstumsgebiet ab Meeresspiegel bis auf 30m Höhe liegende Sträucherwäldchen, die Serpentin Standorte und Weide-landschaften. In dem Monat Juni trägt sie Blüten. In der Türkei zeigt diese Gattung eine Ausbreitung in den geographischen Regionen sowie in Nordosten, in Nordwesten und im Süden. Außer der Türkei in den Mittelmeerländern und in Südwestasien.

352

POACEAE Süßgräser
Cynodon dactylon (L.) Pers var. dactylon

■ Bermudagras, Finger-Hundszahn
☾ Domuz ayrığı

Mit Ausläufern und besitzt ein kahles Rhizom, in gelbfarben mehrjährige Pflanzen. Der blütige Stengel ist aufrecht oder mit Ausläufern, ca. 30cm hoch. Die Blattscheiden sind lineal sowohl auch lanzettlich, bis zu 6cm lang zugespitzt, am Rand stumpfrauhig. Ährenblütenstand ist 2-4 zählig, 3-7cm lang, kahl. Die Ährchen sind 2-2,5mm in der Länge mit sehr kurzen Stielen. Blütenspelzen sind lineal-lanzettlich, 1-2,2mm in der Länge. Die äußeren Blütenspelze sind eiförmig-lanzettlich, kiel und die Seitenspelzen sind bewimpert. Die Frucht ist eine Karyopse.

In der Türkei zeigt diese Variete eine Ausbreitung im Westen, im Nordosten und in Südanatolien. Außer der Türkei in Asien in Europa und in Afrika. Als Wachstumsort bevorzugt diese Variete ab Meeresspiegel bis 1830m hoch liegende trockensteinige Berggefälle, an der Meeresküste die Sand-dünen Standorte, frei Geländen, Fluß und Wegränder. Die Blütezeit ist von April bis September.

353

POACEAE Süßgräser
Lagurus ovatus L.

■ Hasenschwanzgras, Somtgras
☪ Tavşan kuyruğu otu

Bis zu 60cm hohe einjährige Kräuter. Der Stengel ist aufrecht oder niederliegend aufsteigend, zylindrisch, einfach gestaltigt oder verzweigt. Die Blattscheiden sind gefiedert, oberseits ist aufgeblasen; die Scheiden sind 1,4-17cmx2-10mm lineal-lanzettlich, zugespitzt und behaart. Blütenstand ist 1-2x1-1,7cm, Blütenspelze sind schmal lineal, an der Spitze schmal und spitz, die äußeren Blütenspelze sind 3-4mm lanzettlich und zugespitzt; die Granne ist 10-17mm in der Länge, gekniet und an der unteren Hälfte gedreht.

Der Hasenschwanzgras zeigt in der Türkei eine Ausbreitung im Nordwesten, im Westen und in Südanatolien. Außer der Türkei zeigt diese Gattung eine Ausbreitung in den Mittelmeerländern. Als Wachstumsort bevorzugt diese Pflanze die bis 50m hoch liegende sandige Standorte, April-Juni ist die Blütezeit.

Triticum durum Desf.

Hartweizen, Glasweizen, Weizen

Buğday, Durum buğdayı

Einjährige Pflanze. Einstängelig oder mit Bestockung, 60-140cm lang. Die Blattscheiden sind kahl. Die Blattspreite ist lineal-lang zugespitzt, 7-16mm im Durchmesser, kahl oder unterseits leicht behaart. Blütenstand ist in Ähre, 3-8cm lang, dicht, an der Seite breitgedrückt. Die Köpfchen 5-(7) blütig, die unterste ist die Fertieleblüte. Die Spelzen sind 8-10(12-)mm lang, lederig, kahl bis leicht behaart. Der feuchte äußere Spelz ist schiffchenartig, 10-12mm in der Länge, und ist kahl.

In der Türkei zeigt sie eine Ausbreitung im Süden und im Südwesten Mai-Juni ist die Blütezeit und wird weit in der Türkei kultuviert. Die so genannte Tricticum Durum Weizen zeigt auch eine Ausbreitung in Äthiopien, in Pakistan, in Russland, in Irak und in Iran.

POACEAE Süßgräser
Zea mays L.

■ Mais
☪ Mısır

Bis zu 4m hoch ragende einjährige Pflanzen, einstengelig, 2-6cm im Durchmesser, aufrecht, an den untersten Knoten mit metamorphische Wurzeln. Die Blätter sind spiralförmig aneinander gereiht, 90cm oder noch länger, 3-15cm in der Breite, lineal-lang zugespitzt, mit buchtigen Rändern. Die männlichen Blütenstände sind in 15-30x17-25cm Dimensionen, aufrecht, die Köpfchen sind 6-15mm in der Länge. Die weiblichen Blütenstände sind kolbenförmig, ca. 30cm in der Länge, der Griffel ist ziemlich lang ca. 4cm in der Länge, nach der Blütezeit kommt die Frucht aus der Scheide hinaus und ist nach unten hängend. Die einsamige Frucht ist 5-10mm in der Länge.

Die speziell in der Türkei im Norden und im Nordosten stark kultiviert wird, ist in der Nahrungsmittelindustrie ein unvermeidbares Rohprodukt.

ROSACEAE Rosengewächse
Amygdalus communis L.

█ Mandelbaum
☪ Badem

Bis zu 8m hohe bedornte Bäume. Die jungen Triebe sind nicht behaart. Die Blätter sind lederig, eiförmig-lanzettlich oder elliptisch, 2,5-9(-12) cm lang, drüsenhaarig, randig gezähnt. Die Blüten sind in weiß oder rosa Farben, höchstens 4cm im Durchmesser. Die kugelartige Frucht ist bis zu 50mm lang und ist in Olivengrün.

In der Türkei wird der Mandelbaum kultuviert und hat eine weite Ausbreitung. Gleichzeitig zeigt der Mendelbaum auch eine natürliche Ausbreitung, als Wachstumsgebiet bevorzugt diese Gattung die Trocken Gefälle, die kalkige Standorte, die Eichenwälder und die sträuchige Standorte. Von März bis April ist die Blütezeit. Die Samen werden gegessen und das Öl was man herauspresst wird speziell in der Parfümerieindustrie verwendet.

ROSACEAE Rosengewächse
Armeniaca vulgaris Lam.

Aprikose

Kayısı, Zerdali, Mişmiş

Bis zu 15m hoch ragende Bäume oder Sträucher. Die Blätter sind abfallend, nicht ganz breit eiförmig, bis zu 10-12cm lang, kahl, zur Jungzeit selten behaart. Die Blüten sind weiß oder in rosa Farben, 2-3cm im Durchmesser. Die kugelige Frucht ist fleischig und saftig, kahl oder spärlich behaart, 2,5-5cm lang, weißlich gelb oder in pomeranzen Farben. Der Kern ist breitgedrückt und ist glatt.

Die Aprikose ist in Nordchina und auf den Tiyanschan Berge beheimatet. In der Türkei ist sie in einem weiten Raum ausgebreitet und wird hauptsächlich in den Städten sowie in Malatya, in Kahramanmaraş, in Gaziantep und Elazığ wegen ihrer Früchte kultiviert. Von April bis Mai ist die Blütezeit, die Früchte werden in der Nahrungsmittelindustrie verarbeitet.

ROSACEAE Rosengewächse
Cerasus avium (L.) Moench

■ Kirsche, Süss-Kirsche, Vogel-Kirsche
C· Kiraz

Bis zu 25m(35-)m hoch ragende Bäume. Die Blätter und die Nebenblätter sind abfallend. Die Blätter sind eiförmig oder verkehrt eiförmig-rechteckförmig, bis zu 16cm lang, die Ränder gezähnt, kahl oder auf den Nerven spärlich behaart, der Blattstiel ist 50mm lang. Die Frucht ist kugelig halb sphärisch, von rot bis zu schwarz in wechselhafte Farben und ist ca. 15mm im Durchmesser; Fruchtkern ist eiförmig oder sphärisch.

Diese Gattung wächst bis zu 1600m hoch frei in der Natur in den Mischwälder und blüht von März bis Mai, wird auch in der Türkei kultiviert. Die Fruchtstiele, die Früchte, die Stammrinden und die Blüten werden für verschiedene Zwecke gebraucht und haben eine Heilkraftwirkung. Die aufbewarten getrockneten Stiele sind bis 1 Jahr wirksam. In 1 Liter kaltes Wasser kommt 40gr getrocknete Kirschstiele und wird 30 Minuten gekocht daraus wird das Dekoksion (Dekokt=Abkochung, Absud von Arzneimitteln) gewonnen dies wird 3 mal am Tag eingenommen und ist harntreibend auch als Blut-und Harnwege-Reinigungsmittel, Gallendurchfluss und Darmdurchfluss regulierend, Hustenvertreibend, Fiebersenkend und hat Durchfallstillende Eigenschaften. Die dunkelfarbige Früchte enthalten reichhaltigem Eisen für die Blutspiegelerhöhung.

ROSACEAE Rosengewächse
Cerasus vulgaris Miller

■ Sauer-Kirsche
☾ Vişne

Sträucher oder 10m hohe Bäume. Die Blätter und die Nebenblätter sind hinfällig. Die Blätter sind fast breit elliptisch oder verkehrt eiförmig-elliptisch, 60-80mm lang, an der Blattvorspitze zähnig randig, völlig kahl oder in der Jungzeit nur Unterseits spärlich behaart; Blattstiel 10-20mm lang. Die Blüten sitzen auf 2-4'er Dolden, die Kronblätter sind weiß 10-12mm lang. Die kugelige Frucht ist sphärisch, an der Spitze breitgedrückt, rot und ca. 15mm im Durchmesser.

Die Sauerkirsche wird in der Türkei kultiviert und ist eine von den wichtigsten Bäumen. Von März bis Mai ist die Blütezeit. Die Früchte sind eßbar und gleichzeitig werden aus den Früchten Fruchtsaft hergestellt und auch in der Süsswarenindustrie verwendet. Auch in Europa und Asien wird die Sauerkirsche kultiviert.

ROSACEAE Rosengewächse

Crataegus monogyna Jacq. subsp. monogyna

Eingriffeliger Weißdorn, Hagedorn

Alıç, Keçi alıcı, Geyik dikeni, Kocakarı yemişi

Bis 10m hoch, laubwerfende Sträucher oder kleine Bäume. Die Blätter sind spiralförmig aneinander gereiht, eiförmig oder verkehrt eiförmig, bis zu 5x4cm, die oberfläche ist dunkel grün, unterseits grünlich nebelig und ist von nicht behaartem bis zu sehr schwach spärlich behaart wechselständig; 3-5(-7) lappig, tief teilig, scharf zugespitzt oder stumpf, am Rand glatt oder an der Spitzen nähe gezähnt; der Blattstiel ist bis zu 3cm. Die Blüten sind spärlich, 10-18 blütig. Die Kelchblätter sind dreieckig. Die Kronblätter sind in weiß oder blaß-rötliche Farben, 8-15mm im Durchmesser; zur Fruchtzeit zurückgekrümmt; Griffel ist ein zählig. Die Frucht ist rot oder braun-rot farbig, halb sphärisch oder eiförmig, 6-10mm im Durchmesser, kahl.

Diese Untergattung die in der Türkei weit ausgebreitet ist wächst ab Meeresspiegel bis 1800(-2000)m hoch liegende Macchien wäldchen, Eichensträucher wäldchen, Waldstandorte und Wegränder. Die Blütezeit ist April-Juni. Die Blüten und die Früchte besitzen eine Nerven beruhigende und Blutdruck senkende Wirkung.

ROSACEAE Rosengewächse
Cydonia oblonga Miller.

▬ Quitte, Gemeine Quitte

☪ Ayva

Breite Sträucher oder bis 8m hohe Bäume. Die Blätter sind abfallend, von eifömigem bis zu rechteckförmig oder halbkreisförmig wechselständig, ganzrandig, zur Jungzeit sind beide Seiten weißfilzig behaart, später ist die Blattoberfläche kahl und Blattunterseite ist dicht lang weich eng zusammenstehend behaart, Blattstiele sind 1-2cm lang. Die Blüten sind 4-6cm im Durchmesser weiß oder in blaßrötlichen Farben, sind einzeln, die Kelchblätter sind drüsig behaart, sind zähnig und zurückgekrümmt. Die Frucht ist birnenartig oder halbsphärisch (3-)5-12cm gelblich und wohlduftend.

Im natürlichen Zustand zeigt diese Gattung eine Ausbreitung in Kaukasien, in Nordiran, auf den Kopetberge und in Nordirak. In der Türkei wird sie wegen ihrer Früchte weit kultiviert.

ROSACEAE Rosengewächse
Eriobotrya japonica (Thunb.) Lindl.

Japanische Mispel, Wollmispel
Yeni dünya, Malta eriği

Bis zu 6m hoch immergrüne, unbedornter Sträucher oder kleine Bäume. Die Blätter sind von lanzettlich-rechteckförmigem bis zu verkehrt eiförmig wechselständig, oberseits kahl, unterseits dagegen ist rötlichbraun filzig behaart. Blütenstand ist zusammengesetzte Dolde, bis zu 17cm in der Länge, breit pyramidenförmig. Die Blüten sind weiß, 1,5-2cm im Durchmesser, duftend, nicht gestielt. Die Frucht ist birnenartig oder ellipsenähnlich, 2-3cm in der Länge (bei manchen Kulturformen werden die Früchte bis zu 10cm lang) weich saftig und sind gelb; die Samen sind 1-1,5cm in der länge, eiförmig und braunfarbig.

Ursprung dieser Gattung ist Japan und China und wird in Südeuropa, in Norwest Amerika und Asien kultiviert. In der Türkei wird sie hauptsächlich in West-und in Südanatolien weit verbreitet gezüchtet.

ROSACEAE Rosengewächse
Malus sylvestris Miller

▬ Apfelbaum
☪ Elma

Bis zu 12m. hoch ragende unbedornte oder in den jungen Jahren bedornte Bäume. Die Blätter sind einfach, abfallend, von elliptischem bis zu verkehrt eiförmig wechselständig, 3-8(-10)x2-4(-5)cm, mit gezähnten Rändern. Der Blattstiel ist filzig behaart. Der Kelch ist dicht filzig behaart. Die Blüten sind von weißlichem bis zu rosafarbig wechselhaft, 3-4cm. im Durchmesser. Die apfelähnliche Frucht ist halb sphärisch, kann bis zu 15cm Durchmesser haben, grün, grünlich-gelb oder in rötliche Farben.

Der Malus sylvestris Apfel der im natürlichen Zustand in West-und Ostanatolien wächst, ist ein Obstbaum in der Türkei der in weiten Gebieten kultiviert wird. Die Früchte werden in der Nahrungsmittelindustrie verarbeitet. Die natürlichen Arten dieser Gattung wächst zwischen 150-2000m Höhen. Die Malus sylvestris Gattung blüht von Mai-Juni.

ROSACEAE Rosengewächse
Persica vulgaris Miller

■ Pfirsich

☪ Şeftali

Unbedornte Sträucher oder klein bis zu 8m hoch ragende Bäume. Die Blätter sind abfallend, lanzettlich-elliptisch rechteckförmig bis zu lanzettlich wechselständig, bis zu 16x3,5cm, mit gezähnten Rändern, oberseits kahl, unterseits spärlich behaart. Die Blüten sind von rosa bis zu rot in wechselhafte Farben, selten weis-farbig, 2,5-3,5cm im Durchmesser. Die kugelige Frucht ist generell halb sphärisch, 5-7cm im Durchmesser, von grünlich weißem bis zu orangen-gelblich in wechselhafte Farben, rotbackig, filzig behaart, manchmal auch kahl.

Persica vulgaris ist in China beheimatet und ist ein Obstbaum der in der Türkei kultiviert wird. Die Früchte dieses Baumes die in der Nahrungsmittelindustrie verarbeitet werden, trägt Blüten in den Monaten März-April.

ROSACEAE Rosengewächse
Pyrus communis L. subsp. communis

▬ Birne, Wildbirne, Holzbirne
☪ Armut, Ahlat

Bis zu 20m hoch ragende Bäume. die Zweige sind kahl oder die jungen Zweige sind leicht behaart, ohne Dorne. Die Blätter sind von eiförmig-elliptischem bis zu eiförmig-kreisförmig wechselständig, 3-5(-7)x1,5-4cm, ganzrandig oder stumpfzähnig fein gesägt zur Jungzeit spärlich behaart, später sind sie kahl in grünen Farben, am Grund radförmig oder herzförmig; Blattstiele sind bis zu 5cm in der Länge. Blütenstand 5-9 blütig. Die Blüten sind fast weiß, 2-3cm im Durchmesser, Blütenstiele 1,5-3cm in der länge. Die Frucht ist von birnenartigem bis zu halbsphärisch wechselständig, 5 cm in der Länge, in gelblichgrünen Farben und fleischig.

Diese Untergattung wird in der Türkei kultiviert, die frischen Früchte werden frisch oder getrocknet gegessen.

ROSACEAE Rosengewächse

Pyrus elaeagnifolia Pallas subsp. elaeagnifolia

■ Ölweidenblättrige Birne
C* Yaban armutu, Ahlat

Bis zu 10(-15)m hochwachsende bedornte Bäume. Die jungen Zweige sind gräulich oder weißlich filzig behaart. Die Blätter sind schmal elliptisch oder eiförmig-rechteckförmig stumpf oder kurz scharf zugespitzt, 3-7(-8)x2-3(4)cm ganzrandig, auf zwei Seiten gräulich behaart, Blattstiele sind 1-4cm in der länge. Blütenstand ist vielblütig. Die Blüten sind ca. 3cm im Durchmesser, weißfarbig, Blütenstiele sind 1-2cm in der Länge. Die Frucht ist einzeln oder zu zweit, birnenartig oder halb sphärisch, 2-3cm im Durchmesser, in gelblichgrünen Farben.

Diese Gattung zeigt in der Türkei in den Regionen Nord, Süd und im Inneranatolien eine Ausbreitung. Als Wachstumsort bevorzugt diese Gattung ab Meeresspiegel bis 1700m hoch liegende Waldstandorte und die Äcker und blüht von April bis Mai.

ROSACEAE Rosengewächse
Pyrus serikensis Güner&H.Duman

▬ Ölweidenblättrige Birne
☪ Yaban armutu, Ahlat, Zingit

Bis zu 10m hochwachsende bedornte Bäume oder Sträucher, die Zweige sind kahl. Die Blätter sind von eiförmigem bis zu kreisförmig, selten bis zu elliptisch wechselständig, lederig, kahl. Blütenstand ist in kurze Dolden, bis zu 15 blütig. Die Kelchblätter sind dreieckförmig, lang zugespitzt. Die Kronblätter sind weiß, höchstens 12x7mm. Die Frucht ist sphärisch, rötlichbraun, ca. 1cm im Durchmesser. Die Samen sind 4 zählig, schwärzlich-dunkelviolett Farben.

Diese Gattung, ist eine von den Endemisten der Türkei hat eine sehr begrenzte Ausbreitung und ist bekannt nur in Serik (Antalya) und in Kemer (Antalya). Sie blüht in dem Monat März und bevorzugt als Wachstumsort die Eichenstandorte, die Äcker und die Wegränder.

ROSACEAE Rosengewächse
Sarcopoterium spinosum (L.) Spach

▬ Dornige Bibernelle
☪ Abtesbozan

Bis 75cm hoch oder noch höher wachsende polsterförmige Sträucher. Die äußere Rinde ist silberfarbig, dünn dicht behaart. Die Blätter sind lederig, fiederteilig, von glattrandigem bis zu 3-5 zähnig wechselständig oberseits dünn dicht behaart, unterseits und an den Blattachseln dagegen weißlich-weich spärlich behaart. Die Kelchblätter sind grün, generell weißrandig, eiförmig-rechteckförmig, annähernd 2mm in der Länge. Die Frucht ist fast sphärisch, gelblichbraun 3-5mm im Druchmesser.

In der Türkei ist die S.spinosum die einzige Gattung, die zu der Sarcopoterium Art gehört, sie zeigt in der Türkei in den Regionen Marmarameer an der Ägäis am Schwarzen Meer und am Mittelmeer auf dem steinigen Gefälle und mit Dorngestrüpp bewachsene Standorte eine Ausbreitung. März ist die Blütezeit. Aus den Wurzeln wird ein Heilmittel für Zuckerkrankheit hergestellt.

RUTACEAE Rautengewächse
Citrus aurantium L.

■ Bitterorange, Pomeranze
☪ Turunç

Bis zu 5m hohe Bäume. Der Stamm ist aufrecht oberseits sehr verzweigt. Der Blattstiel ist geflügelt. Die Blätter sind einfach und ganzrandig, spiralförmig aneinander gereiht, duftend. Die Blüten sind weiß, 5 teilig. Die Staubblätter sind 4 fach so viel als die Kronblätter. Am Anfang zur Jungzeit ist die Frucht grün, zur Reifezeit ist sie pomeranzenfarbig (gelblich-rötlich) 5-10cm im Durchmesser, sphärisch und glatt.

Die Pomeranze wird in der Türkei speziell in den Südregionen kultiviert und als Landschaftsgemälde verwendet, von März bis Mai trägt sie Blüten. Die frischen Früchte sind bitter, aber es wird aus den Fruchtschalen-Konfitüre, Marmelade hergestellt.

RUTACEAE Rautengewächse
Citrus limon (L.) Burm. fil.

🏴 Zitrone

☪ Limon

Immergrüne kleine Bäume. Die Blätter sind einfach, spiralförmig, dünn, die jungen Zweige sind in dem dornigen Blattachseln; der Blattstiel ist schmal geflügelt, am Grund deutlich gegliedert. Die Blüten sind weiß oder purpurrötlich, einzeln oder in Trauben. Der kelch ist 4-5 teilig, die Krone ist 4-8 teilig. Die Staubblätter sind den Kronblätter zahl bis zu vier fach mehr. Die Frucht ist fleischig, sauer, halb sphärisch und gelb.

Die Zitrone, die in vielen Ländern wächst, wird in der Türkei speziell wegen ihrer Früchte in der Region Mittelmeer im weitem kultiviert.

RUTACEAE Rautengewächse
Citrus sinensis (L.) Osbeck

■ Apfelsine, Orange
☪ Portakal

Immergrüne kleine Bäume. Die Blätter sind einfach, spiralförmig, dünn, die jungen Zweige sind in den Blattachseln dornig; der Blattstiel ist schmal geflügelt, am Grund deutlich gegliedert. Die Blüten sind weiß oder purpurrötlich, einzeln oder in Trauben. Der Kelch ist 4-5 teilig, die Krone ist 4-8 teilig. Die Staubblätter sind 4 fach mehr als die Kronblätter. Die Frucht ist fleischig, süß, 5-10cm im Durchmesser, halb sphärisch von hell orangengelb bis zu rötlich orangegelb in wechselhaften Farben.

Die Apfelsine wird auf der Welt in vielen Ländern angebaut, in der Türkei wird sie speziell in der Region am Mittelmeer angebaut und wegen ihrer vitamin-reichen wohlschmeckenden Früchte weit kultiviert.

SALICACEAE Weidengewächse
Populus alba L.

■ Silber Pappel, Weiß-Pappel
☾ Ak kavak

Bis zu 40m hoch ragende Bäume. Die Borke ist glatt und weiß. Die Blätter sind wechselständig; die Blätter der langtriebe sind 3-5(-7) handförmig Lappig, die Lappen am Rand sind unregelmäßig gezähnt, am Grund sind sie herzförmig oder keilförmig, unterseits weißfilzig behaart, die Blätter der Kurztriebe sind noch kleiner, kreisförmig oder fast elliptisch zur Jungzeit sind sie auf der unteren Oberfläche weiß filzig behaart, später sind sie kahl. Blütenstand ist in Kätzchen. Die Kapselfrucht ist nicht gestielt, mit zwei Deckeln und ist kahl.

Diese Gattung zeigt in der Türkei außer Ostanatolien fast in allen Regionen eine Ausbreitung, außer der Türkei in Nordafrika, in Mittel und Südeuropa, in Mittel- und in Südrussland und in Südwestsibirien. Als Wachstumsort bevorzugt diese Pflanze die 10-1100m hoch liegende feuchte und sehr wasserreiche Standorte. Von ihrem dekorativen Aussehen her kann sie in den Parks und Gärten als Zierpflanze verwendet werden.

SALICACEAE Weidengewächse
Populus tremula L.

■ Zitter-Pappel, Espe, Pappelespe
☪ Titrek kavak

Bis 25m hoch ragende Bäume. Der Stamm hat eine glatte Borke, in grünlichem oder olivgrauen Farben. Die Blätter der Langtriebe sind eiförmig, am Grund sind sie herzförmig, lang zugespitzt, unregelmäßig gezähnt, die Blätter der Kurztriebe sind 3-7x3-7cm oder noch breiter, halb sphärisch oberseits dunkelgrün, unterseits dagegen glänzend grün am Grund sind sie keilförmig, am Rand gezähnt, stumpf oder kurz zugespitzt. Blattstiel kann bis zu 8cm lang werden, kahl. Kätzchen Blütenstand ist zur Blütezeit 4-8cm zur Fruchtzeit 8-14cm in der Länge, dicht. Die Kapselfrucht ist flaschenförmig und nicht behaart.

Diese Pappel zeigt in der Türkei fast in allen Regionen eine Ausbreitung und außer der Türkei in Nordafrika, in Europa, im Libanon, in Kaukasien, in der Nordmongolei und in Nordchina und wächst an der nördlichen Gefälle der Berge. März-April trägt sie Blüten. Als Wachstumsgebiet bevorzugt diese Gattung ab Meeresspiegel bis 2350m hoch liegende Tannen-, Buchen-, Gemeine Lärchen-und Kiefernwälder. Von ihrem dekorativen Aussehen her kann sie in den Parks und in den Gärten als Zierpflanze angebaut werden.

SALICACEAE Weidengewächse
Salix babylonica L.

▬ Trauerweide
☾ Salkım söğüt

Bis zu 15m hoch ragende Bäume mit hängenden Zweigen. Die Blätter sind schmal elliptisch sowohl auch lineal-lanzettlich, 10mal so lang wie breit 8-16x0,8-1,5cm schmal-lang oder scharf zugespitzt, am Rand dicht und klein gesägt, kahl oder spärlich breitgedrückt behaart. Kätzchen Blütenstand ist hängend, sie sind gleich vor den Blättern erscheinend oder mit den Blättern gleichzeitig. Die männlichen Blüten sind bis zu 2,5cm lang, bis zu zwei Staubblätter. Die weiblichen Blüten sind bis zu 5cm, länger als die Blütenstiele. Die Frucht ist eine Kapsel mit zwei Deckeln.

Diese Gattung wächst in der Türkei speziell an der Meeresküste oder nahe der Küste. Außer der Türkei in Europa, in Südwestasien und in China. Als Wachstumsgebiet bevorzugt diese Pflanze ab Meeresspiegel bis 1300m hoch liegende Wasserquellen und Feuchtstandorte, in dem Monat April trägt sie Blüten. In der Türkei wird sie in den Parks und Gärten angebaut.

SIMAROUBACEAE Seifenbaumgewächse
Ailanthus altissima (Miller) Swingle

■ Götterbaum
☪ Kokar ağaç, Aylandız

Bis zu 20m hoch ragende laubwerfende Bäume. Die Borke ist gestreift. Die Blätter bestehen höchstens aus 25 Blättchen und sind fiederteilig; die Blättchen sind eiförmig-lanzettlich. Die Kelchblätter sind 5-6 zählig, unterseits zusammengesetzt. Die Blütenkronblätter sind 5-6 zählig, 3-4mm lang, stehen frei, gelblichgrün, innerseits ist weich spärlich behaart. Die Frucht ist aus (2-)3(-5'er) Gruppen bestehende geflügelte Schließfrucht, jeder einzelne Frucht ist von schmal elliptischem bis zu schmal verkehrt elliptisch wechselständig, ist von purpurrötlichem bis zu gelblich wechselhaft farbig.

Diese Gattung ist heimisch in China wird aber in der Türkei in vielen Städten kultiviert und nimmt als Landschaftsgemälde ihren Platz ein, in manchen Gebieten zeigt sie heute eine natürliche Ausbreitung. Die Blätter sind stark duftend und ist eine giftige Pflanze.

STYRACACEAE Styrexgewächse
Styrax officinalis L.

■ Storaxbaum, Benzoebaum

☪ Ayı fındığı, Tespih ağacı

Bis zu 6m hoch ragende, laubwerfende Sträucher oder Bäume. Die Blätter sind von breit elliptischem bis zu eiförmig wechselständig, ganzrandig, 4,5-9,5x3,7-6,5cm, oberseits hellgrün und sternförmig behaart,(später kahl) unterseits dagegen ist sie dicht sternförmig-filzig behaart, die Spitzen sind stumpf. Die Blüten sind zu 3-6 gebüschelt, duftend. Der Kelch ist dicht sternförmig-filzig behaart. Die Kronlappen sind 5-8 zählig, rechteckförmig-lanzettlich, weiß ca. 1,5-0,6cm. Die Frucht ist sphärisch, hart,1,2-1,4cm im Durchmesser, dicht sternförmig-filzig behaart. Die Samen sind generell einzeln halb sphärisch.

Aus seinen Samen wird Öl gewonnen und auch Rosenkranz hergestellt. In der Türkei zeigt er eine Ausbreitung am Marmara an der Ägäis, am Mittelmeer, Inneranatolien und in Südostanatolien. Diese Gattung, die April-Mai blüht, bevorzugt als Wachstumsgebiet ab Meeresspiegel bis 1500m hoch liegende offene Macchien Standorte und die Gemeinen Fichtenwälder.

TILIACEAE Lindengewächse

Tilia rubra DC. subsp. caucasica (Rupr.) V. Engler

■ Linde, Kaukasische Linde
C⋆ Kafkas ıhlamuru

Bis zu 40m hoch ragende, laubwerfende Bäume. Die Blätter sind spiralförmig aneinander gereiht, breit eiförmig, 5-10(-12)x4-11cm, lang zugespitzt, die Ränder sind gesägt, unterseits ist hellgrün. Die Blüten sind gelblich-weiß, duftend. Blütenstand ist 2-3(-6) blütig. Die Kelchblätter sind 5 zählig, frei stehend. Die Kronblätter sind 5 zählig frei stehend. Die Staubblätter sind vielzählig frei stehend. Die nüßchenartige Frucht ist verkehrt eiförmig, 7-9mm in der Länge. Die Samen sind 1-2 zählig.

Die Lindenblüten werden als Brusttee gegen Brustbeschwerden, als schweißtreibend, als Harnausscheidung, als Husten vertreibend, als Nerven beruhigend und als Erkältung vertreibend verwendet. Diese Untergattung bevorzugt als Wachstumsgebiet die zwischen 300-1500m hoch liegenden Waldlichtungen und blüht in dem Monat Juli.

TYPHACEAE Rohrkolbengewächse
Typha angustifolia L.

- Schmalblättriger Rohrkolben
- Dar yapraklı su kamışı

Wächst im Sumpfland und an Wasserrändern, mehrjährige Kräuter mit Rhizom. Der Stengel ist sehr robust, bis 2m hoch. Die Blätter sind lang, lineal, 4-8mm in der Breite. Die Blüten sind 1 geschlechtig, auf zylindrische Kolben, die oberseits sind männliche die unterseits sind weibliche; die weibliche Kolben sind 13-37cm lang, zur Reifezeit sind sie dunkelbraun; die männlichen Kolben sind 16-31cm lang. Die Blütenhülle besteht aus Haaren. Die männlichen Blüten haben 2-5 Staubblätter. Die Frucht ist eine Spaltfrucht, spindelartig, die Haare sind 24-60 zählig.

Diese Gattung, die von Juni bis Oktober blüht, bevorzugt ab Meeresspiegel bis 1930m Höhen. In der Türkei zeigt sie eine Ausbreitung im Inneranatolien und im Westen, außer der Türkei in Europa, in Asien, in Australien und in Nordamerika.

VITACEAE Weinrebengewächse
Vitis vinifera L.

■ Wein
☪ Üzüm, Asma

Verholzte kletternde Pflanze. Die Blätter sind abfallend, eifach, palmat handförmig lappig, am Grund herzförmig, spiralförmig aneinander gereiht. Die Blüten sind blatt-gegenständig Hermaphrodit. Die beerenartige Frucht ist süß, eiförmig, 6-22mm, zwei samig oder ohne Samen, grün, gelb, rot oder schwärzlich dunkel-viollet farbig.

In der Türkei wird diese Pflanze speziell an der ägäischen und in inneranatolischen Regionen kultiviert, die Weintrauben werden frisch sowohl auch gtrocknet verzehrt. Außerdem werden noch aus den Weintrauben Trauben-most und Wein hergestellt.

A

Achäne: Schließfrucht, die aus einem unterständigen Fruchtknoten entsteht und bei der Fruchtwand (Perikarp) und Samenschale (Testa) miteinander verwachsen sind. Kennzeichend für die Asteracaea.

Achsel: Oberer Winkel zwischen dem Blattstiel und seinem Zweig, auch Winkel zwischen zwei größeren Blattnerven.

Achselbüschel: Haarbüschel im Winkel zwischen größeren Blattnerven.

Anthere: Staubbeutelpaar, aus 2 Hälften (Theken), die durch ein Zwischenstück (Konnektiv) verbunden sind.

Androeceum: Gesamtheit der Staubblätter

Apfelfrucht: Scheifrucht, bei der das Fruchtfleisch nicht aus dem Fruchtknoten, sondern aus einhüllendem Achsengewebe entsteht. Beispielsweise beim Holz-Apfel.

Apokarp: Bezeichnung für ein-Gynoeceum, das aus einzelnen, nicht verwachsenen Fruchtblättern besteht.

Apominix: Fortflanzung,die scheinbar der sexuellen entspricht, tatsächlich aber ohne Befruchtung mit oder ohne Meiose vor sich geht.

Archäophyt: Einwanderer; oft schon in prähistorischer Zeit eingebürgerte Sippe.

Ausgekehlt: Wechselständige, achselähnliche rinnenförmige Vertiefungen am Stamm unterhalb der Hauptäste, beispielsweise beim Urwelt-Mammutbaum.

Ausläufer: Waagrecht, aber-oder unterirdisch wachsende, meist dünne und verlängerte Seitensprosse.

B

Balgfrucht: Ventrizid (bauchspaltig) aufspringende Einblattfrucht (bei vielen ursprünglichen Magnolidae, Ranunculidae und ursprünglichen Dialypetalae) (Öffnung der Frucht im Bereich der Verwachsungsnaht der Fruchtblattränder.

Bedecktsamer: Hochentwickelte Verwandtschaftsgruppen der Blütenpflanzen, bei denen die Samenanlagen in einem Fruchtknoten aus verwachsenen Fruchtblättern eingeschlossen sind.

Bilateralsymmetrisch: Bezeichnung für Blüten, die durch 2 Symmetrieebenen in spiegelbildlich gleiche Teile zerlegbar sind.

Blattbucht: Vertiefung bzw. Einschnitt zwischen zwei Spreitenlappen.

Blattöhrchen: Öhrchenförmige Anhänge oder Lappen am Blattgrund, z.B.bei der Stiel-Eiche.

Blattspreite: Flächiger Anteil eines Laubblattes.

Blattspus: Narben bzw.Ansatzstellen abgeworfener Blätter am Zweig.

Blattvene: Auch als Blattader der Blattrippe bezeichnetes Leit-und Verstärkungsgewebe in der Blattspreite.

Blattwirtel: Einem Stengelknoten entspringen mehr als 2 Blätter.

Braktee: Hochblatt, Deckblatt, in dessen Achsel ein Seitensproß oder eine Blüte entsteht.

Brakteole: Vorblatt,das erste Blatt bzw.die ersten Blätter eines Seitensprosses.

Büschel: Bündel von Nadelblättern oder anderen Organen am Zweig.

C

Chamaephyten: Stauden oder Halbsträucher, deren Triebspitzen absterben und deren Erneuerungsknospen in einer Entfernung von 10-30 cm über der Erdoberfläche überwintern.

Chlorophyll: Blattgrün; stark lipophile, wasserunlosliche organische Verbindung aus einem Porphinring und 4 Pyrrolringen, in dessen Zentrum sich ein Magnesiumaton befindet.Als Seitenkette ist der höhere Alkohol Phytol enthalten.

Coenokarp: Bezeichnung für ein-Gynoeceum, das aus mehreren miteinander verwachsenen Fruchtblättern besteht.

Cupula: Rundliches Becherorgan, in dem sich die Bucheckern oder Eicheln entwickeln.

D

Dichasium: Verzweigter Blütenstand, bei dem 2 Seitenäste die Fortsatzung der Hauptachse übernehmen (übergipfelung). Die Endblüte der Hauptsache ist häufig verkmmert.

Diskus: Fruchtknotenpolster; ring-oder scheibenförmige Anschwellung der Blütenachse zwischen Fruchtknoten und Staubblättern, meist Nektar absondernd.

Dithezisch: Staubblatt mit 2 Staubbeuteln (Theken).

Dolde: Blütenstandsform mit Blüten, deren Stiele alle vom gleichen Achsenpunkt ausgehen.

Doldenrispe: Flach ausgebreiteter, doldenartiger Blütenstand, bei dem sich die äußeren Blüten zuerst öffnen, häufig auch als Steindolde bezeichnet.

Dorn spitz: Auslaufende Sprossachse.

Dreizählig gefiedert: Blattspreite mit drei Fiedern.

E

Eiförmig: Ovaler Blattspreitenumriss mit dem breitesten Spreitenteil in der unteren Hälfte.

Einfach: Blattspreite ist ungeteilt.

Eingeschlechtige Blüte: Blüte, die nur Staub oder nur Fruchtblätter enthält.

Einhäusig: Rein männliche und weibliche Blüten (stände) kommen getrennt auf dem gleichen Individuum vor, wie beim Haselstrauch.

Einjährig: Pflanzen, die nur einmal blüten und fruchten; sommerannuell, wenn sie ihren Lebenszyklus in einem Jahr durchlaufen, winterannuell, wenn sie im darauffolgenden Jahr blüten, fruchten und absterben.

Elaiosom: Besondere, öl-,fett-und eiweißreiche Gewebeabhängsel an Samen und Früchten, die der Ausbreitung durch Ameisen dienen.

Embryo: Von Nährgewebe umgebener Teil des Samens, der aus Keimachse, Keimwurzel und Keimblättern besteht.

F

Fieder: Teil eines zusammengezetzten= gefiederten Blattes, oft auch Blattfieder oder Blättchen genannt.

Fiederblätter: Die Blätter besitzen keine einheitliche, sondern eine in einzelne Abschnitte geteilte Spreite. Die einzelnen Fiedern sind kurz gestielt. Unpaarig gefiedert: eine Endfieder ist vorhanden; paarig gefiedert; eine Endfieder fehlt; 3zählig gefiedert; die Endfieder ist stets gestielt.

Filament: Staubfaden; der untere, stielartige, seltener blattartig verbreiterte, die Staubbeutel tragende Teil des Staubblatts.

Flaum: Behaarung aus kurzen, weichen, dichten Einzelhaaren.

Flügelfrucht: Frucht mit anhängendem Segelorgan, beispielsweise bei den Ahorn-Arten.

Fruchtknoten: Ovar; der fertile, meist knotenartig verdichte Basalabschnitt des Stempels.

G

Gebuchtet: Blattrand verläuft in größeren Bögen.

Gefiedert: Zusammengesetztes Blatt, dessen ursprünglich einheitliche Blattspreite sich in einzelne, regelmäßig angeordnete Portionen (=Blattfiedern oder Fiedern) aufgeteilt hat.

Gegenständig: Zwei Blätter stehen sich am gleichen Blattknoten direkt gegenüber.

Gehört: Bei sitzenden Blättern ist die Blattspreite an Ihrer Basis links und rechts von der Ansatzstelle des Blatts am Stengel über diesen hinus in Form zweier Fortsätze (-Öhrchen) verlängert.

Gekämmt: Regelmäßige Ausrichtung von Nadelblättern beidseits eines Triebs, oft auch als gescheitelt bezeichnet.

Gekerbt: Blattrandgestaltung mit strumpfen, nur wenig vorspringenden Zähnen oder Spitzen.

Geophyten: Ausdauernde Pflanzen, deren oberirdische Triebe und die mit Hilfe von Knollen, Zwiebeln, Ausläufern oder Rhizomen in einer bestimmten Bodentiefe überdauern.

Gesägt: Blattrandgestaltung mit meist spitzen Zähnen.

Gestutzt: Abruptes Vorderende einer Blattspreite, sieht aus wie abgeschnitten.

Glattrandig: Blattrand ohne auffällige Gestaltung mit Kerben, Buchten oder Zähnen, gelegentlich auch als ganzrandig bezeichnet.

Griffel: Verlängerter Abschnitt des Fruchtknotens (Ovar).

Gynobasissch: Bezeichnung für Griffel, die zwieschen den 4 Teilfrüchten (-Klausen) der Boraginaceae entspringen.

Gynoeceum: Gesamtheit der Fruchtblätter (Karpelle); sind diese frei=apokarpes Gynoeceum, sind diese zu einem einheitlichen Gehäuse miteinander verwachsen=coenokarpes Gynoeceum

Gynophor: Stielartige Verlängerung der Blütenachse zwischen-Androeceum und-Gynoeceum

Gynostemium: Griffelsäule der Orchidaceae (Verwachsung von Staubblatt, Griffel und Narbe)

H

Habitus: Tracht, Wuchs, Gesamtbild einer Pflanze.

Handförmig: Blattgestalt, bei die Hauptnerven oder Blattspreitenlappen von einem Punkt nach allen Seiten abstrahlen wie die Finger einer Hand.

Hemikryptopyten: Stauden und Halbsträucher, deren oberirdische Teile absterben und deren Erneuerungsknospen dicht oberhalb der Erdoberfläche überdauern.

Herzförmig: Form des Blattumrisses, meist mit weiter Stielbucht.

Heterokarpie: Vorkommen verschiedenartiger Früchte bei ein und derselben Pflanzen.

Hilum: Nabel; die Stelle der Samenanlage, an der der Samenstiel oder die Plazenta ansitzt.

Hochblätter: In der Entwicklung gehemmte Blattorgane von einfacher Gestalt, die sich am Stengel unterhalb der Blüte bzw.-Infloreszenz finden.

Hybride: Mischlingspflanze, Bastard, Kreuzungsprodukt; durch Kreuzung verschiedenartiger Eltern entstandener Bastard.

Hypanthium: Blütenbecher; ein langes, röhrenförmiges Achsenstück zwischen dem Fruchtknoten und den übrigen Blütenorganen.

I

Infloreszenz: Blütenstand.

Internodium: Stengelglied.

K

Karpell: Fruchtblatt; bildet zusammen mit den daransitzenden Samenanlagen das-Gynoeceum

Karpophor: Fruchthalter; bie den Apiaceae die Mittelsäule, die bei der Teilung die Frucht auf dem Blütenstiel stehenbleibt und die beiden Teilfrüchte trägt.

Karyopse: Schließfrucht, die aus einem oberständigen Fruchtknoten entsteht und bei der Fruchtwand (Perikarp) und Samenschale (Testa)

miteinander verwachsen sind. Kennzeichnend für die Poaceae.

Kätzchen: Dichter, meist langer und hängender Blütenstand mit schmucklosen männlichen oder weiblichen Blüten.

Kegelförmig: Wuchsform vieler Baumarten, unten meist schmal und parallelen Flanken, nach oben zunehmend spitz.

Keilförmig: Besondere Form der untern Blattspreite, verschmälert sich übergangslos in den Blattstiel.

Kelch: Meist grünliche, becherförmige, aus den Kelchblättern zusammengesetzte äußere Schutzhülle der Blüte.

Kladodien: Blattartig verbreiterte Langtriebe, grüne Flachsprosse, die bei der Reduktion der Blätter deren Funktion übernehmen.

Klausen: Die 4 einsamigen Teilfrüchte, in welche die Frucht der Boraginaceae und Lamiaceae zerfällt, deren 2blättriger Fruchtknoten durch falsche Scheidewände in 4 Kammern geteilt wird.

Knollen: Meist verdickte, sproßbürtige Wurzeln, verdichte-Ausläufer oder verdickte Sproßachsen.

Kopfbaum: Spezielle Wuchsform von Linden, Weiden und Pappeln, die durch regelmäßige Entnahme des Astwerks bis auf den Stammensatz entsteht.

Krone: Obere Teil eines Strauches oder Baumes, umfasst das Ast- und Blattwerk; bei der Blüte bezeichnet die Krone die Gesamtheit aller Kronblätter.

L

Labellum: Lippe;das hintere Blütenkronblatt des inneren Perigonkreises bei den Orchidaceae, das durch seine Größe und Form von den übrigen Blütenkronblättern abweicht.

Lappung: Blattgestalt, breite, durch große Buchten gegliederte Blattspreite.

Leittrieb: Haupttrieb der Krone, die das Längenwachstum übernimmt, kann auch seitlich überhängen und damit ein wichtiges Erkennungsmerkmal bieten.

Lentizellen: Korkige, warzige, meist auch farblich abgehobene Erhebungen am Zweig, sind porös und dienen der Luftversorgung der tieferen Rindengewebe.

Ligula: Blatthäutchen an der Übergangsstelle von Blattscheide zu-spreite bei den Poaceae (Verlängerung der inneren Epidermis der Blattscheide).

M

Mehrjährig: Langlebige Pflanzen; bei Holzpflanzen bleibt das oberirdische Sproßsystem erhalten; bei krautigen Pflanzen sterben die oberirdischen Teile zu Beginn der ungünstigen Vegetationsperiode ab.

Merikarp: Teilfrucht einer Spaltfrucht.

Monosymmetrisch (dorsivevtral, zygomorph): Bezeichnung für Blüten die nur durch I Symmetrieebene in spiegelbildlich gleiche Hälften zerlegbar sind.

Monothezisch: Staubblatt mit nur I Staubbeutel.

N

Nabel: Helle, meist rundliche Marke an einem Samen, kennzeichnet dessen Ansatzstelle an der Fruchtwand.

Nachtsamer: Ursprüngliche Verwandtschaftsgruppe innerhalb der Blütenpflanzen, bei denen die Samenanlagen frei auf den unverwachsenen Fruchtblättern liegen.

Narben: Endabschnitte des Griffels oder des Ovars, die der Aufnahme der Pollenkörner dienen; die Anzahl der Narbenlappen lässt oft die Anzahl der an der Bildung eines-coenokarpen Gynoeceums beteiligten Fruchtblätter erkennen.

Nebenkrone: Freie oder verwachsene, kronblattartige Anhängsel an der Innenseite von (-) Perigon-oder Blütenkronblättern.

Nektarien: Zuckerhaltige Säfte absondernde Honigdrüsen; in Blüten heißen sie florale, an vegetativen Organen extraflorale Nektarien.

Niederblätter: Kleine, meist schuppenförmige, selten grüne Blattorgane, die fast ausschließlich an der Sprossbasis sowie an Ausläufern und Rhizomen auftreten.

O

Oberständig: Bezeichnung für einen Fruchtknoten, der oberhalb der Ansatzstelle der Blütenhülle und Staubblätter steht.

Ochrea: Tüte; röhrenförmige, häutige Scheide der Polygonaceae, die den Stengel umfaßt.

Ovar: Fertiler des Stempels, der die Samenanlagen umschließt.

P

Pappus: Kelch der Asteraceae und Valerianaceae, der oft haarförmig aufgelöst ist und als Flugorgan bei der Ausbreitung dient.

Parakarp: Einfächeriger, verwachsener Fruchtknoten; die Fruchtblätter sind nur an den Rändern miteinander verwachsen.

Parasiten: Schmarotzer, die auf anderen Pflanzen leben. Halbparasiten besitzen noch grüne Blätter und können assimilieren;Vollparasiten sind bleich, besitzen kein Chlorophyll und entziehen dem Wirt alle von ihnen benötigten organischen und anorganischen Nährstoffe. Der Wirt kann dabei absterben.

Perennierend: -Mehrjährig.

Perianth: Blütenhülle (doppelt: aus Kelch und Blütenblättern, einfach: nur I Kreis entweder von

Kelch-oder von Blütenblättern).

Perigon: Blütenhülle, die aus 2 untereinander in Form, Größe und Farbe-gleichartigen Kreisen (Wirteln) besteht.

Phyllokladien: Blattartig verbreiterte Kurzsprosse, grüne Flachsprosse, die bei Reduktion der Blätter deren Funktion übernehmen.

Pollen: Blütenstraub;Gesamtheit der Pollenkörner einer Blütenpflanze.

Pollinium: Polleninhalt eines Pollenfachs, der als Einheit vom Bestäuber übertragen wird (z.B. Orchidaceae).

Polyploidie: Vervielfachung des Chromosomensatzes in einer Zelle. Die meisten Kulturpflanzen sind polyploid. Durch die Vervielfältigung des Chromosomenbestands werden die Kerne und vielfach auch die zellen größer und die Pflanzen oft leistungsfähiger (produktiver) als diploide.

Pulpa: Die saftigen oder fleischigen Teile einer Frucht.

R

Rachis: Mittelrippe eines Fiederblattes oder Hauptachse eines Blütenstands.

Radiärsymmetrisch: Bezeichnung für eine Blüte, die durch mehr als 2 Schnittebenen in spiegelbildlich gleiche Teile zerlegbar ist.

Razemös: An einer durchgehenden Hauptachse entspringen Seitenäste.

Rhachis: Mittelrippe, Blattspindel eines gefiederten Blatts.

Rhizom: Ausdauernde, unterirdisch-waagrecht wachsende und + - verdichte Speichersprosse.

Rispe: Komplexer Blütenstand, bei dem die zahlreichen Einzelblüten auf verzweigten Seitenästen sitzen.

Ruderalpflanzen: Oft in der Nähe menschlicher Siedlungen oder auf Schuttplätzen wachsende Pflanzen.

S

Samenanlage: Fertiger Teil des Fruchtblattes bzw. Fruchtknotens, bildet nach der Befruchtung den Samen.

Scheide: Meist bleiche, am Grunde angebrachte Umhüllung beispielsweise der Nabelbündel von Kiefern.

Scheidewände(Septen): Wände, durch welche das Ovar gefächert wird.

Schnabel: Entsprechend aussehende Verlängerung und Verdickung des Griffelabschnitts an der Frucht.

Spatha: Blütenscheide, Hochblatt unter einem Blütenstand (z.B.Araceae).

Spelze: Blüttenhüllorgan der Poaceae-Blüte.

Staminodien: Unfruchtbare Staubblätter, häufig von besonderer Form.

Stängel: Unverholzte Sprossachse einer krautigen Pflanze.

Stauden: Ausdauernde Pflanzen, deren Laubtriebe im Herbst absterben.

Stipel: Nebenblatt.

Stylopodium: Griffelpolster; die verdichten, drüsigen Basalteile der Griffel bei den Apiaceae.

Submers: Untergetaucht.

Sukkulente: Wasserspeichernde Pflanzen mit verdichtem, häufig blattlosem Stamm oder mit aufgetriebenen, dicken Blättern (Stamm, Blattsukkulenz, z.B. Chenopodiaceae).

Sympatrisch: Bezeichnung für Sippen mit gleichen oder sich überlappenden Verbreitungsgebieten (Arealen).

Synkarp: Bezeichnung für einen mehrfächerigen Fruchtknoten, der durch Verwachsung mehrerer Fruchtblätter entsteht.

T

Therophyten: Einjährige Pflanzen, die die ungünstige Jahreszeit im Zustand der Samenruhe verbringen.

Tragblatt: Blätter der Inflorenzenzachse, in deren Achseln die Blüten stehen.

Traube: Blütenstand mit gestielten Einzelblüten auf unverweigten Seitenästen.

U

Unterständig: Bezeichnung für einen mit der Blütenachse verwachsenen Fruchtknoten, der unterhalb der Ansatzstelle für Blütenhülle und Staubblätter steht.

Utriculus: Schlauch;das von dem Tragblatt °Blüte gebildete, die Frucht fest umhüllende Organ bei der Gattung Carex.

V

Verkehrt eiförmig: Blattgestalt mit dem breitesten Spreitenteil in der vorderen Hälfte.

Vittae: Ölkanäle in den Früchten der Apiaceae.

Viviparie: Lebendgebärend;vegetative Vermehrung in der Blütenregion.

W

Wickel: Blütenstand, in dem die aufeinanderfolgenden Sproßgenerationen in verschiedenen Ebenen liegen, wobei die Richtung der Auszweigung sich von Zweig zu Zweig umkehrt.

Z

Zweijährig: Pflanzen, die im 1.Jahr vegetativ leben, im 2.Jahr blühen, fruchten und absterben.

Zwiebel: Sehr kurze, gedrungene Sprosse, an denen in dichter Anordnung fleischige Speicherblätter stehen.

Zwittrig: Männliche und weibliche Organe sind in der gleichen Einzelblüte kombiniert.

Acartürk, R. 1994. *Şifalı Bitkiler Flora ve Sağlığımız.* OVAK. Yayın No: 1. 137 ss. Ankara.

Alçıtepe, E. 1998. *Termessos Milli Parkı (Antalya) Florası Üzerinde Bir Araştırma.* Akdeniz Üniversitesi Fen Bilimleri Enstitüsü. Yüksek Lisans Tezi. 193 ss. Antalya.

Altınayar, G. 1987. *Bitki Bilimi Terimleri Sözlüğü.* DSİ Basım ve Foto-Film İşletme Müdürlüğü Matbaası. 308 ss. Ankara.

Aytaç, Z. 2000. *The genus Ebenus L. (Leguminosae/ Fabaceae) in Turkey.* The Karaca Arboretum Magazine. Vol. V, Part 4: 145-171.

Baytop, T. 1994. *Türkçe Bitki Adları Sözlüğü.* Türk Tarih Kurumu Basımevi. 508 ss. Ankara.

Baytop, T. 1999. *Bitkiler ile Tedavi.* Nobel Tıp Kitapevleri. 480 ss. İstanbul.

Blamey, M., Grey-Wilson, C. 1993. *Mediterranean Wild flowers.* Harper Collins Publisher. 560 pp. London.

Bozcuk, S. 1995. *Genel Botanik.* Hatipoğlu Yayınevi. 190 ss. Ankara.

Davis, A.P. 2000. *The genus Galanthus.* Timber Press. 297 pp. Portland-Oregon.

Davis, P.H. 1965-1985. *Flora of Turkey and the East Aegean Islands.* Vol: 1-9. Edinburgh Univ. Press, Edinburgh.

Davis, P.H., Mill, R.R., Tan, K. 1988. *Flora of Turkey and the East Aegean Islands.* Vol: 10. Edinburgh Univ. Press, Edinburgh.

Deniz, İ.G., Sümbül, H. 2004. *Allium elmaliense (Alliaceae), a new species from SW Anatolia, Turkey.* Annales Botanici Fennici. 41: 147-150.

Deniz, İ.G., Sümbül, H. 2004 *Flora of Elmalı Cedar Research Forest.* Turkish Journal of Botany. 28:529-555

Dingil, S. 2002. *Bitkilerle Anadolu.* Mart Matbaası. 160. İstanbul.

Duman, H., Duran, A. 2001. *A new species of Arabis L. (Brassicaceae) from South Anatolia.* Israel Journal of Plant Science. 49: 237-240.

Düşen, O.D., Sümbül, H. 1999. *Antalya ve çevresinde yayılış gösteren bazı bitkilerin etnobotanik özellikleri.* Tabiat ve İnsan. Sayı 4: 9-17.

Düşen, O.D., Sümbül, H. 2000. *Glycyrrhiza asymmetrica Hub.-Mor.* The Karaca Arboretum Magazine. Vol. V, Part 3: 137-139.

Düşen, O.D., Sümbül, H. 2001. *Antalya, Sarısu-Saklıkent arasının endemik bitkileri.* Tabiat ve İnsan Dergisi. (2): 1-11 ss.

Düşen, O.D., Sümbül, H. 2001. *Sarısu-Saklıkent Arasının Florası.* The Herb Journal of Systematic Botany. 8 (1): 29-60.

Düşen, O.D., Sümbül, H. 2002. *Ornithogalum papmhylicum: New species from South Anatolia.* Israel Journal of Plant Science. 50: 73-76.

Ekim, T., Koyuncu, M., Vural, M., Duman, H., Aytaç, Z., Adıgüzel, N. 2000. *Türkiye Bitkileri Kırmızı Kitabı.* T.T.K.D. ve Van Yüzüncü Yıl Üniversitesi. 246 ss. Ankara.

Göktürk, R. S., Sümbül, H. 1996. *Endemic plants of Antalya city.* The Herb Journal of Systematic Botany. 3, 1: 75-84.

Göktürk, R. S., Sümbül, H. 1997. *Flora of Antalya City.* Turkish Journal of Botany. 21: 341-378.

Göktürk, R. S., Sümbül, H. 1998. *A New Record for the Flora of Turkey: Ludwigia peploides (Kunth) P.H. Raven.* The Karaca Arboretum Magazine. Vol. IV, Part 3, 109-112.

Göktürk, R.S., Düşen, O.D., Sümbül, H. 2003. *A new species of Astragalus L. (Fabaceae/Leguminosae) from southwest Anatolia.* Israel Journal of Plant Science. 51: 67-70.

Göktürk, R.S., Sümbül, H. 2002. *The Current Conservation Status of Some Endemic Plants of Antalya Province.* The Karaca Arboretum Magazine. Vol. VI., Part 3, 91-114.

Güner, A., Özhatay, N., Ekim, T., Başer, K.H.C. 2000. *Flora of Turkey and the East Aegean Island,* Vol: 11. Edinburgh University Press, Edinburgh.

Heywood, V.H. 1985. *Flowering Plants of the World.* Equinox (Oxford) Ltd. England. 335 pp.

Karol, S., Suludere, Z., Ayvalı, C. 2000. *Biyoloji Terimleri Sözlüğü.* Atatürk Kültür, Dil ve Tarih Yüksek Kurumu Türk Dil Kurumu Yayınları, No: 699. Ankara. 1067 ss.

Kreutz, C.A.J. 1998. *Die Orchideen Der Turkei.* Landgraaf/Raalte. 767 pp.

Kürschner, H., Raus, T., Venter, J. 1997. *Pflanzen der Türkei.* Quelle & Meyer. 484 pp.

Mataracı, T. 2004. *Ağaçlar.* TEMA Vakfı Yayınları. Yayın No 39. 382 ss. İstanbul.

Peşmen, H. 1980. *Olimpos-Beydağları Milli Parkının Florası.* TBAG-335 No'lu Proje, 74 ss, Ankara.

Schönfelder, I., Schönfelder, P. 1984. *Die kosmos-Mittelmeerflora.* Kosmos. 318 pp. Stutgart.

Seçmen, Ö., Gemici, Y., Leblebici, E., Görk, G., Bekat, L. 1992. *Tohumlu Bitkiler Sistematiği.* Ege Üniversitesi Basımevi. 396 ss. İzmir.

Sezik, E. 1984. *Orkidelerimiz (Türkiye'nin Orkideleri).* Sandoz Kültür yayınları No.6 166 ss.

Stearn, W.T. 1973. *Botanical Latin.* Redwood Burn Limited Trowbridge & Esher for David & Charles (Publishers) Limited. 566 pp. Great Britain.

Stichmann, W. 1996. *Tiere und Pflanzen.* Kosmos. 446 pp.

Sümbül, H., Öz, M., Erdoğan, A., Gökoğlu, M., Göktürk, R.S., Düşen, S., Düşen, O.D., Aslan, A., Albayrak, T., Sert, H.B., Deniz, İ.G., Tufan, Ö., Kaya, Y., Tunç, M.R., Karaardıç, H., Uğurluay, H. 2005. *Türkiye'nin Doğa Rehberi.* Mart Matbaası. 797 s. İstanbul

Sümbül, H., Göktürk, R.S., Düşen, O.D. 2003. *A new endemic species of Helichrysum Gaertner (Asteraceae-Inulaeae) from south Anatolia.* Botanical Journal of the Linnean Society. 141: 251-254.

Sümbül, H., Göktürk, R.S., Işık, K. 1998. 250 *Plants of Belek.* BETUYAB. 167 pp. Ankara.

Sümbül, H., Göktürk, R.S., Işık, K., Şağban, H. 1999. *Endemic Plants of Belek.* BETUYAB. 17 pp. Ankara.

Tanker, N., Koyuncu, M., Coşkun, M. 1998. *Farmasötik Botanik.* Ankara Üniversitesi, Eczacılık Fakültesi Yayınları, No: 78. 418 ss. Ankara.

Tutin, G.T., Heywood, V.H., Burges, N.A., Moore, D.M., Valentine, D.H., Walters, S.M., Webb, D.A. 1964-1981. *Flora Europaea.* Vol. 1-5. Cambridge University Press. Cambridge.

Ünal, O., Sümbül, H., Göktürk, R. S. 2003. *A new species of Scorzonera L. (Asteraceae) from South Anatolia, Turkey.* Botanical Journal of the Linnean Society. 142(4): 465-468.